Frederick S. Lane teaches in the Department of Public Administration at Bernard M. Baruch College, CUNY. He has served as Staff Director of the Governor's Task Force on Higher Education and as a consultant to various state and local governmental agencies. He is also the editor of Current Issues in Public Administration (St. Martin's, 1978).

D1187640

# Managing State and Local Government: Cases and Readings

## Frederick S. Lane

ST. MARTIN'S PRESS • NEW YORK

Library of Congress Catalog Card Number: 79-92358
Copyright © 1980 by St. Martin's Press, Inc.
All Rights Reserved.
Manufactured in the United States of America.
43210
fedcba
For information, write St. Martin's Press, Inc.,
175 Fifth Avenue, New York, N. Y. 10010

cover design: *Tom McKeveny*
typography: *Leon Bolognese*

cloth ISBN: 0-312-51241-4
paper ISBN: 0-312-51242-2

# ACKNOWLEDGMENTS

Gordon Chase, "Managing Compared." © 1978 by the New York Times
Company. Reprinted by permission.

"Participative Policymaking: A Simulation Game." Adapted from Robert E.
Horn, "Introducing Simulation with Simulation: Participative Decision
Making." Copyright © 1973 by Information Resources, Inc.

Harry Levinson, "Asinine Attitudes Toward Motivation," *Harvard Business
Review*, January-February 1973. Copyright © 1972 by the President and
Fellows of Harvard College.

"Management Diagnosis Chart." Adapted from *The Human Organization*,
by Rensis Likert. Copyright © 1967 McGraw-Hill Book Company. Used
with permission of McGraw-Hill Book Company. A machine-scored ver-
sion of this chart is available from Rensis Likert Associates, 630 City Center Bldg., Ann Arbor, Mich. 48104. Explanation reprinted by permission
of the American Society for Public Administration.

Peter F. Drucker, "What Results Should You Expect? A Users' Guide to
MBO." Reprinted from *Public Administration Review*, XXXVI (January-
February 1976). © 1976 by the American Society for Public Administration, 1225 Connecticut Avenue, N.W., Washington, D.C. All rights reserved.

"The Use of 'Staff Papers' in Public Management" is adapted from a memo-
randum from Headquarters, Third United States Army, Ft. McPherson,
Atlanta, Georgia, 1967, on how to prepare staff studies and from Exhibit
1 of "Division of Special Education (B)" case, prepared by Graeme M.
Taylor, Management Analysis Center, Inc., on behalf of the Bureau of
Training, U.S. Civil Service Commission, and the Bureau of Education
for the Handicapped, Office of Education, Department of Health, Education and Welfare.

Robert Leeson and David Eyon, "Who Authorized This Trip?" © 1975 by the
New York Times Company. Reprinted by permission.

Acknowledgments and copyrights continue at the back of the book on pages 507-509,
which constitute an extension of the copyright page.

Arnulf Zitelmann

# Unterwegs nach Bigorra

Abenteuer-Roman
aus dem frühen Mittelalter

Nachwort von Hermann Schefers

*Arnulf Zitelmann*, geboren 1929, studierte Philosophie und Theologie und lebt als freier Schriftsteller in Ober-Ramstadt bei Darmstadt.
Im Programm Beltz & Gelberg sind bisher erschienen:
*Kleiner Weg, Zwölf Steine für Judäa, Unter Gauklern, Nach dem großen Glitch, Der Turmbau zu Kullab, Jenseits von Aran, Hypatia* (Auswahlliste Deutscher Jugendliteraturpreis), *Paule Pizolka oder Eine Flucht durch Deutschland* (Gustav-Heinemann-Friedenspreis), *Mose, der Mann aus der Wüste, Abram und Sarai, »Widerrufen kann ich nicht«.* Die Lebensgeschichte des Martin Luther, *»Keiner dreht mich um«.* Die Lebensgeschichte des Martin Luther King (Auswahlliste Deutscher Jugendliteraturpreis), *»Ich will donnern über sie!«* Die Lebensgeschichte des Thomas Müntzer und *Nur daß ich ein Mensch sei.* Die Lebensgeschichte des Immanuel Kant. Für sein Gesamtwerk wurde Arnulf Zitelmann mit dem Großen Preis der Deutschen Akademie für Kinder- und Jugendliteratur Volkach ausgezeichnet.

*Unterwegs nach Bigorra* wurde mit dem Friedrich-Gerstäcker-Preis ausgezeichnet.

Dieses Buch ist auf Papier aus
chlorfrei hergestelltem Zellstoff gedruckt

Einmalige Sonderausgabe 1997
© 1994 Beltz Verlag, Weinheim und Basel
Programm Beltz & Gelberg, Weinheim
Alle Rechte vorbehalten
Lektorat Ruth Klingemann
Titelbild von Peter Knorr
Einband- und Reihengestaltung von Wolfgang Rudelius
Gesamtherstellung
Druckhaus Beltz, 69494 Hemsbach
ISBN 3 407 79751 6

# Catalon

Natürlich freute ich mich, endlich nach Hause, nach Catalon, zu kommen. Aber es war mir fremd geworden. Selbst die Hütten aus Holz, Stroh und Lehm, die ich mir oft sehnsüchtig in Erinnerung gerufen hatte. Irgendwo zwischen den Hütten und kleinen Häusern entdeckte ich sogar ein neues Gebäude. Ein Kirchlein, aus Steinen aufgeführt, mit einer Glocke im Mauerwerk. Zu meiner Zeit hatte es noch keine Kirche im Dorf gegeben, und ich schlug, wie es sich gehört, im Vorbeigehen ein Kreuz über mich.

Eine Frau hinterm Steckzaun richtete sich von ihrem Bohnenbeet auf, als sie mich den Karrenweg entlangkommen sah. Unsere Blicke begegneten sich flüchtig, ja, und ich erkannte sie wieder. Jedenfalls das Gesicht mit der bräunlichen Warze unter dem Augenrand. Doch der Name wollte sich nicht einstellen. Rodrud oder vielleicht Basina?

Ich wollte es nicht drauf ankommen lassen, wich ihren Augen aus und ging weiter auf die hölzerne Schutzwehr zu, die das Hofgut umgab. Basina, oder wie sie auch hieß, kann mich unmöglich erkannt haben, sagte ich mir. Vermutlich hatte die Alte für einen Moment eine gewisse Ähnlichkeit zwischen mir und Itta, der Herrin vom Hofgut, entdeckt. Mehr sicher nicht. Denn meine Haare waren immer noch nicht richtig nachgewachsen, klebten mir verdreckt am Kopf, mein Kittel bestand fast nur noch aus Fetzen, die ein Grasstrick zusammenhielt. Und mit nackten Füßen, die Beine mit Schlamm bespritzt, so wäre Itta nie und nimmer unter den Dorfleuten erschienen. Außerdem bin ich in den letzten zwei Jahren noch mal gewachsen, sicher ein paar Fingerbreit. Vielleicht, daß mir deswegen Catalon kleiner schien, als ich's in Erinnerung hatte.

Ich lächelte. Aber in meiner Kehle zog es, ich war den Tränen nahe. Was würde Boggis sagen, wenn ich in diesem Aufzug vor ihm stand? Ob er mich trotzdem wiedererkannte, in die Arme schloß, mich auf die Augen küßte? Vor lauter Wiedersehensschmerz hätte ich am liebsten gleich losgeweint. Neina, sagte ich mir mit Nachdruck. Nur noch die paar Schritt, und du bist wieder zu Hause. Heulen kannst du dann immer noch.

Dennoch sah ich den Hof wie durch einen Schleier, als ich durch das offene Bohlentor stolperte. Warum ist denn da keiner zu sehen, fragte ich mich. Aber ja, die Sonne stand hoch, es war Mittagszeit, da verschnauften die Leute ein wenig.

Ich war kaum zehn Schritt auf das steinerne Hauptgebäude zugegangen, da schoß hinter der Scheunenecke eine schwarzrot gescheckte Dogge hervor. Heiliger Martin, das mußte doch Lupo sein! Lupo, den ich als Welpe mit dem Milchhorn aufgepäppelt hatte, nachdem seine Mutter auf der Jagd unter den Hauern eines Ebers verendet war.

»Lupo!« schrie ich, vor Freude außer mir, da hatte mich die Dogge schon halb umgerissen, der Wanderstock fiel mir aus der Hand, und Lupo stand über mir, knurrte böse und ließ seine Fänge blitzen. Dann erstarrte er unversehens, winselte kläglich und war im nächsten Augenblick mit eingezogenem Schwanz hinter einem Holzstoß verschwunden.

»Lupo, das bin doch ich, Itta!« schrie ich ihm hinterher, kam hoch und pfiff auf den Fingern. Jetzt liefen mir Tränen über die Backen. Ich pfiff noch einmal, und da tauchte er wieder auf. Lupo, mein Hundefreund.

»Na, komm doch«, lockte ich ihn.

Lupo lief jedoch laut bellend im Kreis herum, bis er schlagartig innehielt, mich schief anschaute und dann auf mich zugekrochen kam. Sein Schwanz zuckte.

»Du dummer Kerl«, flüsterte ich ihm zu, bückte mich und umhalste ihn. »Jetzt schämst du dich. Aber ist doch alles gut. Ich war ja auch so lange fort.«

Lupo krauste seine Lefzen und sah mich aus seinen schwarzglänzenden Augen an, als wollte er fragen: Warum bist du denn auch nicht eher zurückgekommen?

»Ging nicht«, erklärte ich ihm. »Doch du wirst sehen, alles wird wieder gut«, versprach ich, kraulte sein Fell und mußte lachen, weil Lupo sich prompt auf den Rücken rollte und mir seinen Bauch entgegenstreckte, damit ich ihn tätschelte.

»Also gut.« Ich gab nach und freute mich. Denn nichts ist so schön weich, so schön warm wie ein Hundebauch.

»Und wo ist unser Herr, wo steckt Boggis?« fragte ich ihn.

»Spring los. Er weiß noch nicht, daß Itta wieder zurück ist.«

Mir voran, sich immer wieder umschauend, stürmte Lupo auf das Herrenhaus zu. Ich ließ den Stock liegen, rannte Lupo hinterdrein, außer Atem vor Glück. Und ich hatte schon gedacht, ich würde meinen Mann und die anderen Hausleute niemals wiedersehen! Allen heiligen Märtyrern sei Dank, ich durfte mein Leben zum zweiten Mal beginnen.

In der Halle war kein Mensch zu sehen. Da aber stand mein Webstuhl mit einem halbfertigen Leinenstück. Dahinter ein neuer Wandbehang. Schön sah der aus mit seinen kräftigen Rot- und Grüntönen. Ein Geräusch ließ mich herumfahren. Lupo war auf die Tischbank gesprungen und machte sich über die Essensreste her.

»Willst du wohl vom Tisch!« schimpfte ich los.

Da war's schon geschehen. Der Napf kippte, rutschte von der Tischplatte und zersprang mit einem Knall auf den Steinfliesen. Lupo schaute mich derart verdutzt an, daß ich ihm nicht böse sein konnte.

»Such nach dem Herrn, los, such«, befahl ich, bückte mich und las die Scherben auf.

Zu Mittag hatte es Hafergrütze mit gekochtem Fleisch und Gemüse gegeben, sah ich, ein paar Fäden Lauch klebten noch an den Scherben. Und ich roch es. Im selben Moment meldete sich der Hunger. Wann hatte ich zum letzten Mal warmes Essen gehabt, ja, das war Tage her. Im Hafengelände von Angiers, erinnerte ich mich. Mitleidige Leute hatten mir eine Handvoll gerösteter Kastanien zugesteckt. Ach was, das Essen konnte warten. Aber wo war Boggis, wo waren unsere Mägde abgeblieben, wo steckte dieser Mann, der Verwalter, dessen Name mir nicht einfiel?

Sicher war Boggis ausgeritten. Aber nicht weit, denn Schild und Helm, auch die Spata, das zweischneidige Langschwert, hingen an ihrem Platz, den Mauerhaken am Eingang.

Lupo war mittlerweile aus der Tür gewischt, bellte laut. Ob da jemand kam?

Ich wollte gerade zur Tür, als ich undeutliche Stimmen vernahm. Hell, befehlend, ungeduldig die von einer Frau, dazwischen murmelnd eine Männerstimme. Das Stimmengeräusch drang aus den Rohren der Fußbodenheizung. Jemand befand sich im Heizungsraum auf der Rückseite des Hauses, von wo aus das Bad und unsere Halle befeuert wurden.

Dann stand ich in der Tür des Heizraumes. Ein Sklave kniete vor dem Feuerungsschacht, in der Hand einen brennenden Span. Hinter ihm, mit dem Rücken zu mir, eine Frau in herrschaftlicher Kleidung. Die beiden hatten mein Kommen nicht bemerkt und schraken zusammen, als ich sie anrief.

»Wo ist der Herr?« brachte ich heraus und erkannte kaum meine eigene rauhe Stimme.

Die Frau mit gewölbtem Leib, schwanger, wandte sich um und musterte mich unwillig. Gerade wollte sie zum Sprechen ansetzen, da schrie ich los. »Sunhar, was tust du denn hier?« rief ich, überwältigt von unverhoffter Wiedersehensfreude.

»Itta«, antwortete sie, legte die Hand an ihren Bauch und

wiederholte meinen Namen. »Itta, bist du das wirklich?« fragte sie mit einer Stimme wie vom anderen Ende der Welt.

Dann lagen wir Schwestern uns weinend in den Armen.

Und mit einem Mal konnte ich nicht mehr. »Mir wird schlecht«, stammelte ich. »Gibt's denn hier nirgends was zu essen?«

»Itta, du lebst –«, schluchzte Sunhar. Dann ließ sie mich los und musterte mich. »Und wie siehst du nur aus, Kleines, mit solchen Löchern in den Backen und derart verdreckt!«

Sunhar drehte sich zu dem Sklaven um. Ja, jetzt erkannte ich den Mann. Sogar sein Name fiel mir ein. Das war doch der alte Nebi. Und er stand mit hängenden Armen vor dem Feuerloch, starrte mich an, als sähe er ein Gespenst.

»Heiz nur gleich tüchtig ein!« befahl ihm Sunhar. »Und beeil dich, das erste, was die Herrin braucht, ist ein Bad!«

Nebi faltete die Hände vor der Brust, verbeugte sich in meine Richtung und murmelte etwas mit seinem zahnlosen Mund, was sich wie eine Begrüßung anhörte.

»So eilig ist das nicht«, rief ich ihm zu. »Laß dir Zeit, Alter, erst wird gegessen. Ich falle gleich um.«

Lupo sprang uns auf dem Hof entgegen, stieg an mir hoch und legte mir seine Tatzen auf die Schultern. Lachend wich ich seiner Zunge aus und schob ihn von mir.

»Der Kerl hat mich zuerst nicht erkannt«, erzählte ich Sunhar. »Den Hals hätte er mir beinah durchgebissen. Und dann schämte er sich, daß er mich fast nicht mehr angucken konnte.«

Ich weiß nicht, ob Sunhar überhaupt richtig zuhörte. Sie wischte sich stumm ein übers andere Mal Tränen vom Gesicht, während wir auf das Haus zugingen. Auf der Schwelle blieb sie stehen und umarmte mich noch einmal, heftig und wortlos.

»Paß auf, dein Kind!« sagte ich zwischen Lachen und Weinen. »Wenn du mich so drückst, tut es dem ja weh. Schwanger bist du doch, oder –?« erkundigte ich mich plötzlich unsicher.

Sunhar nickte, zog mich in die Halle, schob einen Sessel herbei, suchte Kissen zusammen.

Aufatmend ließ ich mich nieder, während Lupo es sich zu meinen Füßen bequem machte.

»Warte, es dauert einen Moment«, sagte Sunhar mit belegter Stimme. »Ich schau nach, was ich zum Essen auftreiben kann.« Damit war sie bereits an der Tür.

»Eins von den Sklavenmädchen kann das doch machen«, rief ich ihr nach. »Und du bleib hier, wir haben uns so viel zu erzählen!«

»All unsere Leute sind fort«, rief sie zurück. »Hinterm See, beim Flachs.«

Schön sieht Sunhar aus, dachte ich. Früher hatte sie immer so tiefe, ernste Augen. Jetzt, wo sie mit dem Kind geht, hat sie ein richtig weiches Gesicht bekommen. Ja, und das grüne gefältelte Kleid mit der roten Bordüre, das stand ihr gut. Meine Schwester ist also schwanger, wer hätte das gedacht, sagte ich mir laut. Als ich vor mehr als drei Jahren Boggis in die Ehe gegeben worden war, da hatte Sunhar schon sechzehn Jahre gezählt, und die Eltern hatten immer noch keinen Mann für sie gefunden. Und sieh da, nun werde ich Tante von dem Kleinen, das Sunhar unter ihrem Herzen trägt.

Ein bißchen wehmütig war mir schon bei dem Gedanken. Denn Boggis und ich waren so kurz zusammengewesen, gerade bloß ein Jahr, daß ich noch nicht empfangen hatte. Die große Schwester hatte mich zu guter Letzt also doch überholt.

Ob Sunhar sich freute, daß ich wieder da war? Natürlich, sagte ich mir. Sunhar war immer schon wortkarg gewesen. Mundfaul, wie Mutter das nannte. Ich hatte aber das unbestimmte

Gefühl, daß Sunhar meinen Augen auswich. Natürlich, der Schock, das war die Erklärung, so heruntergekommen, so verwahrlost wie ich war, hatte ich Sunhar erschreckt. Doch ein Bad, ein paar Tage warmes Essen, und ich würde wieder richtig beisammen sein. Denn ich bin zäh, ja, das bin ich wirklich. Sonst hätte ich die Jahre in Brittany nicht lebend überstanden.

Ich streichelte Lupo zärtlich mit den Zehenspitzen. »Schön, daß du so groß und stark geworden bist«, flüsterte ich ihm zu und stellte mir vor, wie ich heute nacht mit Lupo zu meinen Füßen friedlich einschlafen würde. Zum ersten Mal wieder seit Ewigkeiten.

Lupo reagierte sofort auf meine Berührung. Er drehte sich auf den Rücken und streckte alle viere erwartungsvoll von sich. Ich kraulte ihn mit dem großen Zeh, da, wo Hunde das am liebsten haben, direkt unter der Schnauze.

Sunhar war mittlerweile mit Brot, Honig, kaltem Fleisch und Wein erschienen, hatte ein Tischchen herbeigeschoben, ehe ich ihr zur Hilfe eilen konnte, und trug auf.

»Komm, setz dich doch zu mir«, sagte ich, schon kauend. Wie gut das schmeckte! Frische Brotfladen und kaltes Bratenfleisch! Ich deutete mit dem Kopf in die Ecke. »Hol dir den Sessel. Bis das Wasser heiß ist, das dauert bestimmt noch. Du kannst mir in der Wanne den Rücken schrubben. Da klebt sicher fingerdick der Dreck drauf. Ich könnte mich dauernd kratzen.«

»Ja«, sagte Sunhar und blieb neben mir stehen.

Ich sah an ihr hoch, dachte an das Kleine unter ihrem Herzen und freute mich wieder.

»Hast du dich von den Bretonen freikaufen können?« erkundigte sich Sunhar zögernd.

»Freikaufen –«, wiederholte ich und lachte böse. »Freikaufen, du hast vielleicht Vorstellungen!«

»Unser Hofgut bei Glanfeuil ist zurück ans Kloster gefallen, nachdem Vater und Mutter nicht wiederkamen«, berichtete Sunhar. »Hast du in Brittany von den beiden gehört?«

Geistesabwesend wickelte ich mir eine neue Bratenscheibe in den Brotfladen und knabberte daran. Mein Magen hing immer noch schief. Doch der Appetit war mir vergangen.

Ich mußte erst mal verdauen, was Sunhar mir gesagt hatte. Glanfeuil – ständig hatte ich in Brittany an Glanfeuil gedacht, an meine Kindheit. Wenn ich die Steinmühle drehte, Schweine in die Wälder trieb oder mir die Hände am Flachs blutig arbeitete, hatte ich an Glanfeuil gedacht. Sah das behäbige Gutshaus vor mir, die Stallungen, rundherum die Scheunen, wo ich mit Kindern von unserem Gesinde Verstecken gespielt hatte. Ach, ich hatte mir so sehr gewünscht, noch einmal in den Liger zu tauchen, zu schwimmen, mit Vater auf meinem struppigen Pferdchen hinter den Jagdtreibern über die Felder zu galoppieren. Glanfeuil, unser Glanfeuil gab es nicht mehr, hatte Sunhar gesagt. Die Klosterverwaltung von Sanct Maur hatte das herrenlose Gut eingezogen, nachdem Vater, Mutter und ich bei den Bretonen verschollen waren.

Sunhar hatte ihren Platz neben mir nicht verlassen. Sie schenkte gewässerten Wein nach, sah mir beim Essen zu. Noch immer auf den Beinen, statt sich endlich zu mir zu setzen. Ich hätte meiner Schwester gern die Hand auf den Bauch gelegt, ganz kurz nur, um das Kleine zu spüren. Aber ich war mir nicht sicher, ob Sunhar das mochte. Also ließ ich's bleiben.

»Diese Bretonen, das sind doch Barbaren«, erklärte ich Sunhar. »Die lassen ihre Sklaven oder Gefangenen nicht freikaufen. Geld brauchen die nämlich keins. Die brauchen Leute, die ihnen die Arbeit machen. Bretonen sind faul. Ihre Frauen liegen mit den Männern und trinken. Weben, spinnen, den

Garten bearbeiten, Flachs wässern, brechen, hecheln, das lassen die alles von ihren Sklaven machen. Nein, an Freikauf war da nicht zu denken. Und von Mutter, von Vater habe ich nichts wieder gehört. Wir wurden gleich getrennt, verstehst du?«

»Vielleicht leben die Eltern ja noch?« meinte Sunhar nach einer Weile. »Oder einer von beiden.«

Ich hob die Schultern. Dann sagte ich zu ihr: »Tut mir leid, Sunhar. Ich wünsche es den Eltern nicht, so wie man in Brittany mit Sklaven umspringt. Ich sag dir ja, die Bretonen sind Barbaren, die reinsten Bestien.«

»Oh, das klingt so grausam«, schluchzte Sunhar auf und faßte nach ihrem Bauch.

»Laß nur, wenigstens bin ich wieder da«, versuchte ich sie zu trösten. Und endlich gab ich mir einen Ruck. »Darf ich dein Kindchen mal streicheln?« fragte ich sie behutsam.

Sunhar griff nach meiner Hand und legte sie auf ihren gewölbten Leib. Was für ein wundervolles Gefühl das ist, sagte ich mir. Es geht einem durch und durch. Dann spürte ich Bewegung unter der Bauchhaut.

»Da, es bewegt sich«, flüsterte ich glücklich. Und dann spürte ich's wieder. »Ja, tatsächlich, es bewegt sich«, rief ich, so außer mir vor Freude, daß Lupo die Ohren spitzte und mir dann mit der Zunge ins Gesicht wollte. Ich wehrte ihn ab. »Wer ist eigentlich der Vater?« wandte ich mich an Sunhar.

Sunhar schob meine Hand beiseite. »Erzähl du erst«, bat sie mit flacher Stimme. »Dann bin ich dran. Wie bist du also losgekommen?«

»Das ist eine verrückte, nein, eine richtig heilige Geschichte«, verbesserte ich mich. »Wenigstens haben's uns die Mönche vom Kloster des heiligen Gildas so erzählt.«

Vor lauter Eifer, meine Geschichte loszuwerden, verschluckte ich mich und bekam den Hals erst frei, nachdem Sunhar mir energisch den Rücken geklopft hatte. Dann nahm ich einen neuen Anlauf und berichtete:

»Mor, so hieß der Bretone, dem ich beim Verteilen zugefallen war. Auf dem Hofgut, wo wir gearbeitet haben, da hatte dieser Mor dem heiligen Gildas eine Kirche gebaut –«

»Wer ist das, dieser Gildas?« unterbrach mich Sunhar. »Wann feiert man seinen Gedenktag?«

»Keine Ahnung«, gestand ich.

Ich spülte meinen letzten Honigbissen mit einem Schluck herunter. Wie oft werde ich diese Geschichte noch erzählen müssen, dachte ich. All diese schlimmen Sachen, schlimm für uns Frauen noch mal besonders. Was diese bretonischen Tiere mit uns angestellt, wozu die uns gezwungen hatten. Und sträubtest du dich, steckte man dich ins Arbeitshaus. Da hieß es bis nachts, wenn das Käuzchen ruft, im Flachs arbeiten. Wäre nicht Taresa mit ihren Kräutern gewesen, hätten diese Bestien uns alle geschwängert. Aber wem willst du das erzählen, fragte ich mich. Am besten keinem. Boggis schon gar nicht, obwohl der mein Mann ist. Aber schließlich wünsche ich mir doch Kinder von Boggis. Ach ja, irgendwann möchte ich gern an einer Leibesbürde tragen wie Sunhar.

Die stand weiter an meiner Seite und wartete geduldig, daß ich fortfuhr mit meinem Bericht.

»Wovon habe ich gerade gesprochen?« fragte ich, denn ich hatte den Faden verloren. »Im Kopf geht mir alles durcheinander.«

»Armes Kleines«, meinte Sunhar teilnehmend. »Also, ich hatte dich nach diesem merkwürdigen Heiligen gefragt –«

»Ach ja«, erinnerte ich mich. »Wie gesagt, wer dieser Gildas war, ob Märtyrer oder Bischof, ich weiß es nicht. In Brittany reden die Priester von Heiligen, deren Namen man bei uns Franken noch nie gehört hat. Jedenfalls, in dieser Kirche, die Mor dem heiligen Gildas gestiftet hatte, da ließ der Heilige für uns ein Wunder geschehen. Während der Priester das heilige Brot austeilte, fing nämlich plötzlich ein Mann an zu schreien: *Mor, salve vinctos – salve vinctos, Mor!* Dreimal, sagten die Mönche, habe jener Mann laut diese Worte gerufen, Mor solle uns Gefangenen die Fesseln abnehmen! Danach sei er zu Boden gefallen, habe wie tot dagelegen, außer daß er schnarchte. Und als man versucht habe, ihn aufzurichten, sei dem Armen aus Mund und Nase zugleich Blut gestürzt. Schließlich habe man ihn mit Wasser wieder zu sich bringen können. Niemand kannte den Mann. Da habe man ihn gefragt, woher und wohin und wer er denn sei. Und stell dir vor, Sunhar, der Mann wußte nicht mal seinen eigenen Namen! Weil er nämlich schon seit ewigen Zeiten taubstumm gewesen war. Jetzt aber redete der Taubstumme plötzlich und sagte den Mönchen, er sei auf einer Pilgerreise unterwegs nach Rom. An den heiligen Gräbern wolle er dort um Genesung bitten. Aber diese Reise konnte sich der Mann nun sparen, nachdem ihn der heilige Gildas in Broérec von seinem Leiden befreit hatte. Stell dir das nur mal vor, Schwester! Der Heilige hat extra für uns ein Wunder geschehen lassen.«

Sunhar führte den rechten Daumen zum Mund und schlug ein Kreuz über Brust und Bauch. »Eine heilige Geschichte ist das, wirklich«, sagte sie ehrfürchtig. »Und du hast alles miterlebt?«

»Nein«, erklärte ich ihr noch mal. »Erzählt haben wir's bekommen. Von den Mönchen.«

»Und nach diesem Wunder hat dein Herr dich freigelassen?« fragte Sunhar.

Ich lachte. »Ach was, so schnell ging das nicht. Erst mußte Mor vom Pferd fallen und sich das Genick brechen. Das nämlich war die Strafe, weil er dem heiligen Gildas nicht gehorchen wollte. Seine Frau aber, die hat's daraufhin mit der Angst zu tun bekommen und hat uns vom Hof gejagt. So war das, und da bin ich nun.«

Sunhar ging an meinen Webstuhl, nahm Flachsfasern aus dem Korb, wickelte sie auf ein Knäuel. Mit dem Rücken zu mir sagte sie: »Boggis konnte nicht in Erfahrung bringen, was mit dir geschehen war, weißt du. Glaub mir, er hat alles getan, um deine Spur zu finden. Und er hätte jedes Lösegeld für dich bezahlt, Itta, du kannst ihm keinen Vorwurf machen.«

»Tu ich doch gar nicht«, erwiderte ich heftiger, als ich wollte. »Diese Bretonen sind, was sie sind, *bagaudes*, Banditen und Räuber. Was wollen die mit Geld? Die holen sich, was sie brauchen. Und am meisten brauchen sie Sklaven. Habe ich etwa gesagt, daß ich Boggis Vorhaltungen mache, weil er mich nicht ausgelöst hat?«

Vielleicht hatte ich zu heftig gesprochen, denn Sunhar zitterte plötzlich am ganzen Leib. Das Knäuel fiel ihr aus der Hand, ich bückte mich, fing es auf und sagte: »Tut mir leid, Schwester, ich wollte dich und dein Kindchen nicht erschrecken. Aber ich bin noch gar nicht richtig wieder hier, verstehst du, alles ist plötzlich so fremd.«

Sunhar war den Tränen nah. Ich sah es und machte mir Vorwürfe, zog meinen Sessel herbei und zwang sie mit sanfter Gewalt in die Kissen. Dann weinte sie richtig los, redete, und ich verstand unter dem Schluchzen und Schniefen fast kein Wort.

Ich kauerte mich zu ihr. »Was hast du gesagt?« fragte ich sie. »Boggis hat dich hierher nach Catalon geholt? Das ist doch in Ordnung. Nur, du bist doch sicher verheiratet. Ist irgendwas mit deinem Mann passiert?«

»Ach, du verstehst gar nichts«, fuhr mich Sunhar gereizt an. »Boggis, das ist doch mein Mann.«

Ich schüttelte den Kopf. »Neina, mein Mann ist das«, protestierte ich laut.

»Du willst einfach nicht begreifen«, brach es aus Sunhar heraus. Sie sprang auf, streckte mir ihren Bauch entgegen und faltete die Hände darüber. »Boggis ist jetzt mein Mann«, wiederholte sie mit so viel Entschiedenheit in der Stimme, wie ich das bei ihr nicht kannte. »Und dies ist sein Kind. Boggis hat mich zu seiner Frau genommen, weil du weg warst.«

»Aber das geht doch nicht«, sagte ich matt. »Kein Mann kann mit zwei Frauen das Bett teilen.«

»Nein, das geht nicht«, stimmte Sunhar zu. Sie nahm mir das Flachsknäuel ab und ging zurück an den Webstuhl.

»Ihr seid wirklich verheiratet, vor Zeugen –?« fragte ich betäubt. »Boggis hat dir die Ehe geschworen, er hat dir die Zunge in den Mund gesteckt und du ihm – wie damals bei mir?«

»Alles genauso«, bestätigte Sunhar und bückte sich über den Rahmen. »Sichelmus, der Priester, war Zeuge.«

»Wieso Sichelmus?« fragte ich, denn jetzt verstand ich überhaupt nichts mehr. »Sichelmus, ist das nicht der Aufseher von unserem Arbeitshaus?«

»Boggis hat ihn eben zum Priester gemacht, oder der Bischof, weil Boggis es so wünschte«, erklärte Sunhar gereizt. »Gibt es daran etwas auszusetzen?«

»Nein, nein«, sagte ich hastig. »Aber ihr beide könnt doch nicht verheiratet sein, weil ich ja doch da bin. Und außerdem sind wir Schwestern«, schloß ich kläglich, erhob mich von den Fersen, ließ mich in den Sessel fallen und weinte laut los.

Sunhar kam an meine Seite, strich mir über das Haar, murmelte ein paar Worte, die ich nicht verstand.

»Ach, Sunhar«, rief ich, stand auf und warf mich ihr in die Arme. »Wie konnte nur so was Schlimmes passieren? Wäre ich doch in Broérec gestorben!«

»Das darfst du nicht denken«, sagte Sunhar und strich mir sanft über den Rücken. »Niemals darfst du so was denken, Itta, nie im Leben, hörst du?«

Ich nickte, fühlte mich auf einmal leblos, unbeseelt wie eine Puppe, ach nein, wie ein weggeworfener Lumpen.

»Boggis wird Rat wissen, oder eben der Priester«, redete Sunhar weiter auf mich ein. »Boggis wird bald mit den Leuten vom Flachs zurück sein. Und du solltest erst mal baden, Kleines, danach sehen wir weiter. Du wirst schon sehen, alles wird wieder gut.«

Willenlos ließ ich mich von ihr ins Badehaus führen.

Das Gebäude stammte noch aus den Zeiten der Römer, die über die Alpen nach Gallien gekommen waren. Das jedenfalls hatte Boggis mir erklärt, als er mich, die neue Herrin des Hofguts, damals in Catalon eingeführt hatte. Die großen Badebecken des Hauses aber benutzten wir nicht. Lieber saßen wir in einem großen Holzzuber und ließen uns vom heißen Wasser tüchtig durchweichen.

Und da saß ich auch jetzt, in dem Zuber, der säuerlich nach Lauge roch, ach, in dem Boggis, mein Mann, und ich auch manchmal zu zweit gesessen und miteinander gescherzt hatten. Ich nahm alles wie durch einen Nebel wahr, und Sunhars Stimme, die unaufhörlich auf mich einredete, während ihre Hände mich mit dem Badequast traktierten, kam aus weiter Ferne. Ich verstand kein Wort, wollte auch nicht verstehen, was sie mir alles über sich und Boggis erzählte. Ja, die wortkarge Sunhar redete an einem Stück, wie ich's noch nie bei ihr erlebt hatte. Und ich wünschte, sie würde endlich aufhören, mich »Kleines« zu nennen. Am liebsten hätte ich Sunhar ganz weggeschickt, um mich und mein Elend in dem Zuber zu ertränken.

Doch ich glaube, selbst dazu wäre ich nicht imstande gewesen, weil mir nichts von meinem Willen mehr übriggeblieben war. Dabei hatte mich allein mein Wille all die Monate, die Jahre in der Verschleppung aufrecht gehalten. Und mein Wille hatte mich gezwungen, einen Fuß vor den anderen zu setzen auf dem

endlosen Weg zurück nach Catalon, hierher zu dem Herrensitz, dessen rechtmäßige Herrin ich kraft der Ehe mit Boggis
war.

Jetzt fühlte ich mich wie tot, ließ mich von meiner Schwester
einkleiden, mir mit einem Zottentuch die Haare abrubbeln,
strähnen und kämmen und autschte nicht mal bei der schmerz-
haften Prozedur, als Sunhar mein halblanges Haar entwirr-
te.

»Armes Kleines, dein schönes Haar haben sie dir abgeschnitten, oder warum trägst du's so kurz –?« fragte sie.

Doch sie erwartete wohl keine Antwort. Und ich ersparte mir,
ihr zu erklären, daß ein nackter Schädel besser ist als ein Kopf
voll Ungeziefer, ja, und daß man dich wenigstens nicht an den
Haaren reißen kann, wenn du einen Igelkopf hast, struppig
und zottig, schon allein wegen der stumpfen Schere.

# Boggis

Ich erwachte erst aus meiner Lähmung, als ich draußen Lärm vernahm, Gelächter, Pferdeschnauben und dazwischen Boggis' Stimme hörte, der nach Sunhar rief. Mit einem Mal stand er mitten im Badehaus. Er betrachtete uns zwei Schwestern mit einem Blick, als hätte der Blitz zu seinen Füßen eingeschlagen.

»Itta ist zurück«, hörte ich Sunhar, dann warf ich mich Boggis an die Brust, umhalste ihn, stellte mich auf die Zehen, rieb mein Gesicht an seinem roten Krausbart und stammelte unzusammenhängende Sätze, nannte unaufhörlich seinen Namen: »Boggis, Boggis, ich hatte mich so sehr nach dir gesehnt!«

Boggis jedoch rührte sich nicht. Schloß auch nicht seine Arme um mich, sprach sogar kein einziges Wort, bis er über meinen Kopf hinweg Sunhar fragte: »Was habt ihr denn mit ihrem Haar angestellt, deine Schwester sieht ja aus wie ein Bursche unten aus den Häusern im Dorf!«

Das war zuviel. Ich riß mich von dem Mann los und fauchte ihn an: »Du kannst mich ja gleich wegschicken, nach unten ins Dorf, wenn dir nichts Besseres einfällt.«

Und auch Sunhar mischte sich ein. »Itta hat recht«, sagte sie tadelnd. »Da kommt sie halbtot hier an, und du nörgelst gleich an ihr herum. Noch kein Wort hast du mit ihr gesprochen! Dabei war sie doch deine Frau.«

Ärgerlich standen wir uns gegenüber, bis Boggis sich abrupt umdrehte und uns über die Schulter zurief: »Da muß der Priester mit seinen Büchern her, die Sache hat uns der Teufel eingebrockt!«

Der Teufel, der Satan –? Ich glaubte nicht recht gehört zu haben. Dabei war es doch das reinste Wunder, daß ich lebte und hier stand. Wovon sprach der Mann? Was hatte ich ihm angetan?

Boggis verschwand durch die Tür, und ich warf Sunhar einen hilfesuchenden Blick zu.

Die stampfte mit dem Fuß auf und schrie mich an: »Nun lauf ihm doch hinterher!«

»Nein, das tue ich nicht«, widersprach ich. »Soll ich etwa meinen Mann vor seinen Leuten beschimpfen?«

»So war das nicht gemeint«, sagte Sunhar und suchte nach Worten. Dann fuhr sie fort: »Du darfst dir das einfach nicht gefallen lassen, Itta. Oder habt ihr euch früher schon so schlecht verstanden? Davon hat Boggis nie was gesagt.«

»Ich habe keine Ahnung, warum er mich so garstig behandelt«, sagte ich kleinlaut. »Natürlich war ich noch jung und dumm, als Vater mich verheiratete. Aber ich wollte ja auch in die Ehe. Besser wär's gewesen, Boggis hätte gleich dich genommen. Ich war ja nicht mal vierzehn. Und was jetzt? Ruft er wirklich den Priester?«

»Das nehme ich an«, antwortete Sunhar. »Komm, wir gehen miteinander ins Haupthaus.«

Draußen sah ich den Ofensklaven mit Bectra zusammenstehen. Ja, Bectras Name war mir sofort gegenwärtig, und ich wäre am liebsten auf die Alte zugelaufen, wollte mich an sie drücken, mich in ihren Armen wiegen lassen, um Trost zu finden. Das wäre aber nicht schicklich gewesen, und es hätte auch Bectra in Verlegenheit gebracht, in aller Öffentlichkeit umhalst und abgeküßt zu werden. So hielt ich mich zurück. Denn auf dem Hofplatz herrschte jetzt, wo's auf den Abend zuging, Hochbetrieb. Mägde, Sklaven und Kinder waren aus dem Flachs zurück, schwärmten zwischen den Gebäuden durcheinander, ein Ochsenfuhrwerk bahnte sich mit knarrenden Rädern seinen Weg zur Scheune, Vieh brüllte in den Ställen.

Dann aber sah mich Bectra. Ihr runzeliges Gesicht leuchtete auf. Sie kam einen Schritt auf uns zu, verbeugte sich mit gefalteten Händen.

»Herrin, Ihr seid zurück, wir alle freuen uns«, sagte sie mit ihrer tiefen, festen, mir so vertrauten Stimme.

Mit einem Schlag kehrten die Erinnerungen zurück, und ich konnte kaum an mich halten.

»Geh schon voran«, sagte ich halblaut zu Sunhar. »Ich komme gleich nach.«

Dann lief ich zu Bectra hinüber. Sie war kleiner geworden oder ich größer, aber was machte das. Ich fand Platz in ihren Armen, um mich auszuweinen, endlich.

»Herrin, liebe Herrin«, murmelte die Alte an meinem Ohr, so teilnehmend, so mitfühlend, daß ich noch mehr weinte.

Bectra stand dem weiblichen Gesinde von Catalon vor. Sie war es gewesen, die mich als junge Frau in meine Haushaltspflichten eingeführt hatte. Umsichtig, geduldig mit meiner Unerfahrenheit, nachsichtig, so verständnisvoll mit dem jungen Ding, das vor lauter Verwirrung nicht wußte, wo es seine Hände lassen sollte. Ach, es tat unbeschreiblich gut, an Bectras Schulter zu weinen.

Bis ich mich aus ihren Armen lösen konnte, hatten sich noch andere Frauen des Gesindes um uns versammelt, sahen mitleidig mein verweintes Gesicht, verbeugten sich, grüßten leise und murmelten untereinander. Eine totgeglaubte Frau kehrt in ihr Haus zurück und sieht ihren Mann mit einer anderen Frau verheiratet, ja, das war jedesmal eine Tragödie. Die Frauen wußten es, ich sah's ihren Gesichtern an.

Gewiß, alle Tage trugen sich solche schrecklichen Ereignisse nicht zu, der Mutter Gottes sei Dank, doch hin und wieder passierte es eben. In Glanfeuil, dem elterlichen Hofgut, war früher mal ein Mann nach Jahren aus der Gefangenschaft zurückgekehrt, hatte seine Frau mit einem anderen Mann gefunden, mit dem sie auch Kinder gezeugt hatte. Der Heimkehrer hatte sie alle erschlagen: die Frau, den neuen Mann, ihre Kinder. Sich selbst hatte er nach der Tat am Türbalken aufgehängt. Ich war damals noch viel zu klein gewesen, um das ganze Ausmaß der Tragödie zu begreifen. Und auch jetzt hatte ich noch nicht wirklich begriffen, daß diesmal ich es war, die ein ähnliches Schicksal ereilt hatte.

Mit einem Mal entstand eine flüsternde Unruhe unter den Frauen, und sie stahlen sich, eine nach der anderen, davon. Nur Bectra, deren Hand ich nicht losließ, blieb bei mir.

Ich blickte über die Schulter und sah den Gutsverwalter auf uns zusteuern. Nein, der Mann hatte sich in seinem Aussehen nicht um eine Spur verändert. Wie früher kam er ein wenig lässig daher, wich federnden Schritts den Pfützen aus. Klar, seine sauber gewickelten Gamaschen, die bestickte Borte seines Obergewandes sollten keine Dreckspritzer abbekommen. Als sein dunkler Krauskopf sich vor mir verneigte, wehte mir ein Duftschwall von Rosenöl in die Nase, und diesen Geruch mag ich nicht, er verbindet sich mit lästigen Erinnerungen. Aber der Name des Mannes wollte mir einfach nicht einfallen. Ich ließ Bectras Hand fahren, nahm seinen Gruß entgegen und grüßte ebenso höflich zurück.

»*Paisenc*, erfreut, dich wiederzusehen«, sagte ich ihm. »Wie war doch gleich dein Name?«

Seine Augenbrauen zuckten, ich hatte seine Eitelkeit verletzt. Er verbeugte sich ein zweites Mal mit gefalteten Händen, ein wenig zu tief, ein wenig spöttisch, wie's mir schien, und sagte: »Gozlin, junge Herrin, Gozlin ist mein Name. Wenn Ihr Euch erinnert, ich bin der Verwalter des Hofguts. – Der Herr schickt mich. Ich soll sehen, wo Ihr bleibt, das hat er gesagt. Der Priester wartet bereits.«

»Ich bin schon auf dem Weg«, antwortete ich und drückte mich ein letztes Mal an Bectra.

Die sah mich bekümmert an und flüsterte mir zu: »Du weißt, ich trage auf der Brust eine Haarsträhne unseres heiligen Martin. Wenigstens habe ich sie einst dafür erstanden. Ich bitte den Heiligen, dich unter seine Fittiche zu nehmen, junge Herrin. Nun lauf, daß der Herr nicht unwillig wird.«

Ich nickte gehorsam und wünschte, Bectra könnte mich begleiten. Aber ich wußte, zur Seite stehen konnte sie mir höchstens mit ihren Gebeten. Dieser Sache mußte ich allein begegnen. Verstohlen wischte ich mir mit dem Ärmel durchs Gesicht, holte Luft und folgte Gozlin, der schon vorausgegangen war. Hastigen Schritts, wie um mir Eile anzuzeigen oder gar zu gebieten.

In der Halle fiel mein Blick gleich auf den Priester. Tatsächlich, das war Sichelmus. Als Aufseher über unser Arbeitshaus mochte er lesen und vielleicht sogar schreiben können, so nahm ich wenigstens an. Genügte das aber, um Priester zu sein? Abgesehen von der Tonsur hatte sich sein Aussehen jedenfalls nicht geändert. Wie gewohnt steckte Sichelmus in einem schäbigen Kittel, und sein Schuhwerk machte den Eindruck, als hätte er's in all den Jahren nicht ein einziges Mal gewechselt. Dennoch, mit den beiden dicken pergamentgebundenen Büchern, die er wie zur Demonstration seiner Belesenheit an die Brust gepreßt hielt, verkörperte er Autorität. Mir wenigstens wurden die Knie schwach.

Ich schaute mich nach einer Sitzgelegenheit um. Doch mir wäre nur die Tischbank geblieben, denn in dem einen Sessel saß Boggis und neben ihm, in dem anderen, Sunhar, meine Schwester. Also blieb ich stehen. Boggis hatte die Hand auf den Kopf der Dogge gelegt, kraulte sie hinter den Ohren, und an Boggis' Seite stand der duftende Gozlin. Alle blickten mich erwartungsvoll an.

»Setz dich doch, Itta«, sagte Boggis in bestimmendem Ton, jedoch nicht unfreundlich.

»An meinem Platz sitzt Sunhar«, erwiderte ich. »Da stehe ich lieber.«

Boggis zog seine Hand von Lupos Kopf zurück. Der schaute seinen Herrn an, aber Boggis schenkte ihm keine Beachtung. Lupo gähnte. Dann erhob er sich und trottete zu mir, stieß mich mit der feuchten Schnauze an die Wade und legte sich zu meinen Füßen. Wenigstens einer, der zu mir hält, dachte ich dankbar.

Die anderen starrten mich stumm an: Boggis, Sunhar, der Priester und Gozlin. Offenbar sollte ich den Anfang machen. Also gut, sagte ich mir und begann.

»Wir waren fast ein Jahr verheiratet, da hattest du mir Urlaub gegeben, Boggis. Wie alle Jahre wollte ich mit den Eltern und den Leuten von Angiers in der Baie am Meer Salz machen. Und du, Sichelmus, brachtest mich nach Glanfeuil. Eine Woche später solltest du mich dort wieder abholen. Mit dem Salz, das ich für uns gesiedet hatte. Wir kamen auch mit der Arbeit gut voran, und es machte mir wie jedes Jahr viel Spaß. Als wir vielleicht zwanzig Säcke beieinander hatten, geschah es. Bretonen erschienen auf ihren Pferden, fielen über uns und die Leute aus Angiers her, die mit uns im Salz waren.«

Meine Stimme versagte. Denn unversehens kehrten all die Bilder, die grausamen Bilder zurück, die ich nicht wiedersehen wollte. Und alles wiederholte sich vor meinen Augen. Ich sah Vater, am Kopf getroffen, in die Knie gehen, ich selbst wehrte mich mit Händen und Füßen, Pferde wieherten, Menschen schrien, Mutter hörte ich gräßlich aufheulen, und ich schwappte einem Banditen den kochenden Salzkessel gegen den Bauch. Dann lag auch ich im Sand, betäubt von Schlägen, Tritten, merkte gerade noch, wie ich gefesselt auf ein Pferd gezerrt wurde –

Boggis unterbrach mein Schweigen. »Ich habe durch Boten nach euch forschen lassen, Itta«, sagte er. »Dazu hatte ich Gold und Silber bereitgelegt, Sceattas, Denare in Silber, goldene Solidis. Und ich selbst bin zweimal an die Baie geritten, um eine Spur von dir, von deinen Eltern zu finden. Es war alles vergeblich. Ein Jahr darauf habe ich dann Sunhar nach Catalon geholt. Im Beisein des Priesters haben wir einander als Mann und Frau versprochen.«

»So ist es«, bestätigte Sichelmus. »Deine Ehe, Herr, ist rechtmäßig geschlossen.«

»Meine aber auch«, protestierte ich so heftig, daß Lupo sich auf die Hinterbeine setzte und den Priester anknurrte.

Doch was wollte ich eigentlich? Etwa meine eigene Schwester aus dem Haus jagen? Nie im Leben. Wo Sunhar noch dazu mit einem Kind war. Nein, ich wollte einfach Gerechtigkeit. Was das aber praktisch hieß, Gerechtigkeit in meinem Fall, davon hatte ich keine Vorstellung.

»Gewiß doch, auch du bist rechtmäßig mit dem Herrn verheiratet, Itta, eure Ehe ist gültig, ohne Zweifel«, bestätigte Sichelmus. »Die allereinfachste Lösung sähe so aus: Eine von euch nähme die Stellung als Hauptfrau ein, die andere –«

»Niemals«, fiel ich ihm ins Wort.

Sichelmus räusperte sich. »Junge Herrin«, sprach er mich an, »ich hatte noch nicht zu Ende gesprochen. Viele Herren halten sich Nebenfrauen, das weißt du. Die Kirche sieht's zwar nicht gern, doch die Verhältnisse sind nun mal so –«

»Ist mir alles bekannt«, unterbrach ich, jetzt schon wütend, Sichelmus zum zweiten Mal. »Worauf soll das Gerede hinaus?«

»Junge Herrin, in eurem Fall verbietet sich eine solche Regelung ohnehin«, fuhr Sichelmus unbeeindruckt von meinem Ausbruch fort. »Denn es wäre dazu noch eine blutschänderische Verbindung, weil ihr Schwestern seid. Und damit scheidet eine Nebenehe völlig aus. Sowohl nach fränkischem wie römischem Recht und natürlich auch nach den Gesetzen der heiligen Kirche.«

Sichelmus ging an den Tisch, um seine Bücher abzulegen, und schlug die schweren Seiten um.

»Hier steht es«, sagte er. »Im Gesetz des Moyses heißt es: Du sollst auch deines Weibes Schwester nicht neben ihr nehmen, ihre Scham zu entblößen, ihr zuwider, solange sie noch lebt –«

Sunhar erhob sich ungeduldig und trat zu Sichelmus an den Tisch. »Du mußt uns nicht deine ganze Gelehrsamkeit ausbreiten, Priester«, sagte sie scharf und faßte an ihren schwangeren Leib. »Meine Schwester hat recht. Sag uns ohne Umschweife, was zu tun ist.«

Sichelmus warf Boggis einen fragenden Blick zu, und ich sah, wie mein Mann nickte.

»Gut, ich mache es kurz«, sagte Sichelmus. Er nahm sein zweites Buch zur Hand, legte den Finger auf eine Stelle und trug vor: »*Si quis, cujus uxorem hostis abstulerit, et non potest eam redimere* – also, einem Mann, dem die Frau von Feinden geraubt wurde und der sie nicht wieder auslösen kann, steht das Recht zu, eine andere Frau zu ehelichen. Wenn aber die Verschollene zurückkehrt, soll auch diese einen anderen Mann ehelichen, *alium virum accipiet et illa*, so steht es hier im Bußbuch der Kirche.«

»Genug, Sichelmus«, rief Boggis und begab sich ebenfalls zu uns an den Tisch. »Damit haben wir die Lösung. Sunhar mit dem Kind bleibt meine rechtmäßige Frau, und für dich, Itta, bestimme ich einen anderen Mann.«

»Was willst du?« schrie ich ihn an. »Du willst mich in eine neue Ehe zwingen?«

»So will es das Gesetz«, bekräftigte Boggis.

Ich versuchte, mich zur Ruhe zu bringen. »Und was ist mit

meinem Brautgeld, der Dos, was ist mit deiner Morgengabe an mich? Und was geschieht mit meiner Aussteuer, die ich mit in die Ehe gebracht hatte?« fragte ich böse. »Bevor ich in Trennung oder Wiederheirat einwillige, möchte ich ausgezahlt werden!«

Boggis wurde blaß, wie ich mit Genugtuung feststellte. Die Gerechtigkeit nahm ihren Lauf.

Boggis winkte Sunhar zu sich und tuschelte mit ihr.

Die machte ein elendes Gesicht, schluckte und sagte dann unter Tränen zu mir: »Ich habe keine Aussteuer mit in die Ehe gebracht. Weil doch unser Gut zurück an das Kloster ging.«

»Deine Schwester ist in deine Rechte eingetreten, in die Rechte einer verschollenen Frau, so mußt du das sehen«, erklärte mir der Priester.

Boggis nickte dazu.

Mir verschlug es die Sprache. »Dann stehe ich ohne einen Solidus allein auf der Welt –?« brachte ich mühsam hervor.

»Hast du das gehört, Lupo«, sagte ich, kauerte mich zu der Dogge und drückte mein Gesicht in ihr Fell. »Meinen Mann wollen die mir nehmen, mein Geld, alle meine Ansprüche, und ich soll zusehen, wo ich bleibe.«

»Laß das ewige Heulen«, befahl mir Boggis. »Du warst meine Frau, bist Sunhars Schwester, und ich will dich darum auch standesgemäß versorgt sehen.« Er zog mich hoch und zeigte auf unseren Verwalter. »Gozlin ist bereit, dich zur Frau zu nehmen. Ohne alle Leistungen deinerseits. Er wird überdies das Brautgeld hinterlegen und die Morgengabe dazu. Bist du nun zufrieden?«

Gozlin kam auf mich zu, griff nach meiner Hand und küßte meine Fingerspitzen. Wieder wehte mir sein Rosenöl so stark ins Gesicht, daß mir augenblicklich übel wurde. Doch ich fand keine Kraft, Gozlin meine Hand zu entziehen.

»Herrin, Itta«, sagte er. »So könnt Ihr in der Nähe Eurer Schwester bleiben. Ihr wißt, ich habe ein kleines, bescheidenes Gut, das sichere Erträge abwirft. Und ich bin auch sonst nicht ganz unvermögend. Ich werde Euch reichlich mit Sicherheiten ausstatten.«

Mit einem Ruck entzog ich Gozlin meine Hand. Eine Erinnerung tauchte auf, Bilder aus dem Viehstall, Gozlin, der sich von hinten an einem Schwein zu schaffen machte. Und diesem widerwärtigen Mann sollte ich in die eheliche Gewalt gegeben werden? Neina, niemals, sagte ich mir und preßte die Lippen aufeinander. Aber ich mußte Zeit gewinnen, ein bißchen Zeit. Also nickte ich stumm.

»Dann könnt ihr euch gleich das Eheversprechen geben«, schaltete Sichelmus sich ein. »Wir müssen nur noch Zeugen auftreiben. Einen von den Freileuten –«

»So schnell geht das nicht«, widersprach ich mit belegter Stimme. »Erst muß die Dos und die Morgengabe festgesetzt werden, schriftlich, und ich brauche auch Zeit, um mir alles zu überlegen. Schließlich bin ich gerade erst aus Brittany zurück.«

»Einverstanden«, äußerte sich Boggis zufrieden. Er umarmte mich. »Ich wußte, du würdest vernünftig sein. Warte nur nicht zu lang. In ein paar Tagen reite ich mit meinen Leuten davon. Der Princeps des Königs, Carl, hat ein Heer gegen die Sarazenen aufgeboten, die in den Süden eingefallen sind. Dem Princeps sind wir Reiter, Waffen, Geld und zwei Karren mit Heeresverpflegung schuldig. Obwohl ich nicht weiß, wie unser Hofgut einen derartigen Aderlaß überstehen soll. Doch wenn die Ungläubigen Gewalt über uns bekommen, dann ist sowieso alles verloren. Also entscheide dich bald, Itta! Ehe wir aufsitzen, möchte ich dich versorgt und als glückliche Braut sehen.«

Damit ließ er mich stehen, winkte die beiden Männer nach draußen.

Ich blieb mit Sunhar und Lupo allein in der Halle zurück. Und ich fühlte mich plötzlich ausgebrannt, leer, hatte nur noch den einen Wunsch, mich irgendwohin zu verkriechen und zu schlafen, endlos zu schlafen.

Ja, meine Schwester war besorgt um mich, bemühte sich um alles, was ich brauchte, wies mir ein winziges Kämmerchen zu, das ich für mich allein haben konnte. Sunhar bettete mich, Sunhar küßte mich zur Gutenacht, und das schlechte Gewissen stand ihr dabei ins Gesicht geschrieben. Ich ließ mir alles wortlos gefallen. Nein, ich mochte über das Geschehen in der Halle nicht mehr reden. Bevor ich noch zum Nachdenken kam, holte mich der Schlaf.

Tief in der Nacht wachte ich auf. Donner grollte in der Ferne, Wetterleuchten flackerte über die getünchten Wände der Kammer. Ich hatte Mühe, mich zurechtzufinden. Mein erster Gedanke aber war: Nur fort von hier! Gleich morgen. Keinen Tag länger wollte ich unter diesem Dach atmen, wo ich so gedemütigt, so gekränkt worden war. Ich würde ein Bündel packen und mich auf die Beine machen.

Wohin? Viele Möglichkeiten hatte ich nicht, genaugenommen sogar nur eine. Bei den Leuten meiner Mutter Sunhast, die ihrer ältesten Tochter die eine Hälfte ihres Namens vermacht hatte – bei Tante Momas wollte ich Zuflucht suchen. In Bigorra, einem Ort in den südlichen Bergen des Landes.

Wo sonst sollte ich mich auch lassen? Ohne Familie, ohne seine Sippe ist einer nichts. Eine Frau zumal. Das hatte ich gestern abend in der Halle zu spüren bekommen. Alle hatten mich übervorteilt, ja, alle hatten versucht, mich über den Tisch zu ziehen. Auch meine Schwester, auch Sunhar. Nur wegen des Kindes, das sie trug, konnte ich ihr nicht böse sein.

Und während das Wetterleuchten über die Wände flackerte, im Westen der Donner rollte, malte ich mir den Weg nach

Bigorra aus. Wie lange würde ich bis in den Süden brauchen? Drei Wochen, sechs Wochen, ich hatte keine Vorstellung. Gallien ist so ein großes Land. Die Zeit drängte jedenfalls. Denn das Jahr hatte bereits die letzten Wochen des Oktobers erreicht, und ein wenig später war in den Bergen vielleicht schon mit Schnee zu rechnen. Dann steckte ich fest. Also morgen, sagte ich mir noch einmal, morgen bei der ersten Gelegenheit bin ich mit meinem Bündel auf und davon.

Erleichtert ließ ich mich wieder vom Schlaf mitnehmen. Als letztes hörte ich einen einzelnen Donnerschlag ganz in der Nähe. Das Gewitter zog über unsere Köpfe. Es rührte mich nicht. In meinem Kopf war es ruhig geworden.

Als ich im Morgenlicht aufwachte, kniete ich mich auf mein Lager und sah zum Fensterloch hinaus. Der Himmel war blank und blau, und an den verkürzten Schatten sah ich, daß die Sonne schon hoch am Himmel stand. Ich hatte bis weit in den Tag geschlafen, fühlte mich ausgeruht und unternehmungslustig.

Ich schlüpfte in mein Kittelkleid. Dann lief ich barfuß durchs Haus, sah in der Halle den Eßplatz gerichtet und rannte ins Badehaus, um mich zu erleichtern und zu waschen. Wie gut das tat! Ich fand sogar warmes Wasser, seifte mich in einer Schüssel stehend von oben bis unten ein, goß zum Schluß ein paar Kannen kaltes Wasser über mich. Was für ein schöner Tag!

Langsam schlenderte ich über den Hof zurück ins Haupthaus. Die Leute mußten wohl wieder draußen am See im Flachs sein, denn außer einer Sklavenfrau, die am Brunnenstein ihr Kind stillte, begegnete ich keinem Menschen.

Am Eßplatz fand ich Sunhar, sie hatte wohl auf mich gewartet. Ich machte mich ans Essen, wechselte ein paar belanglose Sätze mit ihr, sah sie zwischendurch lieb an, ja, und ich merkte, wie sie sich darüber freute, ihr Kind streichelte und immer wieder zulangte. Dann erzählte ich ihr von meinem Vorhaben. Meine Schwester hatte das Recht zu erfahren, was ich vorhatte. Sie würde auch den Mund halten und es keinem weitererzählen, da war ich sicher.

Eigentlich hatte ich erwartet, Sunhar würde versuchen, mich von meinem Vorhaben abzubringen. Das aber tat sie nicht. Ganz im Gegenteil. Als ich fertig berichtet hatte, zeigte ihr Gesicht nicht mal Erstaunen, sondern, wie mir schien, Verständnis und so etwas wie Zustimmung.

Nach kurzem Schweigen sagte sie: »Sunhast, unsere Mutter, hätte nie zu den Franken heiraten dürfen.«

Ich nickte. Das hatte ich mir in der Nacht auch überlegt.

»Wer weiß, wenn gestern Tante Momas dabeigewesen wäre –«, überlegte Sunhar laut.

»Frauen gelten bei den Franken nicht viel«, warf ich ein.

»Das ist es ja gerade«, fuhr Sunhar fort. »Tante Momas ist in Bigorra das Oberhaupt der ganzen Sippe. Stell dir das vor, als Frau! Nein, Tante Momas hätte nie zugelassen, wie Boggis mit dir umgesprungen ist.«

»Laß nur«, sagte ich wegwerfend. »Ich mag über die ganze Sache nicht mehr reden.«

»Was ich meine, ist dies«, sagte Sunhar, ohne sich unterbrechen zu lassen. »Wenn's zwischen mir und Boggis zu einer Auseinandersetzung käme, hätte auch ich keinen Beistand. Wer weiß, wenn das Kind nicht wäre –«

»Du würdest mitgehen?« fragte ich ungläubig.

Sunhar zog die Schultern hoch. »Sicher bin ich nicht«, sagte sie dann. »Möglich aber wäre es schon.«

Ich schwieg verwundert. Von dieser Seite hatte ich Sunhar noch nie erlebt, so anlehnungsbedürftig an ihre jüngere Schwester. Vermutlich ist es das Kind unter ihrem Herzen, das sie so hilflos macht, sagte ich mir und hoffte, Sunhar würde bei Boggis den Halt finden, den sie jetzt brauchte.

Sie unterbrach meine Gedanken. »Und gleich heute willst du los? Hast du dir das alles auch gut überlegt?«

Ich lachte. »Was gibt's da groß zu überlegen? Ich habe kaum eine andere Wahl, wenn ich mich nicht in den Armen dieses ekligen Verwalters wiederfinden will.«

»Auf mich macht Gozlin einen umgänglichen Eindruck«, wandte Sunhar ein.

»Du kennst ihn nicht«, fertigte ich sie kurz ab. Nein, mit Sunhar mochte ich nicht über Gozlin reden, bestimmt nicht in ihrem Zustand. »Entschuldige«, fuhr ich hastig fort, »aber meine Zeit drängt. Ich muß darangehen, ein Bündel zu pakken.«

»Das tun wir zusammen«, sagte Sunhar. »Und danach setze ich mich ins warme Wasser. Ich fühle mich heute nicht besonders. Die Wärme wird mir guttun.«

Damit erhob sie sich, durchquerte die Halle und winkte mich in die Truhenecke.

»Also, was brauchst du?« erkundigte sie sich.

»Nicht viel«, erklärte ich. »Ich will nicht unnötig tragen. Also, ein zweites Kittelkleid, möglichst aus Wolle, Unterzeug zum Wechseln, Schuhe, das ist dann schon alles. Ach ja, einen Flintstein brauche ich, einen Flintstein mit Eisenring, um Feuer zu schlagen.«

»Drüben neben dem Kohlebecken findest du alles«, sagte Sunhar. »Hol's gleich, sonst vergißt du's noch.«

Als ich mit dem Feuerzeug zurückkam, hatte meine Schwester schon die halbe Truhe ausgepackt. Sie breitete gerade eine schwarzbraune Decke auf den Steinfliesen aus und hielt sie dann zwischen ihren Armen hoch, daß sie dahinter fast verschwand.

»Kennst du die Decke noch?« fragte sie.

»Natürlich«, antwortete ich. »Die gehörte doch Mutter. Darin hat sie sich immer eingewickelt, wenn's ihr kalt war.«

»Mutter hat sie mir vermacht«, erzählte Sunhar. »Und ich schenke sie dir. Heb mal an! Die ist federleicht und ganz dünn, an der trägst du nicht schwer. Und die hält Wind und Regen ab. Mutter hatte sie in ihrer Aussteuer von Bigorra nach Glanfeuil gebracht.«

»Und du willst sie mir vermachen?« fragte ich zögernd. »Nein, Sunhar, behalte das gute Stück. Später schenkst du's dem Kleinen in deinem Bauch. Als Vermächtnis unserer Mutter.«

»Du nimmst sie mit«, sagte Sunhar entschieden. »Ich hab's warm, und du hast's kalt in den Wäldern. Und hier ist ein wollenes Kleid, Unterzeug, da sind Schuhe, Gamaschenbänder. Ja, und vier Binden für die *féminité*, für die *fleurs du sang*. Ich werde sie in den nächsten Jahren wohl nicht brauchen.«

»Danke«, sagte ich. »Danke für alles, besonders für Mutters Decke. Und du stellst dir vor, ein Kind nach dem anderen zu kriegen?«

»Wofür lohnt es sich sonst zu leben?« meinte Sunhar, plötzlich mit Tränen in den Augen. »So ein Kleines, da hast du wenigstens was zum Freuen.«

Ich verstand meine Schwester, sie tat mir leid, und darum sagte ich nichts.

»Also, dann setz ich mich in den Zuber«, sagte Sunhar. »Bist du noch da, wenn ich zurück bin?«

»Ich komm noch mal zu dir an die Wanne«, versprach ich ihr. »Lauf nur.«

Sunhar blieb unschlüssig stehen. Da ging ich auf sie zu, nahm sie in den Arm und küßte sie zärtlich.

»Nicht traurig sein«, murmelte ich. »Bei Tante Momas bin ich gut aufgehoben. Ich lasse dir durch einen Priester schreiben. Und wann kommt dein Kleines auf die Welt?«

»In den Kalenden vom Januar«, antwortete Sunhar nun

schluchzend. Sie griff nach meiner Hand. »Bleib doch bis dahin, bitte«, bettelte sie mich an.

»Das geht nicht, und du weißt das«, sagte ich. »Gozlin werde ich nie im Leben heiraten. Laß dir von Bectra helfen. Die ist lieb. Und sie hat ein zauberkräftiges Amulett, Haare vom heiligen Martin. Sicher schenkt sie dir eins, wenn du sie bittest.«

»Du machst dich über mich lustig«, schluchzte Sunhar.

»Nein, das tue ich nicht«, versicherte ich ernsthaft. »Und jetzt geh, das Wasser wird kalt!«

Diesmal hatte ich das schlechte Gewissen. Ich verließ meine Schwester, ließ sie ohne Hilfe zurück. Sunhar ging, die Tür fiel in die Riegel, und ich war allein in der Halle.

Langsam begab ich mich an die Truhe, musterte noch mal meine Sachen. Ein Messer fehlte. Ich fand es auf dem Tisch. Ja, und nach Riemen mußte ich mich umsehen, damit ich mir das Bündel auf den Rücken binden konnte. In meiner Kammer hatte ich Lederstreifen gesehen, sie hingen an der Wand. Ich ging und suchte mir zwei lange Riemen aus, genau wie ich sie brauchte. Mit dem Bündel auf dem Rücken würde ich gut vorankommen. Aber das Herz klopfte mir bis zum Hals, als ich in der Halle mein Bündel verschnürte. Ich war marschfertig. Nur eins blieb noch zu tun. Damit hatte ich gewartet, bis Sunhar in der Wanne saß.

In der Mitte der Halle stehend, zählte ich die Fliesenreihen von der Tür aus ab, hielt ein, als ich die Vierzehn erreicht hatte, schnürte einen Schuh auf und postierte ihn zwischen die Längsfugen. Jetzt das gleiche von der linken Schmalseite der Halle aus. Bei der achtzehnten Fliese hielt ich inne. Auf die Fersen gekauert untersuchte ich das rötliche Viereck. Ja, das war die Stelle. Ich stellte meinen zweiten Schuh darauf, holte noch mal ein Messer vom Tisch und begann, die Steinfliese auszuheben.

So billig, wie er sich das vorstellte, sollte Boggis nicht davonkommen. Ich wollte meine Dos zurück, das Brautgeld, und die Morgengabe, die einer verwitweten oder geschiedenen Frau *per dreit*, von Rechts wegen, zustehen. Und unter der Fliese, der achtzehnten in der vierzehnten Reihe, hielt Boggis seine Wertsachen versteckt. Im Zahlenmerken bin ich gut.

Tatsächlich, er hatte die Stelle nicht gewechselt. Ich beförderte ein Holzkästchen aus dem Schacht zutage. Es enthielt den Familienschmuck: Bernstein, Fibeln, Broschen, Ketten, Armreifen, eine schöne Gürtelschließe und das edelsteinglitzernde Amulett mit dem großen eingefaßten Kristall, das Mutter mir am Verlobungstag zum Geschenk gemacht hatte. Wollte ich das haben? Nein, ich stopfte es mit dem Rest ins Kästchen zurück. Dann begab ich mich mit den Geldbeuteln an den Tisch.

Achtunddreißig Goldsolidis hatte meine Dos betragen. Ich zählte sie sorgfältig ab. Die Brautgabe hatte zwei Solidis ausgemacht. Die holte ich mir aus dem Silberbeutel. Zwölf, dreizehn von den leichten Silbersceattas gingen auf einen Solidus, fünfundzwanzig gehörten mir. Meinen Anteil steckte ich in einen der beiden Beutel, und was Boggis danach noch an Gold und Silber blieb, in den anderen. Es war nicht mehr viel. Boggis würde toben, wenn er den Diebstahl entdeckte. Nein, es war kein Diebstahl, berichtigte ich mich. Boggis hatte mir mein Recht nicht zugestehen wollen, also nahm ich es mir selbst. Das war alles.

Nachdem ich die Fliese wieder eingelassen hatte, steckte ich mir ein paar von den Sceattas lose ein und verstaute das übrige Geld im Bündel, umschnürte alles mit Riemen und packte es mir auf den Rücken. Ich war reisefertig.

In der Nähe des Bohlentors fand ich sogar meinen Wanderstock wieder. Zu Sunhar ins Bad traute ich mich nicht mehr. Möglicherweise hätte sie mir angesehen, daß etwas nicht stimmte, und darauf wollte ich es zuletzt nicht ankommen lassen. So winkte ich stumm zu dem Badehaus hinüber und verließ, ohne noch mal zurückzublicken, das Hofgut. Fremd nach so langer Abwesenheit war ich gestern in Catalon eingegangen, fremd zog ich wieder fort.

# Lupo

Auf Schleichwegen verließ ich das Dorf. Am Weiher hütete ein kleines Mädchen die Gänse. Auf seinen Hütestock gelehnt schaute es hinüber zu den Feldern, die das Hofgut umgaben. So hatte ich früher in Glanfeuil auch bei meinen Gänsen gestanden.

Ich erinnerte mich plötzlich an den weiten Blick über die Auwälder, die Inseln des Liger. Fischreiher spreizten im Ufergehölz ihre Flügel, von den Wellen stoben Bleßhühner empor, ein Greifvogel warf sich in die Luft. Wie deutlich diese Eindrücke mit einem Mal zurückkamen! Ja, ich hatte wie dieses kleine Mädchen da drüben bei meinen Gänsen gestanden und war mit den Augen dem Habicht im Aufwind gefolgt. Auch dieses Gefühl war in mir lebendig geblieben, eine Mischung aus Sehnsucht und Neugierde. Wissen zu wollen, was jenseits der Grenzen meiner Gänsewelt vor sich ging. Ist auf der anderen Seite vom Liger der Mond genauso groß wie bei uns in Glanfeuil? Danach hatte ich damals meinen Vater gefragt. Mit zunehmendem Alter waren die Himmelsränder weiter auseinandergerückt. Aber die Neugierde blieb, die Fragen hörten nicht auf. Bigorra lag unter demselben Mond, gewiß, aber Bigorra war weit. Was würde mich dort unten im Süden erwarten? Eine Kinderfrage war das jetzt nicht mehr. Diesmal ging's für mich ums Überleben.

Das Gänsemädchen am Weiher hatte mich anscheinend nicht bemerkt, es schaute unverwandt in die entgegengesetzte Richtung. Und natürlich lag mir auch daran, nicht gesehen zu werden. Wenn Boggis erst meinen Raub bemerkte, würde er versuchen, meiner habhaft zu werden, das war sicher. So schlich ich mich denn tatsächlich wie eine Diebin aus meinem eigenen Zuhause.

Ich folgte einem Pfad, der in die Richtung des Cares führte, den ich überqueren mußte, um weiter nach Süden zu kommen. Auf den Wiesen blühten die Herbstzeitlosen, helllilarosa, vereinzelt auch weiß, und sie erinnerten mich daran, wie weit das Jahr schon im Kalender fortgeschritten war. Eigentlich zu spät, um noch so eine weite Reise anzutreten. Die Luft aber war trocken und warm, eine Wohltat nach diesem trüben, kalten Sommer, der mit unablässigen Regenfluten fast die Welt ertränkt hätte. Für die verregnete Sommerzeit hatte uns der Oktober bisher entschädigt, und wenn das freundliche Wetter anhielt, würde ich leicht und schnell vorankommen.

Ich hatte einen Bach übersprungen und bückte mich gerade unter die Äste eines Pflaumenbaums, als ich's hinter mir hecheln und trapsen hörte. Erschrocken drehte ich mich um, lachte dann erleichtert auf. Lupo kam herangestürmt, setzte über den Bach, war mit einem Sprung bei mir und legte mir die Tatzen auf die Schultern. Es war nicht schwer, in seinen Augen zu lesen, was er dachte: Wo willst du hin, junge Herrin? Und warum nimmst du mich nicht mit?

Ach ja, ich hatte mich auch von Lupo davongestohlen, ohne Abschied, ohne ein Wort. Ich wollte mir das Herz nicht noch schwerer machen, nicht schwerer, als es ohnehin schon war. Lupo aber war da wohl anderer Meinung gewesen: Er wollte mich nicht ohne ein Lebewohl ziehen lassen.

Behutsam setzte ich seine Läufe ins Gras, bückte mich und umhalste ihn. »Das ist schön, daß wir uns noch mal sehen«, flüsterte ich ihm zu. »Du hast recht, dir durfte ich nicht einfach davonlaufen! Aber nun mußt du zurück nach Hause, verstehst du? Ich kann dich nicht mitnehmen. Weißt du, ich habe schon genug damit zu tun, auf mich selbst aufzupassen. Also, sei lieb, lauf zurück!«

Ob Lupo begriff? Sicher, denn er legte sich platt ins Gras, hob die kurze Schnauze mit den unregelmäßigen Schneidezähnen und winselte zum Erbarmen.

Ich richtete mich auf und überlegte. Sollte ich die Dogge einfach mitnehmen? Warum eigentlich nicht? Lupos gewaltige Eck- und Schneidezähne konnten mich beschützen, seine breite Brust, sein tiefes Röhren würden jedem Bösewicht heillosen Schrecken einjagen. Und vor allen Dingen hätte ich unterwegs einen guten Gesellschafter, sogar den besten, den ich mir wünschen konnte.

Lupo spürte mein Zögern, stupste mich mit der Schnauze. Dieser erwartungsvolle Blick, diese düsteren, fragenden Augen brachen mir fast das Herz. Und dann bellte der Kerl auch noch, zwei-, dreimal, ganz zart – ach, mit aller Liebe versuchte Lupo, mich zu überreden. Dennoch, ich mußte hart bleiben. Ich konnte einfach keine doppelte Verantwortung übernehmen. Wenn mir unterwegs etwas Schlimmes zustieß, war das meine Sache. Doch ich würde mir nie und nimmer verzeihen, wenn Lupo durch mein Verschulden zu Schaden käme.

So legte ich in meine Stimme so viel Nachdruck, wie ich nur aufbringen konnte, und befahl ihm: »Du bleibst sitzen. Hier unter dem Baum. Ich geh jetzt. Du kannst mir nachschauen. Wenn du mich nicht mehr siehst, springst du zurück über den Bach. Und läufst geradewegs nach Hause. Zu Sunhar, gleich und sofort, und keine Widerrede mehr. Hast du verstanden!«

Damit schulterte ich mein Bündel und stapfte weiter, quer durchs Gelände. Ich mußte mich zwingen, einen Fuß vor den anderen zu setzen. Nicht nur, weil der Grund zerklüftet, zwischendurch morastig und grundlos war, nein, am schwersten war, daß ich mein Herz hart machen mußte, daß es wie ein Stein in mir lag. Wie fühlte ich das, was Abschied heißt! Als ich mich ein letztes Mal umwandte, saß Lupo mit erhobener

Schnauze unter dem Pflaumenbaum, mutterseelenallein. Er bellte nicht mal. Ich holte tief Luft und schlug mich seitwärts in die Büsche. Meinen Freund würde ich nicht wiedersehen, unsere Wege hatten sich zum zweiten Mal getrennt.

Daß nach Osten zu eine Fähre über den Cares führte, hatte ich im Gedächtnis behalten. Anders hätte ich auch nicht den jenseitigen Uferhang erreicht. Nach dem langen Regensommer führte der Fluß viel Wasser, schoß strudelnd, wild und ungebärdig zwischen seinen Inselchen und den Ufern einher, so daß ich zumindest große Mühe gehabt hätte, den Fluß zu durchschwimmen. Zumal mit dem Bündel, das nicht naß werden durfte, sonst würde ich zweimal so schwer daran tragen.

Das Fährhaus erspähte ich, nachdem ich den Fluß auf einem Saumpfad eine Weile aufwärts begleitet hatte. Nein, es war kein Haus, gerade nur eine Hütte mit schiefen Wänden, einem moosüberwachsenen Rieddach. An der Schwelle spielten zwei nackte Kinder. Beide, das Mädchen wie der Junge, hatten einen beulenartigen Ausschlag und kratzten sich immer wieder, während sie ein rotgelbes Kätzchen streichelten.

Dann sah ich auch den Fährmann. Hinter einer Insel tauchte sein Boot auf, er kam gerade vom anderen Ufer zurückgestakt. Ich bewunderte die Geschicklichkeit des Mannes, der es mühelos schaffte, das flache Boot gegen die Strömung auf Kurs zu halten. Am Ufersteg musterte er mich fragend. Ich steckte ihm eine von meinen dünnen Sceattas zu. Beinah wäre das Silberstückchen ins Boot gefallen, die schweren, schwieligen Finger waren wohl nicht gewohnt, mit Münzen umzugehen.

»Das ist weit über dem Preis, Junge«, meinte er stirnrunzelnd. »Zwei-, dreimal Übersetzen behältst du zugut, wenn's dir so recht ist. Ich werde mir dein Gesicht merken.«

»Vergiß es«, sagte ich und drückte meine Stimme dabei so tief in den Bauch, wie ich nur konnte. »Auch deine Kinder brauchen Brot.«

Der Fährmann stieß das Boot ab. Ich winkte den Kindern zu, die mit ihrem Kätzchen auf den Landesteg gelaufen waren.

»Die Frau ist tot«, sagte der Mann, als er mich am anderen Ufer aussteigen ließ. »Und Ihr wißt, junger Mann, *que soleyl ne veyt, soleyl ne eschauf*, wo keine Sonne, keine Wärme.«

Ich nickte, fragte mich einen Moment, ob ich dem Mann vielleicht noch eine Sceatta zukommen lassen sollte, ließ es aber lieber bleiben. Mein Gesicht würde er dann bestimmt nicht vergessen. Und das fehlte mir gerade noch, daß jemand Boggis auf meine Spur brachte. So verabschiedete ich mich wortlos.

Auf der Höhe der Uferböschung hielt ich Ausschau. Ein wenig kannte ich mich in der Gegend noch aus. Irgendwo links mußte das Hofgut Evina liegen. Boggis und ich waren dorthin zur Kindstaufe eingeladen gewesen. Ja, mit dem Kleinen im Arm hatte ich mir damals so sehr gewünscht, auch bald ein Kind zu empfangen. Jetzt trug meine Schwester Boggis' Kind. Nicht nach hinten schauen, hielt ich mich an. Da drüben am Himmelsrand, dieser Baumstreifen, das mußte der Wald von Sanct Laurent sein. Durch den lief die Straße, die in den Süden nach Peitiers führte. Ich beschloß, mich seitlich von ihr zu halten, um mich so unsichtbar wie möglich zu machen. Mein Reiseabenteuer hatte endgültig begonnen. Den Wanderstock in der Rechten, das sanftgewellte Land vor mir, holte ich kräftig aus.

Der Himmel blieb klar. So fiel es mir leicht, die Richtung einzuhalten. Aber das Frankenland durchschneiden zahllose Flußläufe und Bäche, dazwischen liegen Moraste, undurchdringliche Auwälder, und manchmal verlor sich ein Pfad, dem ich hoffnungsvoll eine Weile gefolgt war, in einem Brombeerdickicht. So kam ich nur langsam vom Fleck. Auf der Straße wäre ich natürlich schneller gewesen. Dafür fühlte ich mich hier unter Erlen, Eschen, Espen, zwischen Liguster- und Schwarzdornhecken sicher und ungefährdet. Sauen kreuzten meinen Weg, die Frischlinge vom Frühling noch immer hinter der Mutter, aber schon kräftig herangewachsen, ihre bunten Streifen im Borstenkleid verloren sich bereits. Nein, ich fürchtete mich nicht. Schon gar nicht vor den Tieren des Waldes. Unter den Bretonen hatte ich schließlich selbst fast wie ein Tier gelebt, war vor allen Dingen gerade wochenlang durch nasse Wälder gestapft, war dabei Wisenten, sogar Wölfen begegnet. Dabei hatte ich gelernt, mich ruhig zu verhalten, den Vierbeinern aus dem Weg zu gehen, auf Schlangen zu achten, zwischendurch die Haut von Zecken zu säubern. Darum war mir auch jetzt nicht bange.

Gut, ich hatte meinen Weg in Catalon nur gerade für einen Tag unterbrochen, war dabei mit meinem Mann aneinandergeraten, der inzwischen mit einer anderen Frau das Lager teilte, ausgerechnet mit meiner eigenen Schwester, die nun meinem Mann ein Kind trug, das eigentlich mir zugestanden hätte – und das war's auch schon, und jetzt also setzte ich meine unterbrochene Wanderung weiter fort. So redete ich mir zu, um die Bitterkeit, die Ängste in mir nicht überhandnehmen zu lassen.

Jedenfalls war ich frei geblieben. Und ich beglückwünschte mich dazu, nicht von neuem in die Ehegewalt eines Mannes geraten zu sein. Trotz ist ein gutes Gefühl. Er verleiht dir ungeahnte Kräfte.

So war ich denn mit dem Tag und mit mir zufrieden, als ich mich vor Sonnenuntergang unter einem bis auf den Boden verzweigten Haselbaum in Mutters Decke wickelte. Danke, Sunhar, sagte ich in Gedanken. Denn tatsächlich, die Ziegenhaardecke, so dünn gesponnen und gewebt, wie sie war, hatte mich beim Gehen nicht beschwert, und jetzt war's mir wohlig warm darin.

Mit einem überwältigenden Glücksgefühl erwachte ich am nächsten Morgen. Es war gerade erst die früheste Grenze des Tages. Über meinem Kopf balgten sich Eichhörnchen, knackten Nüsse und ließen mir die Schalen auf den Kopf fallen. Eine Hörnchenfrau hatte zwei Junge bei sich, die gerade erst vier, fünf Wochen alt sein mochten. Die Winzlinge turnten in den Zweigen, als hätten sie's schon im Bauch ihrer Mutter gelernt. Lachen mußte ich, als eins plötzlich den Halt verlor, fiel, sich eben noch an einem schwankenden Zweig festklammern konnte. In höchsten Nöten rief das Kleine nach seiner Mutter. Die hatte es aber gar nicht eilig, ihrem Sprößling zu Hilfe zu kommen.

Ich gähnte wohlig, kroch aus meiner Decke. Ein neuer Tag brach an, den ich mit Zuversicht begann. So tief und traumlos hatte ich geschlafen, so unbeschwert war mir zumute.

Mutters Decke war mit winzigen Tautropfen besät, in denen sich das erste Sonnenlicht brach. Die Nässe aber war nicht durchgedrungen. Ja, ich konnte die Tauperlen regelrecht abschütteln, allein in den Falten blieb ein Rest Feuchtigkeit haften. Über einen toten Ast gehängt konnte die Decke trocknen, bis ich mein Bündel schnürte. Ich pflückte mir die Hände voll Haselnüsse, knackte sie mit den Backenzähnen, ja, ich hatte mächtigen Hunger. Gestern beim Gehen hatte ich nur ein wenig Brot gegessen, mich an späten Brombeeren gelabt und leckeren sauren Sanddorn aus den Dornen gepickt. Jetzt beim Aufstehen war mir aber fast flau vor Hunger, da kamen die Nüsse gerade recht. Ich stopfte mich damit voll, bis ich dachte, der Bauch wolle mir platzen.

Noch mit vollen Backen musterte ich meine Habseligkeiten, die ich um mich ausgebreitet hatte, solange die Decke trocknete. Gutes Schuhwerk war das, mit fester Sohle und hoch gebunden. Dies Paar sollte ich heute besser anziehen und meine anderen trocknen lassen. Auch das wollene Kittelkleid von Sunhar gefiel mir. Wenn es kühl wurde, würde ich's brauchen.

Zwischen aufgebrochenen Nußschalen lag der Geldbeutel. Ich wog ihn in der Hand. Er hatte kein großes Gewicht, aber drin steckte ein kleines Vermögen. In Gedanken sah ich Boggis rot anlaufen, wenn er seinen Schatz ausgeplündert sah, hörte ihn schreien, toben, mich verwünschen, und ich gönnte es ihm.

Doch das Hochgefühl von gestern wollte sich nicht wieder einstellen. Ich wurde plötzlich nachdenklich. Was zum Beispiel wurde aus Sunhar mit dem Kind, wenn Boggis etwas zustieß? Hatte der nicht davon gesprochen, mit dem Princeps gegen die Ungläubigen zu Felde zu ziehen? Wenn er dabei zu Tode kam, stand Sunhar mittellos da. Das Hofgut würde an den König zurückfallen. Genau wie die Mönche von Sanct Maur unser Glanfeuil wieder für sich beansprucht hatten, nachdem Vater entführt worden war.

Ach was, unterbrach ich meine Gedanken, du mußt nicht den Teufel an die Wand malen. Tatsache aber war, daß Boggis meiner Schwester weder Brautgeld noch Morgengabe entrichtet, sondern ihr einfach meine Dos übertragen hatte. Und die lag jetzt hier, und Eichhörnchen spuckten Nußschalen darauf.

Nägelkauend spann ich meine Gedanken weiter. Angenommen, Boggis würde Sunhar im Alter verstoßen oder er ließe sich irgendwann von meiner Schwester scheiden. Wieder schnappte die Gedankenfalle zu. Neina, es gefiel mir hier und heute gar nicht, was ich da angerichtet hatte. Ober würde Boggis etwa nachträglich Sunhar ihre Dos aussetzen? Bestimmt nicht, nie im Leben würde er das tun, dieser kleinliche Kerl.

Ich schnürte das Säckchen auf und schüttelte ein paar Solidis auf meine Hand. Auf der ersten Münze guckte mir ein gekrönter pausbäckiger Mann ins Gesicht. Oder war das gar eine Frau? Das schön geschwungene Lippenpaar ließ eher daran denken. Am Münzrand entlang waren Buchstaben geprägt. Das war womöglich ein zugehöriger Name. Buchstaben kannte ich, zusammensetzen und lesen aber konnte ich sie nicht. Sunhar konnte das. Unser Vater hatte ihr's beigebracht, nur ich, ich war zu früh aus dem Haus gegeben worden. Schade, sehr schade. Die nächsten beiden Goldstücke zeigten Köpfe im Profil, auf einem anderen Solidus erkannte ich eine Hündin oder Wölfin, der zwei Menschenkinder an den Zitzen hingen, Wolfskinder, davon hörte man ja immer mal wieder. Was aber sollte das Bild auf einer Münze? Aus zwei anderen Goldstücken wurde ich erst recht nicht klug. Hinten und vorn, von mehreren Kreisen umschlossen, waren nur Buchstaben zu sehen. Wenn diese wurmartigen Zeichen wirklich Geschriebenes darstellen sollten. Aber ich vertat meine Zeit. Die Sonne war inzwischen aufgestiegen, ich mußte weiter.

Also schnürte ich mein Bündel, hängte außen an die Riemen meine feuchten Schuhe vom Vortag und brach mit Haselnüssen in der Tasche auf. Wirklich, ich hatte genug Stoff, um den ganzen Tag meinen Kopf zu beschäftigen. Vor allen Dingen mußte ich mir klar werden, was mit dem entwendeten Geld werden sollte. Eher würde ich innerlich keine Ruhe finden.

Ich folgte kleinen Wegen und Pfaden, hielt mich im Unterholz an die Wechsel von Auerochs und Wisent, bekam aber keins der Tiere zu Gesicht. Diese massigen Tiere wollte ich auch lieber, wenn schon, aus der Ferne sehen.

An den kleinen Seen stieß ich auf schön gefiederte Schnepfen. Sie begrüßten mich mit »grütte, grütte, grütte«. Wunderschön sahen diese anmutigen Vögel aus, rotbraun, dunkel gefleckt, der Bauch weißlich mit schwarzen Streifen, und vorn am Kopf saß ein endlos langer Schnabel, mit dem die Laufvögel im

Schlick stocherten. Zwei Federn las ich auf, steckte sie mir seitlich ins Haar und rief »grütte, grütte« zurück. Denn Vogelstimmen kann ich täuschend nachahmen, vom Entenruf bis zum Blaukehlchenzwitschern. Am Nachtigallenschlag versuchte ich mich allerdings erst gar nicht. Für so lieblichen Gesang ist meine Kehle dann doch nicht ausgestattet. Die Schnepfen aber antworteten mir.

Ich freute mich, wunderte mich allerdings, daß die Vögel sich um diese Jahreszeit noch hier aufhielten. Denn Schnepfen sind Sommervögel. Im Frühherbst reisen sie in die Länder am Himmelsrand, wo es selbst im Winter schön warm ist. So hatte Vater mir das erklärt. Ich hatte ihm auch geglaubt, aber richtig vorstellen konnte ich's mir nicht. Noch weniger, daß in den winterwarmen Ländern auch Leute wohnten, Menschen wie wir. Auch das weiß ich von meinem Vater. Die ungläubigen Sarazenen seien das, hatte er gesagt. Und Boggis wieder hatte mir erklärt, der Princeps sammle unsere fränkischen Männer gegen diese Sarazenen, weil die jetzt neuerdings zu uns nach Gallien einmarschiert seien. Aber da frage ich mich, wieso die Leute denn nicht in ihren warmen Ländern bleiben und statt dessen sich wie Banditen in unseren Städten und Dörfern die Taschen füllen wollen. Nein, das alles verstand ich nicht.

Es gab unendlich vieles, worüber ich zu wenig wußte. Sichelmus in seinem schäbigen Kittel hatte ich gestern darum beneidet, daß er aus dicken Büchern lesen konnte. Nun denn, ich war eben dumm, gestand ich mir zornig ein. Dumm bleiben aber wollte ich nicht. Nicht mein Leben lang. So ließ ich während des Gehens meine Gedanken laufen, einer hängte sich an den anderen. Das mochte ich gern, es machte mir sogar Spaß. Nur endeten meine Gedankenspaziergänge leider allzu oft bei der traurigen Erkenntnis, daß ich mit meinen sechzehn Jahren immer noch nicht viel schlauer war als das Gänsemädchen damals in Glanfeuil.

Ich war so sehr in meine Gedanken vertieft gewesen, daß ich erst um die Mittagszeit merkte, wie weit der Tag inzwischen fortgeschritten war. Und dann hörte ich Menschenstimmen. Auf der Stelle blieb ich stehen, lauschte mit angehaltenem Atem. Doch die Stimmen entfernten und verloren sich nach einer Weile. Dann vernahm ich das hastige Getrappel von Eselshufen, einige Rufe, Lachen ertönte dazwischen, und da wußte ich, daß ich unversehens in die Nähe der Straße nach Peitiers gelangt war. Einen Moment war ich unschlüssig, wie ich mich verhalten sollte. Dann ließ ich die Esel vorbeitrappeln und schlug mich durchs Unterholz zur Straße durch. Hier kam ich natürlich viel zügiger voran, hatte auch bald hinter der Eselskarawane aufgeholt.

Es waren zehn, nein, elf Tiere, die hochbepackt die Straße entlangzogen, begleitet von sechs schwerbewaffneten Männern. Ihre Speerspitzen glitzerten im Mittagslicht, zwei trugen sogar einen Helm auf dem Kopf, mit schweren Nieten und einem gewölbten Steg in der Mitte. So ein Ungetüm von Helm besaß auch Boggis. Ich hatte mir das Ding einmal heimlich von der Wand geholt und aufgesetzt beziehungsweise übergestülpt, jedenfalls wäre ich fast darunter erstickt. Boggis dagegen trug seinen Helm stolz und mit hochgerecktem Hals. Immerhin, allein das Eisen dafür kostete eine Unsumme von Geld. Die Männer da vorn mußten begüterte Handelsherren sein, wenn sie sich eine solche Bewaffnung leisten konnten. Und weil Kaufleute keine Banditen sind, schloß ich mich ihnen in einigem Abstand an.

Um Banditen und *bagaudes*, herrenlose Männer, brauchte ich mir auf der Straße wirklich keine Sorgen zu machen. Das wurde mir bald klar. Während der Stunden, in denen die Sonne über den Mittagspunkt wandert, überholten uns nämlich immer wieder waffenstarrende Herren hoch zu Roß und noch mehr kleine Trupps von Fußsoldaten, die mit Wurfbeil,

Speer und Keule bewaffnet dem Heeresaufgebot des Princeps folgten.

Obschon viele von ihnen, die hinunter nach Peitiers zogen, den Tod vor Augen hatten, waren sie doch allesamt guten Muts. Mir erschien es jedenfalls so. Gelächter und Späße flogen hin und her, Trink- und Liebeslieder erfüllten die Luft, selbst einige Priester, die ich unter den Marschierenden sah, lärmten ausgelassen mit. Alle schienen dem Kriegsglück von Carl, dem Princeps, zu vertrauen.

Schließlich sei der Princeps, so rief man sich gegenseitig zu, seit sechs Jahren nicht ein einziges Mal von seinen Rivalen besiegt worden, ja, ihr Carl habe selbst solche Bestien wie die Friesen und Sachsen das Fürchten gelehrt.

Ich bemerkte Männer mit narbenentstellten Gesichtern, einige mit dem schweren Gang oft verwundeter Veteranen, ich hörte sie mit dem Beutegut aus früheren Schlachten prahlen. Und noch reichere Beute habe der Princeps ihnen diesmal verheißen, jubelten andere. Seien doch selbst die Zelte der Sarazenen aus Seide gewirkt, ihre Schilde mit Edelsteinen bestückt, und trügen nicht sogar ihre Pferde goldbeschlagenes Zaumzeug? Und in der Zeltstadt der Ungläubigen ziehe ein ganzer Troß von Liebesdienerinnen mit, da gebe es viel Arbeit für fränkische Männer!

Ihnen, den Franken, sei der Sieg jedenfalls sicher. Führe doch Princeps Carl den Mantel des heiligen Martin, die Capella aus Turs, mit in den Kampf, und der Bischof von Turs wolle sogar in den ersten Reihen gegen die sarazenischen Heiden das Schwert schwingen, so redeten, lachten und lärmten die Männer durcheinander.

Mich beachtete keiner, und ich war froh darum. Doch als die Straße sich immer stärker mit Reitern, Ochsenkarren und marschierenden Soldaten füllte, wurde ich unruhig. Zwar hatte Boggis gesagt, er wolle erst in einigen Tagen mit seinen Leuten zu dem Aufgebot des Princeps stoßen, doch mochte er seine Pläne mittlerweile geändert haben. Meinem Mann aber wollte ich ganz bestimmt nicht begegnen – hätte ich bloß das verdammte Geld unter den Fliesen gelassen! Also verließ ich die Straße, um meinen Weg im Schutz der Wälder fortzusetzen.

Zur Zeit der Abendwende stieß ich auf einen überwachsenen Fahrweg, auf dem ich jedoch die Spuren von Rädern und Hufen ausmachen konnte. An Ginsterhecken vorbei brachte mich der Weg durch einen Talgrund mit einer weiten Lichtung, in deren Mitte ein aufgelassenes Dorf lag. Am Rand der Lichtung hielt ich an und nahm die verfallenen Hütten und Häuser in Augenschein. Große Nester von abgeblühten Weidenröschen hatten die brachliegenden Felder erobert, die hohen Stauden mit ihren Federhaarschöpfen glänzten silbrig im Sonnenuntergangslicht. Ohne Zweifel, das Dorf war seit Jahren aufgegeben. Aus einem eingesunkenen Dach streckte sich eine Esche, auf den übrigen Rieddächern wurzelten ganze Horste von Borstgras, büschelweise Mäusegerste. Ich roch auch keinen Herdfeuerrauch, obwohl der Wind mir ins Gesicht stand. Und doch waren die Radspuren, die auf die verlassenen Häuser zuzogen, fast noch frisch, vermutlich vom gestrigen Abend, denn die Gräser hatten sich noch nicht ganz wieder aufgerichtet. Ich beschloß, im Schutz einer Hauswand zu nächtigen. Weiterzugehen lohnte nicht mehr. Denn die Abenddämmerschatten streckten sich schon in ihrer ganzen Länge.

Gerade hatte ich die ersten heckenumwucherten Hütten erreicht, hatte mein Bündel abgelegt, um unter den Brombeeren nach ein paar letzten süßen Früchten zu suchen, da vernahm ich in der Ferne trappelnde Hufe. Ich blickte hinter mich, konnte die Reiter aber noch nicht ausmachen. Dann aber tauchte, die Nase am Boden, am Rand der Lichtung ein Hund auf, der in vollem Lauf dem Karrenweg folgte, auf mich zuhielt. Heilige Märtyrer, das war Lupo, der da heranfegte! Und jetzt erschienen die Köpfe von zwei Reitern über dem Ginster. Vor Schreck konnte ich mich einen Moment nicht rühren, ja, am liebsten hätte ich auf der Stelle laut losgeheult. Hatte es Boggis also doch geschafft, mich mitten in der Wildnis aufzustöbern.

In Panik rannte ich um die nächste Hausecke, hielt nach einem Schlupfwinkel Ausschau. Da, ein Baum mit einem dicken Hornissennest, um das ich einen respektvollen Bogen schlug, eine weitere verfallene Hütte, dahinter ein kleiner Weiher. Das konnte die Rettung sein, wenn ich überhaupt eine Chance hatte. Auf den Zehen stehend, stieß ich mein Bündel durch ein Loch in der Hauswand, riß mir die Kleider vom Leib und stopfte sie hinterher. Die Hufe näherten sich. Und da war auch schon Lupo heran, sprang an mir hoch, daß mir seine Pfoten die Haut aufschrammten, versuchte mir mit der Zunge durchs Gesicht zu fahren und bellte sich gleichzeitig vor Freude die Seele aus dem Leib.

»Lupo«, schluchzte ich. »Ruhig, du dummer Kerl!«

Die Dogge winselte, warf sich auf den Rücken. Ich bückte mich, tätschelte ihren Bauch und flüsterte unter Tränen: »Ruhig, ganz still, du darfst mich nicht verraten!«

Jetzt hörte ich auch die schnaubenden Pferde.

»Hier irgendwo ist der Köter reingewischt«, schrie eine Männerstimme.

O Gott, das war Gozlin, nicht Boggis!

Und eine andere Stimme antwortete: »Laß uns absteigen, Herr.«

Das hörte sich nach Sichelmus an. Wie laut die Stimmen hier in der Stille klangen.

»Psst, ganz lieb sein«, hauchte ich Lupo zu. »Du springst mir nach, verstanden?«

Die beiden Männer fluchten, kamen näher.

Mein Blick fiel auf das Hornissennest. Und ehe ich selbst begriff, was ich tat, hatte ich's schon getan. Mit einem Satz schoß ich aus meinem Versteck, sah Gozlin, Sichelmus auftauchen, holte mit meinem Stock aus und schlug das Hornissennest vom Baum, flüchtete und sprang luftholend kopfüber ins Wasser.

Ich war mit so einem Schwung gesprungen, daß es mich fast bis auf den Grund des Weihers riß. Als ich nach oben paddelte, sah ich das Abendlicht über mir glitzern, sah Lupos strampelnde Läufe, dann brach mein Kopf durch die Wasserfläche.

Gellende Schreie, hoch aufwiehernde Pferde, rasende Hufschläge, Flüche, Schmerzensrufe. Ich pumpte mich hastig voll Luft und tauchte weg. Wenn man unter Wasser schreien könnte, dann hätte ich's getan, vor Erleichterung und Freude. Was für ein Glück hatte ich gehabt! Die beiden sah ich so bald nicht wieder, das war sicher. So lange ich die Luft anhalten konnte, schwamm ich unter Wasser den Ufersaum entlang, sah Lupo über mir kraulen und tauchte, als ich mich vollends in Sicherheit glaubte, an der Böschung nach oben.

Wer beschreibt mein Entsetzen! Direkt über mir stand breitbeinig, den Kopf gesenkt, ein anderer Hund. Nein, kein Hund! Ein Vieh, ein Monstrum von einer Dogge, mit der verglichen Lupo mir wie eine Maus vorkam. Ich stieß einen gurgelnden Schrei aus, meine Augen weiteten sich vor Entsetzen. Heilige Jungfrau, was war denn das nun wieder? Wo kam nur dieses Untier her?

Doch die Dogge beachtete mich überhaupt nicht. Sie hielt ihren Blick unverwandt auf Lupo gerichtet, sprang plötzlich mit einem Satz über meinen Kopf hinweg zu ihm ins Wasser. Und ich mochte es kaum glauben, die beiden balgten sich friedlich, schnauften und bellten sich vergnüglich an, als wären sie alte Bekannte. Nein, das war wirklich nicht zu fassen.

Mich freilich grauste es mit diesem Ungeheuer neben mir im Wasser. Ich zog mich an den Zweigen eines Weidenbuschs ans Ufer, streifte das Wasser von mir, um nicht naß in meine Sachen zu steigen, lief ein paar Schritt auf das Haus zu, in dem ich meine Kleider versteckt hatte – und erstarrte mitten in der Bewegung. Einen Steinwurf entfernt stand jemand vor einer verfallenen Hauswand, ein Mann, und er schaute zu mir herüber. Vor Schreck konnte ich nicht die Füße heben und stand da wie Lots Frau, die zur Salzsäule geworden war. Hörte denn das überhaupt nicht mehr auf? So weit ich das in meiner Bestürzung mitbekam, war das da drüben an der Wand ein alter Mann mit eisgrauem Rundbart – tiefe Augen, scharfe Gesichtsfalten, seine Füße in hochgebundenen Schuhen. Wortlos, reglos stand er da wie ich, ohne seine Augen von mir zu lassen.

Eiskalt vor Entsetzen bedeckte ich meine Scham und die Brüste, wich langsam hinter mich. Den Blick auf den Alten geheftet, ließ ich mich rücklings in den Weiher gleiten, sah Lupo mit der fremden Dogge am gegenüberliegenden Ufer Fangen spielen, tauchte weg und schwamm los. Wieder aufgetaucht hatte ich nur noch ein paar Kraulschläge, bis ich an dem Haus mit meinem Bündel aus dem Wasser stieg. Wenn nur der Alte mir vom Leibe blieb.

Von Gozlin, Sichelmus, den Pferden war nichts zu bemerken. Auch die Luft schien wieder sauber zu sein: Der ganze Hornissenschwarm mußte sich über die beiden hergemacht haben. Ich nahm meinen Stock in die Hand, und jetzt, nachträglich, setzte der Schock ein. Meine Knie zitterten, die Zähne klapperten, der Stock fiel mir aus der bebenden Hand. Aber ich mußte mich doch zusammenreißen! Gleich konnte der Mann hier auftauchen, wer weiß, vielleicht lauerte er mir schon irgendwo auf. Ich griff mit beiden Händen nach meinem Stock, schlich ums Haus und suchte den Eingang. Der war mit Brennesseln vollständig zugewachsen. Ich schlug mir den Weg zu meinem Bündel im Hausinneren frei. Bis ich mit meinen Sachen wieder draußen vor der Hauswand stand, waren meine Fußsohlen von Nesselstichen verbrannt, der ganze Körper bis zu den Brustspitzen von Dornen aufgeschrammt. Ich wimmerte vor Schmerz. Behutsam stieg ich in meine Kleidung, zog sacht die Schuhe über die feurig brennenden Füße. Meine Zehen fühlten sich an wie gekochtes Fleisch, die hatte es am ärgsten mitgenommen.

Da kam Lupo durchs Wasser. Er bläffte fröhlich, als er mich sah. Dann schüttelte er sich, daß das Wasser nur so von ihm flog.

»Paß doch auf«, schimpfte ich los. »Du machst mich ja ganz naß!«

Lupo schaute verdutzt hoch und schüttelte sich noch mal.

Ich mußte lachen. »War ja nicht so gemeint«, tröstete ich ihn und strich meinem Hundefreund übers feuchte Fell. »Und wo ist das scheußliche Ungeheuer abgeblieben?«

Ich begab mich an den Weiher und spähte den Ufersaum entlang. Die ersten Sterne glitzerten schon auf den kleinen Wellen, es wurde wie mit einem Schlag dunkel. Aber das Licht reichte noch, um hinten bei dem Weidenbusch die Gestalt des Alten auszumachen, der auf die Dogge wartete, die durchs Wasser auf ihn zukam. Die beiden gehören also zusammen, sagte ich mir, und es war ein beruhigendes Gefühl zu wissen, daß dieses Biest von Hund nicht frei in der Gegend herumstrich.

Dennoch, es war keine schöne Vorstellung, mit den beiden in der Nähe die Nacht verbringen zu müssen. Was allerdings blieb mir übrig? Die Nachtkühle war schon zu spüren, es war längst zu spät, um noch mal aufzubrechen. Also legte ich mich mit Lupo, Mutters Decke über uns gezogen, zum Schlafen.

Es tat gut, den warmen Hundekörper bei mir zu haben, und ich flüsterte Lupo zu: »Jetzt hast du's also doch geschafft! Von nun an bleiben wir zusammen, du lieber Kerl. Ich verspreche es dir bei allen Heiligen!«

Als Antwort fuhr Lupo mir zärtlich durchs Gesicht.

Ach ja, ich hatte viel Glück gehabt. Aber das größte Glück war, einzuschlafen mit dem warmen Gefühl, nicht mehr allein zu sein.

# Colons Herr

*La pire roe deu char brait totiorz* – »Das schlimmste Rad am Karren knarrt am ärgsten«, mit diesem Spruch im Kopf wachte ich auf. Der Tag stand noch nicht recht da, doch der Morgenwind ließ sich schon spüren. Und jetzt hörte ich tatsächlich das Knarren von Rädern. Ich schüttelte den Schlaf von mir, tastete nach Lupo. Sein Platz war leer. Aber ich hörte seine Stimme zwischen dem Räderknarren. Und das Kläffen hörte sich so munter an, als wenn der Kerl die ganze Nacht nur darauf gewartet hätte, endlich wieder aus vollem Hals Laut geben zu können. Dabei hätte ich nach all den Schrecken von gestern gern noch endlos weitergeschlafen.

Beim nächsten Gedanken war ich dann aber hellwach. Natürlich, Lupo hatte seinen Spielkameraden, das Ungeheuer, wiedergefunden. Sofort war ich auf den Beinen, rannte ums Haus. Wirklich, Lupo lief neben der fremden Dogge, die mit einem langen Laufriemen an einem mit Maultieren bespannten Wagen angebunden war. Und vorab, die Hand am Maultierhalfter, marschierte der Alte mit dem eisgrauen Rundbart, vor dem ich gestern Reißaus genommen hatte.

»Lupo, hierher! Lupo, komm zurück!« rief ich.

Doch ich konnte soviel rufen, pfeifen, betteln, wie ich wollte, Lupo scherte sich nicht darum. Und der Alte mit seinen Maultieren warf mir nur einen flüchtigen Blick über die Schulter zu. Heiliger Martin, dachte ich verärgert, der Mann kann ja auch was unternehmen, daß die beiden voneinander lassen. Nein, der tat aber nichts, sondern marschierte einfach mit seinen Maultieren weiter.

»Lupo, komm sofort zu mir!« versuchte ich's zum zweiten Mal

und kam mir allmählich richtig dumm vor. Lupo, der Kerl, schaute nicht mal zurück.

Hinlaufen, ihn zurückholen, traute ich mich jedoch nicht. Die andere Dogge wirkte zwar nicht mehr ganz so riesig wie gestern abend, doch bedrohlich genug, und das auch auf den zweiten Blick: Das Tier hatte einen gedrungenen, dicken Leib, gegen die Weichen nur ein wenig eingezogen, die Brust wirkte unförmig breit, tiefliegend, der Hals war unglaublich füllig, strotzte vor Kraft wie bei einem Ochsen, der Kopf sah dagegen fast menschlich aus, rundlich, hoch, die Stirn gewölbt, dazu halb aufrechte Ohren, aber ums Maul hingen Lippen, die vor Geifer trieften. Und das Ganze lief, den Schwanz in die Höhe gestreckt, auf vier Beinen, die auch ein Kalb hätten tragen können. Das Gebiß von diesem Ungetüm wagte ich mir erst gar nicht vorzustellen! Nein, nein, in die Nähe dieses bräunlichgelben Muskelpakets wollte ich mich lieber nicht begeben. Um so mehr bewunderte ich meinen Lupo, der ohne jeden Anflug von Angst den Dicken umspielte, neben dem er sich nur gerade wie eine halbe Portion ausmachte.

Mir blieb also keine andere Wahl, als mein Bündel zu packen und mich dem mit einer Zeltplane überdachten Maultierkarren anzuschließen. In gebührendem Abstand, versteht sich.

Irgendwann vor dem Heißwerden der Sonne kam Lupo von selbst zu mir und tat, als wäre nichts geschehen. Und ich schalt ihn auch nicht, sondern teilte mein letztes Brot aus Catalon mit ihm.

Weit aus der Ferne trug der Wind die kleine Stimme einer Glocke in den Wald. Nach einiger Zeit antwortete ihr ein zweites, dann ein drittes Geläut. War heute Sonntag, der Dies Dominicus? Ja, mir fiel ein, daß Sunhar, ich weiß nicht aus welchem Anlaß, beim Packen meines Bündels bemerkt hatte, es sei Freitag. Also war gestern Samstag gewesen, der Dies

Sabbati. Ich bekreuzigte mich im Gehen, suchte die Worte des Paternosters zu finden, bekam sie aber nicht mehr vollständig zusammen. Das ärgerte mich. Doch schließlich war es gut zwei Jahre her, daß ich zuletzt einen Priester das Vaterunser hatte vorsprechen hören. Bretonische Herren lassen das Gesinde und ihre Sklaven nicht zur Meßfeier gehen. Da hatten's Boggis' Leute besser. Der hatte ihnen sogar eine Kirche gebaut und einen seiner Hörigen zum Priester weihen lassen. Bestimmt waren die Leute von Catalon gerade in diesem Augenblick in dem Kirchlein versammelt, und der Priester spendete ihnen das heilige Brot. Sunhar, Boggis, Bectra –

Nein, unterbrach ich meine Gedanken. Sichelmus war vielleicht noch gar nicht zurück! Obwohl, Gozlin und er hätten die Nacht durchreiten können. Wenn ihnen am Ende nicht auch noch die Pferde durchgegangen waren! Und wenn die beiden sich vor lauter Hornissenstichen überhaupt bewegen konnten – ja, wenn sie überhaupt noch lebten! Wen würde Boggis wohl ausschicken, nach Gozlin, nach Sichelmus zu suchen? Setzte er sich gar selbst aufs Pferd? Der Verwalter, der Priester waren doch wichtige Leute für ihn. Mußte ich also damit rechnen, daß auch noch Boggis hier auftauchte? Unwillkürlich warf ich einen Blick zurück und lachte mich dann selber aus. Ohne Lupo hatte Boggis keine Chance.

Der schien sich auch nicht nach seinem Herrn zu sehnen. Lupo hatte einen Freund gefunden, ja, eine dicke Freundschaft bahnte sich zwischen den beiden Hunden an, das war deutlich, die Doggen konnten gar nicht genug voneinander kriegen. Und wenn Lupo hinten bei mir war, schaute der Dicke sich um und bellte ihn herbei. Ein Glück, daß das Biest angeleint war, sonst hätte ich den geifernden Kerl dauernd auf dem Hals gehabt. Nein, danke, das lieber doch nicht, sagte ich mir und bekreuzigte mich.

Zur Zeit, wo man sich zu Mittag grüßt, hielt der Wagen an. Ich zögerte, setzte mich in zehn Schritt Entfernung unter die Haselnüsse und begann zu knabbern. Nicht, daß ich besonders hungrig gewesen wäre. Es war den ganzen Morgen gemächlich weitergegangen, und ich hatte unterwegs die Hecken abgelesen. Die Maultiere kamen auf dem zugewachsenen Weg nur schleppend voran, und das schlimme Rad knarrte unablässig.

Der Alte hatte mir den Vormittag über nicht die geringste Beachtung geschenkt. Jetzt aber tat er ein paar Schritte in meine Richtung, blieb am Wagenheck stehen, musterte mich erst stumm, rief dann zu mir herüber.

»Kannst du deinen Hund nicht bei dir behalten?« fragte er mich, zwar nicht gerade freundlich, aber auch nicht drohend.

Ich wunderte mich einen Moment über seine volle, dröhnende Stimme, die man bei so einem alten Mann eigentlich nicht erwartete. Vielleicht aber täuschte sein Aussehen, das faltige Gesicht, der eisgraue Rundbart.

»Also, antworte«, verlangte der Mann. »Der Hund soll nicht ständig den Maultieren zwischen den Beinen laufen.«

»Tut er doch nicht«, widersprach ich. »Und die beiden Hunde mögen sich. Das sieht man doch. Was ist Schlimmes daran?«

Ich war aufgestanden und unwillkürlich in Abwehrstellung gegangen. Wer weiß, was in dem Kopf des Mannes vor sich gehen mochte. Lupo kam herangezockelt, gähnte, setzte sich in meinen Schatten. Ich strich ihm über den Kopf. Es war doch gut, den Kerl bei sich zu haben.

»Und hast du vor, die ganze Zeit hinter uns herzumarschieren?« erkundigte sich der Alte weiter. »Wohin willst du überhaupt?«

Mit einer unbestimmten Bewegung wies ich stumm gegen die Mittagssonne.

Der Alte bückte sich und untersuchte das rechte Hinterrad, das Ding, das so erbärmlich knarrte. »Da kann man nichts machen«, hörte ich ihn halblaut zu sich selber sagen. Dann richtete er sich auf und rief zu mir herüber: »Ich kann dich nicht abhalten, uns nachzulaufen. Aber du bist eine Frau oder ein Mädchen, und ich will keinen Ärger. Man bemerkt deine oberen Zeichen, wenn man genau hinschaut. Auch wenn du sonst eher wie ein Junge aussiehst.«

»Was für obere Zeichen –?« wollte ich wissen.

Der Alte verzog ungeduldig sein Gesicht. »Die Zeichen deiner *féminité* natürlich«, sagte er. »Deine *mamelle* also. Schnüre sie bei nächster Gelegenheit fester. Wie gesagt, ich will keinen Ärger, falls uns Leute begegnen.« Damit drehte er sich um und ging zu den Maultieren.

Ich lief an, aus Ärger, vor Scham, schaute an mir herab. Ich bemerkte nichts Auffälliges unter dem schweren Leinenkittel. Aber der Alte hatte mich ja auch gestern aus dem Wasser steigen sehen, vielleicht war's deswegen. Von den Soldaten auf der Straße nämlich hatte keiner eine anzügliche Bemerkung gemacht. Aber gut, meinetwegen, sicher ist sicher, sagte ich mir und verzog mich mit meinem Bündel hinter die Haselsträucher. Der Alte schien jedenfalls sonst nichts ernstlich dagegen zu haben, wenn ich weiter hinter seinem Wagen hertrottete.

Bis ich aus dem Gebüsch hervorkam, hatte der Alte das Gespann ausgeschirrt und an die lange Leine gebunden, daß sich die Tiere ihr Futter suchten. Dann aber ließ er seinen Hund los, und ich wäre vor Schreck fast wieder hinter den Büschen verschwunden. Denn das Vieh sprang mit einem Satz los, daß es einen Bären hätte umreißen können. Den Heiligen sei Dank, im nächsten Augenblick war er im Dickicht untergetaucht, und Lupo, o nein, der sprang in zwei Sätzen hinterher!

»Lupo, zurück, zurück!« schrie ich mit überkippender Stimme, lockte, drohte, doch es half nichts. Ich hörte es im Unterholz krachen, erkannte Lupos Stimme und vernahm dann wie ein Donnergrollen das langgezogene Bellen des Riesen. Nein, Bellen war nicht das richtige Wort für das Urweltgeräusch, das aus der Tiefe des Waldes herausschallte. Die Urlaute, die dieser Rachen ausstieß, ließen sich mit keinem anderen Geräusch vergleichen, das ich jemals vernommen hatte. Auch Donnergrollen war noch eine viel zu harmlose Bezeichnung, denn der Donner hatte nicht den Rachen voll gewaltiger Fang- und Reißzähne. Verängstigt, völlig eingeschüchtert gab ich's auf, Lupo zurückzurufen. Soll der Kerl doch sehen, wo er bleibt, wenn er nicht gehorcht, dachte ich böse. Und wenn Lupo zurücklief, kam am Ende diese Bestie auch noch hinterhergerannt.

Den Besitzer schienen diese urweltlichen Geräusche nicht zu erschrecken. Als ich zu ihm hinüberschaute, stand der Alte mit erhobenen Armen, das Gesicht dem Süden zugewandt, und redete. Mit wem? Und was sollte der weiße Umhang mit den schwarzen Streifen und Fransen, den er sich um die Schultern gelegt hatte? Ich versuchte etwas von den Worten mitzukriegen, sie waren mir jedoch fremd, oder ich vernahm sie zu undeutlich. Aber natürlich, begriff ich endlich, der Mann stand unter offenem Himmel und sprach ein Gebet. Sein Oberkörper schwang dabei vor und zurück, wie ich es noch nie bei einem Mönch oder Priester beobachtet hatte. Aber es mußte doch wohl ein Gebet sein, das der Alte dort verrichtete, ein langes sogar.

Ein Mann, der betet, gibt einem ein gutes Gefühl. Mir wenigstens ging's so. Denn die bretonischen Männer zum Beispiel, die habe ich kein einziges Mal beten gesehen. Und so stellte auch ich mich auf den Weg, natürlich nicht mit erhobenen, aber doch mit gefalteten Händen, und suchte mal wieder nach den verlorenen Worten des Paternosters. Vielleicht konnte der Alte mir helfen, sie wieder zusammenzukriegen. Ich würde ihn danach fragen, später, sagte ich mir, irgendwann, falls sein Weg wie meiner auch nach Süden, in die Richtung von Bigorra, führte.

Ich beobachtete, wie der Mann sein Fransentuch abnahm, sauber zusammenfaltete und unter die Zeltplane in den Wagen legte. Danach setzte er sich in den Schatten, holte aus einem Weidenkorb Eßsachen hervor, und wieder hörte ich ihn ein Gebet murmeln, diesmal jedoch war es sehr kurz.

Die Arme unter dem Kopf verschränkt, legte ich mich ins Gras, sah in den blauen Himmel und wartete auf Lupo. Nichts war von den beiden zu hören, die mußten weit weg im Wald stromern. Und so überließ ich mich tagträumend der mittäglichen Stunde.

Vielleicht würde ich von den Solidis in Bigorra einen Weinberg kaufen, vorausgesetzt, daß in der Gegend überhaupt Wein wuchs. Ein Weinberg wäre eine gute Geldanlage. Zur Erntezeit könnte ich Arbeiter mieten, würde, den Korb auf dem Rücken, mit in die Lese gehen, das Keltern, das Abfüllen überwachen – ich verstand von dem allen überhaupt nichts, noch nichts, in Tante Momas' Sippe aber fand sich bestimmt jemand, der mir fürs erste an die Hand gehen würde. Die Solidis gehörten zwar dem Recht nach mir und nicht Sunhar, doch mein Gewissen sprach eher für sie als für mich. Es würde aber nicht schaden zu versuchen, Sunhars Dos zu mehren und dabei selbst ein Auskommen zu finden. Ja, bald käme ein zweiter, ein dritter Weinberg hinzu, ich müßte einen Verwalter einstellen, könnte Sklaven kaufen, und auf diese Weise würde sich unser Geld ständig vermehren. Nur, was sollte ich mit den vielen Solidis? Ach was, schalt ich mich, man wird doch wohl mal träumen dürfen. Und so träumte ich weiter von Weinbergen und Geldsegen, bis ich darüber einschlief.

Ich erwachte von einem feuchten Stups im Gesicht. Lupo stand über mir und meldete sich zurück. Die Lefzen noch voll Blut, das er genießerisch ableckte.

Ich fuhr mir ins Gesicht. Es klebte. An meinen Fingern war Blut.

»Ba pfui«, stieß ich hervor. »Es ist gemein, einen so zu wekken —«, schäm dich, wollte ich hinzufügen, brachte es aber nicht übers Herz. Lupo schaute mich so unschuldig an, erwartungsvoll geradezu, daß ich mich sogar beinah mitfreute.

Ich säuberte die Finger im Gras und sagte heiter: »War's schön? Habt ihr Kaninchen gejagt? Oder ein Reh, einen Hasen? Und hast du dich satt gegessen?«

Lupo bläffte und wollte mir mit der Zunge ins Gesicht. Ich wehrte ihn sanft, doch nachdrücklich ab, stand auf und blickte hinüber zu dem Karren. Der alte Mann war bereits dabei, die Maultiere wieder anzuschirren.

Langsam schlenderte ich hinüber, begab mich zum ersten Mal in die Nähe des Untiers, sah zu, wie die Zugleinen befestigt wurden.

»Du hast ein böses Rad am Wagen«, bemerkte ich sachlich. »Bald wird es festhängen.«

»Was verstehst du denn davon«, antwortete der Alte. »Das sind Fuhrmannssachen.«

»Ich versteh schon was davon«, sagte ich spitz. Und das stimmte. In Brittany auf den Feldern lernst du so ziemlich alles, du mußt einfach, oder man schlägt dich halbtot. »Man müßte Fett auftragen«, fuhr ich fort. »Vielleicht liegt's daran. Hammelfett zum Beispiel würde helfen.«

»Und siehst du zufällig einen Hammel?« fragte er zurück.

Es ärgerte mich, wie der Mensch mich behandelte. Als hätte ich wirklich von nichts eine Ahnung.

»Man kann auch anderes Fett nehmen. Bucheckernöl vielleicht«, schlug ich ihm vor. »Bucheckern gibt's hier genug.

Man sammelt sie, kernt sie aus oder auch nicht, gibt alles in einen festen Lappen und preßt das Ganze zwischen zwei Steinen aus. Das Öl geht dann ins Tuch.« Im Gesicht des Alten konnte ich nicht lesen, was er von meinem Vorschlag hielt. »Ich helfe dir, wenn du willst«, bot ich ihm schließlich an.

Zum ersten Mal sah ich richtig seine Augen. Er musterte mich nachdenklich oder verwundert und meinte dann: »Man könnte es ja mal versuchen.«

»Gut, dann sammle ich die Bucheckern«, schlug ich ihm vor.

Buchen gab's hier genug und Eckern in Hülle und Fülle. Ich hatte bald die nötige Menge zusammen.

Unterdessen bockte er den Wagen auf, und ich sah, wie er sich vergeblich an dem Rad abmühte. Das Ding saß wirklich fest. Stumm kam ich ihm zu Hilfe. Ich dachte, es zerreißt mir die Nackenmuskeln, doch wir schafften es, das Rad abzuheben, wenngleich nur mit äußerster Anstrengung. Dann begab ich mich ans Auskernen, hatte bald eine große Handvoll Kerne beisammen. Wir preßten sie aus, fetteten Achse und Nabe und brachten das Rad auf.

»Man kann allein essen, nicht allein arbeiten«, erklärte der Alte aufatmend, nachdem das Rad wieder an seinem Platz saß.

Kopfnickend stimmte ich zu, fühlte mich gut, einmal nicht so dumm wie sonst. Außerdem hatte ich mich die ganze Zeit in der Nähe dieser riesigen Dogge bewegt, und es war mir nicht bange gewesen. Eigentlich war diese Bestie sogar ein schönes Tier.

Ja, das war ein anderes Fahren und Vorwärtskommen, als die Maultiere jetzt anzogen. Und ich hatte auch nicht länger dieses häßliche Quietschen im Ohr, das mir den ganzen Vormittag zugesetzt hatte.

Aus einem unbestimmten Gefühl heraus, daß ich den sicheren Abstand brauchte, fiel ich wieder hinter den Karren zurück. Die Angst vor der Riesendogge hatte sich zwar etwas gelegt, ob ich dem Mann aber trauen konnte, wußte ich nicht. Immerhin war ich eine Frau, und er wußte es. In Brittany war ich so oft mißbraucht worden, daß ich nicht anders konnte, als auf der Hut zu sein. Mein Körper gehörte endlich wieder mir, und dabei sollte es auch bleiben.

Im übrigen war der Mann da vorn nicht so alt, wie es mir gestern abend vorgekommen war. Besser gesagt, gab der Alte durchaus kein hinfälliges Bild ab. Ich hatte mir seine Hände angesehen, als er das Öl quetschte. Das waren keine Greisenhände mit braunen Flecken, sie sahen warm und sehr lebendig aus, die Fingernägel hatten einen roten Schimmer und nicht dieses verhornte spröde Aussehen wie beispielsweise beim alten Budic in Broérec, der ständig über seine Gichtknoten klagte. Dem hatte ich manchmal die Hände gestreichelt, wenn die Schmerzen wieder so schlimm waren, daß ihm die Hacke aus der Hand fiel. Bei dem Mann da vorn ließ ich es besser nicht darauf ankommen. Der stand noch in Saft und Kraft.

Ja, ich dachte den halben Tag über den Karrenmann nach. Mir war nämlich im Lauf des Tages noch so manches an ihm aufgefallen, was mir zu denken gab.

Zum Beispiel kam es mir sonderbar vor, daß der Alte allein mit seinem Karren unterwegs war, ohne Sklaven oder doch wenigstens ohne einen anderen Begleiter, wenn ich von seinem Hundeungetüm einmal absah. Doch unter der Wagenplane mochte sich so manches verbergen, was herrenlose Männer zum Überfall reizen konnte. Auf der öffentlichen Straße jedenfalls wäre der Alte sicherer gewesen. Warum plagte er sich mit seinem Fuhrwerk auf diesen beschwerlichen Wegen? Andererseits schien sich der Mann in dieser Landschaft auszukennen, und darum war ich froh, hinter dem Maultierkarren herzulaufen, solange es nach Süden, eben in meine Richtung ging.

Und noch eins machte mich stutzig. War es möglich, daß sich ein in der Fuhrmannsarbeit erfahrener Mann ohne Wagenfett auf eine Reise begab? Wahrscheinlich war es ihm unterwegs ausgegangen. Hatte er sich aber ständig so fernab von menschlichen Ansiedlungen gehalten, daß er sich nicht neu mit einem Schmiermittel versorgen konnte?

Am befremdlichsten aber blieb, daß der Alte ohne Begleitung reiste. Was hatte er doch eben gesagt? Man kann allein essen, nicht allein arbeiten. Das stimmte. Nur, merkwürdig genug, schien er sich selbst nicht an seine Weisheiten zu halten.

Jedenfalls, wäre ich nicht zur Stelle gewesen, hätte ich ihm nicht geholfen, das Rad abzuheben, würde der Alte in große Schwierigkeiten geraten sein. Und auch jetzt, wo der Karren wieder lief, blieben doch Steilhänge zu überwinden, Wasserläufe zu durchqueren, so daß ich gelegentlich kräftig mit in die Räder greifen mußte. Natürlich, ich half mit, so gut ich konnte, drückte und schob aus Leibeskräften, wenn die Maultiere es allein nicht schafften. Doch der Alte und ich wechselten dabei kein Wort.

Mir war das nur recht. Bestimmt aber fragte sich der Alte insgeheim, was mich, eine Frau, dazu brachte, allein, ohne Schutz und Begleitung mit meinem Bündel unterwegs zu sein. Nicht anders als er mit seinem Karren. Vermutlich, nein, sicher war ihm der Vorfall von gestern abend auch nicht entgangen. Die Schreie von Gozlin und Sichelmus, das Wiehern der Pferde. Er würde sich Gedanken machen, was hinter dieser Geschichte steckte. Da mußte ich es ihm schon hoch anrechnen, daß er mich überhaupt hinter seinem Karren herlaufen ließ. Was ihm eventuell doch Ärger, Unannehmlichkeiten einbringen konnte. Darum war ich zufrieden, nichts zu reden, ihm nichts erklären zu müssen. Hätte der Alte etwa gesprächsweise herausgefunden, daß ein so mächtiger Herr, wie Boggis es war, ein Gefolgsmann des Königs, mir nachstellte, dann hätte er doch wahrscheinlich alles darangesetzt, um mich loszuwerden. Um so mehr, als auch ihm offensichtlich daran gelegen war, unentdeckt zu bleiben. So gesehen passen wir beide ganz gut zusammen, sagte ich mir und dankte im stillen den Heiligen, die es gefügt hatten, daß wir uns gestern in dem aufgelassenen Dorf gefunden hatten.

Stetig weiter südwärts ging es, auch in den folgenden Tagen. Ich nächtigte unter Mutters Decke, schüttelte morgens den Tau ab, der Alte schirrte die Maultiere an, und wir zogen los. Langsam, aber stetig kamen wir voran. Dreimal täglich stellte sich der alte Mann zum Gebet auf, hob die Hände, redete in einer fremden Sprache mit den Heiligen, der Jungfrau, ich konnte es nicht erraten. Und das helle Fransentuch durfte dabei nie fehlen. Jedesmal nahm ich mir vor, ihn bei Gelegenheit nach den Worten des Vaterunsers zu fragen, jedesmal vergaß ich's wieder. Mittags ließen wir die Hunde los, und sie kehrten stets mit blutigen Lefzen zurück. Wir durchquerten mit unsäglichen Mühen eine Flußfurt, folgten manchmal belebten Straßen, hielten uns jedoch in der Regel fernab von den Menschen.

Noch immer zogen Soldaten an uns vorbei, Berittene und Fußvolk. Irgendwo mußte jetzt auch Boggis in der Nähe sein, sagte ich mir. Doch das Land war groß, und die Menschen verloren sich darin.

Einmal stießen wir auf eine Herde von Wisenten. Unmittelbar vor uns brachen sie über den Weg. Die Köpfe zu Boden gesenkt, die Schwänze ausgestreckt. Ich hatte meine Last, Lupo festzuhalten, sein großer Freund ließ die Donnerstimme erschallen, das Gespann scheute. Die beiden Zugtiere konnte ich jetzt endlich auseinanderhalten. Eins hatte eine Blesse, das andere weiße Fesseln. Es waren geduldige, kräftige Tiere, und ich sah den Alten nie den Treibstock schwingen. Ich hielt mich weiter in zehn Schritt Entfernung vom Wagen, auch aßen wir jeder für sich. Abends legte ich mich unter eine Hecke, der Alte kroch unter den Karren.

Ich nehme an, wir beobachteten uns gegenseitig. Was er bei mir herausfand, weiß ich nicht. Vielleicht belustigte es ihn, wenn ich mit Lupo sprach und spielte, mich zum Schlafen an ihn schmiegte. Denn das alles tat er mit Colon nicht. Ja, durch seine Zurufe hatte ich schließlich den Namen der Riesendogge erfahren, und ich fand, Colon, das war ein schöner, fast menschlicher Name für dieses Urtier.

Vorsichtig freundete ich mich mit Colon an. Sein gräßlicher Rachen über der ochsenbreiten Brust flößte mir jedoch weiterhin großen Respekt ein. Ganz sicher war der Kerl fähig, seinen alleinreisenden Herrn gegen fünf, sechs Räuber zu verteidigen. Dabei ließ Colon sich Lupos Neckereien immer gutmütig gefallen, suchte niemals Streit. Seinem Herrn gehorchte er aufs Wort. Lupo dagegen nahm sich mir gegenüber so manche Freiheit heraus, so daß ich mich manchmal regelrecht vor dem Alten schämte. Irgendwann mußte ich anfangen, strengere Saiten mit dem Hundetier aufzuziehen. Doch wie ich mich kannte, würde darüber wohl Sanct Nimmerleinstag werden.

Was ich über Colons Herrn herausfand, war nicht viel. Er blieb nicht wie ich alle naslang unter einem Baum, an einer Hecke stehen und stopfte sich voll mit Nüssen und Beeren. Vermutlich war er auch nicht so bänglich wie ich, daß er andauernd hinter sich schauen mußte, wie ich es eben tat. Noch in Erinnerung an die bretonischen Aufseher, die ständig mit dem Knüppel hinter uns her gewesen waren. Nein, es war wirklich nicht viel, was ich in diesen Tagen über Colons Herrn herausfand.

Es versteht sich, daß ich auch immer noch nicht den Namen des Alten kannte. Das beruhte jedoch auf Gegenseitigkeit. So viel Vertrauen brachte ich einfach nicht auf, als daß ich Colons Herrn meinen Namen anvertraut hätte. Dein Name ist ja doch ein wichtiges Stück von dir selbst, und kann dich jemand beim Namen rufen, dann hat er auch schon ein Stück Gewalt über dich. Das heißt, in Brittany machte man sich gar nicht erst die Mühe, uns mit Namen anzurufen, und wenn einer von den bretonischen Banditen mich tatsächlich mal mit meinem Namen ansprach, wirkte es wie ein Peitschenschlag auf mich. Eben darum war ich vorsichtig, meinen Namen herzugeben. Und der Alte fragte auch nicht danach.

Meist verständigten wir uns bei der gemeinsamen Arbeit ohnehin nur mit stummen Gebärden oder mit halben Sätzen. Immerhin fand ich dabei heraus, daß der Alte einen anderen Tonfall, einen anderen Zungenschlag hatte als die Leute hierzulande. Eine winzige Verschiedenheit nur, sie war aber unüberhörbar, sobald man erst einmal darauf aufmerksam geworden war. War Colons Herr am Ende gar kein Hiesiger?

Das mochte erklären, warum er sich auch in anderen Dingen anders verhielt, als ich's von unseren Männern gewohnt war. Zum Beispiel hörte ich den Alten nie fluchen, ja, das fiel mir schon bald auf. Wenn unsere Männer in Wut geraten, schlechte Laune ausschwitzen, dann haben sie ununterbrochen Flüche auf der Zunge, beschimpfen die Knochen der seligen Märtyrer, nennen die Mutter Gottes eine Hure oder gar noch Schlimmeres. Gewiß, ein böses Gesicht ziehen, vor sich hin grummeln, das tat auch Colons Herr, doch eben Flüche, Verwünschungen ausstoßen, das kam bei ihm nicht vor. Ich fand das wohltuend, und äußerst wohltuend sogar war, daß der Alte auch nicht ständig spuckte wie unsere Männer, die unaufhörlich Schleim auswerfen und geräuschvoll die Nase hochziehen, ein ekelhaftes Benehmen. Angenehm fiel mir an dem Alten überdies auf, daß er sich vor dem Beten wie vor dem Essen immer sorgfältig wusch, ich selbst nahm es da nicht so genau. Schnarchen freilich, laut und kräftig, das tat der Alte mit Hingabe. Ich hörte ihn nachts unter dem Karren sägen, daß davon die Bäume umfallen konnten.

Und noch eine letzte kleine Beobachtung machte ich in diesen Tagen. Horchte der Alte angestrengt in eine Richtung, neigte er den Kopf ein wenig zur rechten Seite, faßte er etwas genau ins Auge, hielt er den Kopf schräg nach links. Diese Beobachtung fand ich sehr lustig. Vermutlich hat jeder Mensch eine kleine Eigenheit, die anderen auffällt, ihm selbst aber gar nicht bewußt ist.

# Bagaudes

Das Wetter hatte sich die ganze Zeit gut gehalten. Jetzt, am Nachmittag des vierten Tages, seit ich hinter dem Karren des Alten herlief, tränkte sich der Himmel mit einem dunstigen Leuchten, und während wir den Wagen einen langen Hohlweg hochdrückten, begann es leise zu regnen.

Es kribbelte mich im Nacken. Nein, das war nicht der Regen. Ich hatte das unbestimmte Gefühl, daß wir beobachtet wurden, von heimlichen Augen. Colons Herr hielt den Kopf schräg, mal nach links, mal nach rechts, sonst konnte ich an dem Alten kein Zeichen der Beunruhigung feststellen. Die Maultiere am Halfter, stapfte er den Hohlweg hinan, ich schob hinten am Wagenkasten, selbst Colon warf sich in sein Brustgeschirr und mühte sich so ab, den Karren weiterzubringen, daß der Geifer in langen Fäden auf den nassen Boden tropfte. Und Lupo, der neben mir lief, hob zwar witternd die Nase, hob die Ohren, gab aber nicht Laut. Trotzdem, ich hatte dieses unangenehme Gefühl, im Nacken, im Bauch, daß etwas nicht stimmte.

Am Ausgang des Hohlwegs erwarteten sie uns, Banditen, *bagaudes*, sechs Männer, das Wurfbeil in der Hand, das Messer im Gürtel, Bogen und Pfeilköcher auf dem Rücken. Colon zerrte mit einem röchelnden Kehllaut an seinem Riemen, grollte aus tiefster Brust. Ich bückte mich hastig zu Lupo. Der fletschte die Zähne, ereiferte sich so rasend, daß sein Mund schäumte. Mit aller Gewalt mußte ich ihn festhalten, denn so ein Wurfbeil fliegt schnell und trifft genau. »Heiliger Martin, schütze uns«, murmelte ich. Das konnte ja auf die Dauer auch nicht gutgehen, ein Karren, vielleicht mit Handelsgut beladen, und dabei gerade nur ein alter Mann und ein junges Kerlchen.

»Ruhig, ganz ruhig«, befahl der Alte seinen Maultieren, die bei dem röhrenden Gebell unserer Hunde mit den Hinterhufen ausschlugen, ihre Hälse schüttelten und schnaubten.

Einer der Männer trat hervor und lachte. »Ruhig, ganz ruhig«, äffte er den Alten nach. »Das gilt auch für dich, Jakob. Wir führen nichts Böses im Schilde. Nur die Schutzgebühr ist fällig, und die zahlst du, *giu*, in Waren oder Geld.«

Der Alte antwortete nicht. Er ging zu Colon und befahl dem Tier mit erhobener Hand: »Sitz, Colon, keine Bewegung!« Und, nicht zu fassen, die Riesendogge gehorchte wie ein Lamm, obwohl ihm die Augen vor dem Kopf standen und seine Schnauze triefte.

Auch Lupo gab nach dem Vorbild seines großen Freundes plötzlich Ruhe. Dennoch blieb ich in der Hocke und hielt ihn weiter fest. Diese Banditen hätten uns bei der geringsten Bewegung den Schädel gespalten, das stand für mich fest.

Der Anführer befahl seinen Leuten mit einem Wink, die Waffen zu senken, und wandte sich zum zweiten Mal an den Alten, diesmal mit einer unmißverständlichen Drohung: »Also los, alter *giu*, was ist dir dein Leben wert?«

»Das letzte Mal, als ich dich sah, warst du Priester von Sanct Just«, bemerkte der Alte, dem keine Unruhe anzumerken war. »Du wolltest mir heimlich das silberne Altargerät deiner Kirche verkaufen, war es nicht so?«

»Halt's Maul«, schrie der Bandit ihn an. »Los jetzt, du zahlst, mit Geld oder mit dem Leben.«

»Ich reise mit Schutzbrief von Herzog Eudo«, sagte der alte Jakob, dessen Namen ich ausgerechnet jetzt, wo uns der Tod vor Augen stand, zum ersten Mal hörte. »Willst du den Brief sehen?« fragte er. »Als Priester müßtest du ja ein bißchen lesen können –«

»Ich schlage dir die Zähne ein«, drohte der Bandit. »Bleib, wo du bist, *giu!* – Und du, Matfred, leg das Wurfbeil weg«, befahl er einem seiner Männer. »Geh um den Wagen und schau, was der Alte an Sachen geladen hat!«

Der hob warnend die Hand. »Tu's lieber nicht«, sagte er scharf. »Meine Leute werden dich und deine Spießgesellen jagen und vors Gericht des Herzogs bringen. Du hast keine Chance davonzukommen. Also, pack dich aus dem Weg!«

»Deine Leute –«, höhnte der Mann. »Wo sind denn die?«

Der Alte lachte. Dann sagte er ernst: »Stell dich nicht dümmer, Priester, als du bist. Du weißt, wovon ich rede. Mein Volk läßt nichts ungesühnt. Sie werden dich jagen, wo du auch bist.«

»Der Teufel soll die Jungfrau lecken«, schrie der Mann außer sich vor Zorn.

Da erschien dieser Matfred, schwenkte eine verstöpselte Glasflasche und rief: »Genug für alle hat der Alte da drin!«

Ich sah, wie der alte Mann erblaßte. »Zurück mit der Flasche, du *rekah*, du Dummkopf!« befahl er wild. »Gib das Ding her, sonst passiert ein Unglück!«

»Los, Matfred, aufmachen«, schrien die anderen. »Bei der Nässe kommt ein warmer Schluck gerade recht.«

Matfred führte die Flasche an den Mund und bearbeitete den Stöpsel mit seinen Zähnen, daß es krachte.

»Hör auf, Schluß jetzt«, schrie der Alte bebend, und jetzt weinte er beinahe.

Colon machte einen ungestümen Satz auf die *bagaudes* zu, daß der Karren schwankte. Die Maultiere schlugen aus, die Banditen schrien vor Lachen.

Und dann war's geschehen, schneller, als meine Augen begreifen konnten. Etwas Flüssigkeit schwappte aus dem Flaschenhals, lief Matfred über die Kleider, und plötzlich flackerten Feuerzungen aus dem Stoff. Mit einem Aufschrei ließ der Bandit die Flasche fallen, das Glas zerbarst, ein stechender, ätzender Geruch nahm mir den Atem, und im selben Augenblick stand der Mann von den Hacken bis zum Nacken in Flammen.

Da hatte der alte Jakob auch schon das Ungetüm losgelassen. Der Anführer rettete sich mit einem Satz in den Wagenkasten, ich konnte Lupo nicht mehr halten, hörte Knochen krachen, sah die Feuerfackel, Matfred stürzte zu Boden, wälzte sich, und dazwischen erhob sich die grollende Stimme Colons zwischen den Bäumen, Lupo röhrte, Hilferufe, Wimmern, Entsetzensschreie –

»Hört auf, genug, genug«, schrie ich. »Lupo, hierher, sofort!«

Jakob pfiff auf den Fingern, ich glaube, nur ein einziges Mal, und Colon erschien, blutgerötet, hechelte und warf sich seinem Herrn vor die Füße. Der bückte sich, leinte die Dogge an, und ich lief zu dem brennenden Mann, dessen Schreie in ein langgezogenes, gräßliches Heulen übergingen.

»Wasser, Wasser«, schrie ich dem Alten zu. »Der Mann ist gleich bis auf die Knochen weggebrannt!«

»Wasser hilft da nicht, kleine Nokrit«, sagte Jakob düster. »Laß ihn! Duma, der Todesengel, hält schon seine Hand.«

Ich schlug meine Hände vors Gesicht und weinte vor Entsetzen. Zugleich mit dem ätzenden Geruch der Flüssigkeit trieb mir der säuerlich süße Geruch von verbranntem Fleisch in die Nase, und plötzlich mußte ich mich, den Kopf zwischen den Knien, lange übergeben.

Als ich mich endlich, den Mund voll Gallengeschmack, aufrichten konnte, stand der Alte neben mir, Jakob, stützte mich und sah mir mitleidig ins Gesicht. »Das war zuviel für dich«, sagte er. »Wie heißt du denn eigentlich, Frau?«

»Itta«, stieß ich würgend hervor und warf mich dem Alten an die Brust.

Er klopfte mir den Rücken, machte sich von mir los und sagte: »Komm zu dir. Es gibt viel für uns zu tun.«

»Ja, ja«, wimmerte ich. »Nur fort, nur weg von hier.«

»So schnell geht das nicht«, sagte Jakob. »Da liegt ein Toter. Und drüben kommt dein Hund. Sprich mit ihm, daß er Ruhe gibt! Wo der Todesengel hinzutritt, soll man schweigen.«

Ja, Lupo fegte heran, ich fing ihn auf. Er zitterte vor Erregung. Ich wischte ihm mit feuchtem Blattwerk die Schnauze und flüsterte: »Lauf zu Colon! Leg dich zu ihm und sei still!«

Ich blickte mich um. Der süßliche, ätzende Brandgeruch lag immer noch schwer über dem Ort. Von Matfred war nur ein kleines verkrümmtes Bündel schwarzes Fleisch übriggeblieben. Mit angehaltenem Atem bekreuzigte ich mich.

Jakob hatte unterdessen seine Maultiere ausgeschirrt und beiseite geführt, damit sie sich beruhigten und fraßen. Ich hörte ihn besänftigend auf die Tiere einreden. Zertretenes Gras, fallengelassene Wurfbeile, Bogen, zerborstene Pfeile und geknicktes Buschwerk zeichneten den Fluchtweg der Räuber. Ich wagte nicht, mir vorzustellen, was unsere Doggen im Wald mit den Männern angestellt hatten. Hoffentlich konnten die sich in die Bäume retten.

Im Wagenkasten entdeckte ich den Priester. Unsere Augen begegneten sich stumm. Seine waren von Angst geweitet.

»Da hockt noch einer im Wagen«, rief ich dem Alten zu.

»Schon gut«, rief der zurück. »Sag ihm, er soll sich nicht bewegen, daß nicht der ganze Wagen Feuer fängt.«

»Du hast es gehört«, sagte ich dem Priester. »Also keine Bewegung.«

Der Mann nickte heftig.

Inzwischen hatte Jakob sein Gespann versorgt und kehrte auf den Kampfplatz zurück.

»Steig aus«, befahl er dem Priester.

»Und was ist mit den Hunden?« fragte der.

Jakob schaute mich fragend an. »Colon ist festgeleint. Wird deiner Frieden geben?«

Ich nickte.

Zögernd kroch der Priester aus dem Wagenkasten. Lupo sprang auf, die Nackenhaare gesträubt.

Ich faßte nach ihm, rief den Mann und sagte: »Laß ihn Witterung nehmen, dann gibt er Ruhe.«

Der Priester verzog weinerlich das Gesicht und rührte sich nicht vom Fleck.

»Tu, was sie sagt«, befahl ihm der Alte.

»Näher, näher«, rief ich. »Ja, jetzt streck die Hand aus, daß er daran schnuppern kann.«

Colon grollte, riß den Rachen auf, Lupo ließ sich kaum halten. Also, meine Finger haben beim Geldzählen in der Halle von Catalon nicht so gebebt wie in diesem Moment die Hand des Priesters!

Lupo schnaufte, drehte verächtlich den Kopf zur Seite.

»Du tust ihm nichts, verstehst du?« schärfte ich ihm ein. »Leg dich zu Colon!«

Ja, weiß Gott wieso, aber er tat es wirklich.

»Gut«, lobte ich ihn. »Guter Hund.«

Der Alte holte einen Spaten hervor. »Begrabe den Mann da«, sagte er dem Priester.

»Wozu?« fragte der zurück. »Der Mann ist tot. Laß ihn liegen.«

Im nächsten Augenblick schlug Jakob ihm den Handrücken ins Gesicht, daß dem Priester die Zähne krachten.

»Lupo, bleib liegen!« schrie ich, denn Lupo und Colon waren zugleich aufgesprungen und drohten.

»Platz«, rief auch der Alte seinem Hund zu. Dann wandte er sich an den Priester, der ihn mit Haß in den Augen anstarrte.

»Ein tiefes, gutes Grab für deinen Spießgesellen! Los, soviel bist du dem armen Kerl mindestens schuldig.«

Ohne weitere Widerrede begann der Mann neben dem Brandrest den Boden auszuheben. Er wird Mühe haben, dachte ich. Denn der Spaten klirrte gegen Stein.

»Ich bringe drinnen die Sachen in Ordnung«, sagte der Alte und wies mit einer Kopfbewegung zu seinem Karren. »Sammle du die Waffen und reich sie mir herauf. Von den zerborstenen Pfeilen nur die Eisenspitzen.«

Ich nickte und machte mich daran, das Gelände abzusuchen. Mir war, als drängen schwaches Wimmern, Hilferufe aus dem Wald. Aber ich war mir nicht sicher. Der Priester mochte sich später darum kümmern. Wenn er's tat, dachte ich böse.

Bis jeder seine Arbeit getan hatte, waren die Regenwolken abgezogen, und die Abendsonne warf noch mal rötliches Licht über uns. Der Tote war unter die Erde gebracht, Jakob hatte den Wagen verlassen. Die beiden Männer standen sich eine Weile wortlos gegenüber.

»Hast du mir nichts zu sagen, Priester?« fragte der Alte schließlich. »Vielleicht sollte ich dich binden und den Behörden überstellen.«

»Tu das nicht«, flehte der Mann. »Ich will dir auch alles erklären.«

Jakob gab murmelnd seine Zustimmung.

»Also, ich bin seit Monaten nicht mehr im Dienst der Kirche«, begann der Mann. »Der Bischof hatte mich gefangengesetzt.«

»Wenn du auch das Kirchensilber verkaufst −«, meinte der Alte.

»Nein, das war es nicht«, widersprach der ehemalige Priester. »Aber es hat mit dieser Sache hier nichts zu tun. Es war so, vor zwei Tagen ging hier die Rede, ein großer Herr, ein Gefolgsmann des Königs, suche nach seiner entlaufenen Frau, ja, und er habe zehn Solidis auf ihre Ergreifung ausgesetzt.« Der Mann wies mit dem Daumen auf mich. »Das ist sie doch, nicht wahr? Der kurze Haarschnitt, das Alter, die grüne Augenfarbe, alles paßt.«

Mir war, als stürzte der Himmel ein. Boggis war mir auf der Spur, zehn Solidis standen auf meine Ergreifung!

»Wir hatten euch beide zufällig entdeckt, und die Gelegenheit wollte ich mir nicht entgehen lassen«, fuhr der Mann fort. »Als ich dich dabei sah, Jakob den *giu*, dachte ich, das gibt ein doppeltes Geschäft. Und das ist auch schon alles. Wovon soll unsereiner schließlich leben? Meine Leute, das sind allesamt herrenlose Männer, ehemalige Freie, die man um Haus und Hof gebracht hat, entlaufene Mönche, Kriegsveteranen, und wir führen in den Wäldern ein elendes Leben, das kannst du glauben –«

Der Alte schnitt ihm mit einer Handbewegung das Wort ab. »Und wer weiß von dieser Frau, ich meine, wer von deinen Leuten?« erkundigte sich Jakob, ohne mich anzuschauen.

Der Mann lächelte verschlagen. »Ich hab's für mich behalten«, sagte er. »Was sind zehn Solidis? Das und noch mehr zahlst du schon für einen Sklaven. Ich hätte mir die Kleine vielleicht erst mal selbst an die Brust genommen und dann weitergesehen.«

Der Alte stand, den Kopf ein wenig zur rechten Seite geneigt, und überlegte. Dann schien er seine Entscheidung gefällt zu haben und faßte den ehemaligen Priester ins Auge. »Du hast mir großen Schaden zugefügt«, begann er. »Das flüssige Feuer war soviel wert wie ein ganzer Königsschatz.«

Ich sah es in den Augen seines Gegenübers aufblitzen. »Du hast noch mehr von diesen Flaschen, ich meine, da vorn in deinem Wagen –?« fragte er.

»Wieso willst du das wissen?« erkundigte sich Jakob.

Der Mann biß sich auf die Lippen, schaute zu Boden.

»Die Prüfung hast du nicht bestanden«, sagte der Alte langsam, hatte plötzlich ein Messer in der Hand und stach blitzschnell zu.

Mit erstauntem Gesicht verharrte der ehemalige Priester einen winzigen Augenblick in seiner Haltung, dann schlug er dumpf zu Boden. Das Messer steckte ihm bis zum Heft in der Herzgrube.

Ich faßte mich an den Hals, schrie. Lupo stürzte herbei.

»Bring ihn zur Ruhe«, herrschte der Alte mich an. »Die Sonne entfernt sich, und wir haben noch einen Toten zu begraben.«

Die Hand im Mund, um nicht von neuem loszuschreien, kniete ich mich zu Lupo, hielt mich an ihm fest, während mir die Tränen über die Backen liefen.

Wir sprachen nicht mehr miteinander, verließen aber sofort, nachdem der Alte den Toten bestattet hatte, den Unglücksort. Weit kamen wir nicht mehr. Denn die Zeit der Abenddämmerschatten zog schnell herauf. An einem Bachlauf hielten wir an. Gemeinsam schirrten wir die Maultiere aus, und dann rollte ich mich in meine Decke. Ich sah Jakob noch in den Bach steigen und sich abspülen und baden. Als er wieder in seinen Kleidern war, legte er sich das Fransentuch um, wandte sich mit erhobenen Armen nach Süden und betete laut.

Am nächsten Morgen regnete es, zum ersten Mal in diesem Oktober richtig. Fadenregen, der auf die herbstbunten Blätter pladderte, von ihnen herablief, sich in Lachen sammelte, die ich sorgsam zu umgehen suchte. Ich hätte's mir sparen können, denn mein Schuhwerk war bereits völlig durchweicht, in den Zehen hatte ich bald kein Gefühl mehr. Sonst war ich bis unter die Knie trocken. Mutters, Sunhars Decke hielt die Nässe von mir ab, und ich segnete sie beide an diesem Vormittag dafür.

Regen mag ich. Er weiß zu reden, wenn er in die Pfützen spritzt, auf die belaubten Sträucher trommelt. Ja, ich mag Regen, flüsternden, plätschernden, rauschenden Regen, seine Sprache hat für mich beinah etwas Berauschendes. Die ganze Welt klingt mit einem Mal anders, bunt, vielfältig, geheimnisvoll. Nicht zu vergessen die Duftfahnen, all die starken Gerüche, die das Naß aus der Erde löst, streng, herb zumeist, manchmal aber auch betäubend süß. Und wenn dann der Regen einhält, auf den Blättern silbrige Spuren hinterläßt, glitzernde Perlenketten im Nadelgehölz, dann dehnt sich die klare Luft endlos zwischen den Himmelsrändern. Die Vogelstimmen klingen plötzlich wie direkt ins Ohr gesungen, der Sonnenball sendet feurige Pfeile, läßt die Erde rauchen, den Baumwipfeln, den Hängen entschweben weiße, luftige, langgezogene Schleier. Das alles ist schön. Und das alles bringt der Regen auf die Erde.

Nur wenn Kälte dazukommt, im November, oder wenn's Februar wird oder März, dann verspüre ich keine Lust, im Regen zu tanzen. Im Sommer, da täte ich's manchmal am liebsten, ohne Kleider, um die nassen Regenfinger auf der Haut, in meinen Haaren, all die kräftigen, festen Regenfinger, die mir übers Gesicht fahren, mit allen Sinnen zu spüren.

Jetzt aber ging das Jahr schon auf seine letzten Monate zu, die Erde verlor ihre Wärme, und heute war mir sowieso nicht nach Tanzen zumute. Nicht nach diesem Tag gestern, der so blutig geendet hatte. Während ich naß bis zu den Knien hinter dem Karren herlahmte, Lupo an meiner Seite, der ebenfalls die Ohren hängen ließ, wünschte ich, der Regen solle endlich aufhören. Lieber hätte ich heut morgen in einer trockenen Ecke gehockt, allein mit mir, und hätte in ein prasselndes Feuer gestarrt.

Doch die tiefziehenden Wolken schickten unablässig neue Schauer hernieder, die Regenfäden zischten ohne Aufhören in die Pfützen und warfen dort große, quallige Blasen. Die ganze Welt schien zu ertrinken. Ja, eine Sintflut war es, die der Himmel auf uns herniederschickte, als wollte er die ganze Welt ersäufen.

Irgendwann, irgendwo unterhalb einer bewaldeten Kuppe jenseits eines Flusses hielt der Alte an. Nachdem er seinen Tieren das Kummetgeschirr abgenommen hatte, flüchtete er sich unter die Wagenplane und winkte auch mich ins Trockene. Lupo kroch zu Colon zwischen die Räder, um den Regenfingern zu entgehen, ich aber zögerte.

Seit er gestern dem falschen Priester das Messer ins Herz gestoßen hatte, sah ich den Alten mit anderen Augen. Die Art, wie er mit den *bagaudes* umgesprungen war, ließ wahrhaftig nicht an einen alten Mann denken, und seine Hand war so schnell gewesen, daß meine Augen nicht hatten folgen können. Seine Nähe war mir plötzlich unheimlich. Den ganzen Vormittag war ich darum in noch größerem Abstand als zuvor seinem Wagen gefolgt. Doch hier im Regen bleiben, wo unter der Plane ein trockenes Plätzchen lockte, das mochte ich auch nicht. Also rannte ich zu ihm, schlug meine nasse Decke aus und stieg in den Kasten, wo ich mich, mit dem Rücken zum Wageninneren, neben dem Alten auf einem schmalen Sitzbrett niederließ.

»Ridja, der Regenengel, meint es gut mit uns, zu gut, würde ich sagen«, äußerte sich der Alte. »Unsere Weisen sagen, über jeden Regentropfen sei ein Engel gesetzt. Wenn das stimmt, dann haben wir eine Menge Engel zu Besuch.«

Ich antwortete nicht. Nach Scherzen war mir nicht zumute.

Ein böiger Wind war aufgekommen und schickte knatternd ganze Wasserstürze gegen die Zeltplane. Es überlief mich. Ich rutschte vom Sitz, kauerte mich auf den Wagenboden, machte mich klein, umschlang meine Knie, um mein letztes bißchen

Körperwärme bei mir zu behalten. Der Alte zog seine nassen Schuhe aus, die Socken dazu, und seine bloßen Füße standen unmittelbar neben den meinen. Ich schaute auf das schwere Adergeflecht und dachte, wie weit mögen diese Füße schon über die Erde gegangen sein –? Eine neue Böe rüttelte den Wagen. Es knatterte auf dem Zeltdach, Hagel mischte sich unter den Regen. Einen Moment überlegte ich, mein Fußzeug ebenfalls abzustreifen, ließ es dann aber bleiben.

Der Alte über mir auf dem Sitzbrett seufzte.

Ich gab mir einen Ruck und sagte: »In eine böse Sache bist du da geraten. Durch meine Schuld. Wer weiß, wärst du allein gewesen, hätte man dir nicht aufgelauert.«

Der Alte seufzte aufs neue, begann, begleitet von rasselnden Hagelschlägen, vor sich hin zu murmeln. Nach einer Weile hielt er abrupt inne und sagte: »Und es wären noch drei, vier Leute am Leben, die heute tot sind.«

Ich schluckte, aber der Mann hatte ja recht.

Wieder hörte ich's über mir murmeln, dann sagte ich vorwurfsvoll: »Du hast diesen falschen Priester abgestochen wie ein Stück Vieh!«

»Und was hätte ich deiner Ansicht nach tun sollen?« fragte er scharf zurück.

»Ihn laufenlassen«, erklärte ich heftig. »Schließlich lagen im Wald noch ein paar Verwundete. Denen hätte er helfen können, hast du mal daran gedacht?«

»Und weiter?« fragte der Alte.

»Nichts weiter«, antwortete ich. »Nur ein paar Leute mehr wären jetzt noch am Leben.«

»Und was dann weiter?« wiederholte er.

»Ich weiß nicht, was du meinst«, stotterte ich.

Der Alte machte eine Pause. Wie der Wind heulte und an der Plane rüttelte. Hoffentlich fliegt die nicht gleich davon, dachte ich.

»Ich will dir sagen, was passiert wäre, wenn ich den *galach*, diesen Kerl, laufengelassen hätte«, fuhr die Stimme über mir fort. »Ich hatte ihm eine Chance gegeben. Als von dem flüssigen Feuer die Rede war. Und du hast sein Gesicht gesehen: Seine Augen erzählten, was sein Herz meinte. Ich sage dir, ein kluger Mann versteht von einem Wort zwei. Als er nach den übrigen Flaschen fragte, da wußte ich, was zu tun war, und ich tat es. Irgendwo, irgendwann hätte der Bandit einen neuen Überfall in Szene gesetzt. Und dann hätten uns seine Leute gleich, ohne Vorwarnung, getötet.«

Er hielt ein und ließ seine Worte auf mich wirken. Ich widersprach nicht. Was hätte ich auch vorbringen können? Wieder fühlte ich mich in der Klemme. Ähnlich wie in Catalon bei der Verhandlung mit Boggis.

»Sind die Flaschen tatsächlich so wertvoll?« erkundigte ich mich endlich.

Der Alte ließ ein trockenes Lachen hören. Unter den jaulenden Windstößen klang es direkt bösartig.

»Ach was«, antwortete er dann. »Wenigstens nicht in diesen geringen Mengen. Aber mancher Herrscher gäbe ein halbes Königreich dafür, wenn man ihm verriete, wie so ein flüssiges Feuer hergestellt wird.«

»Weißt du es denn?« fragte ich.

»Nein, ich weiß es auch nicht«, sagte er. »Das flüssige Feuer ist ein Geheimnis der Griechen, ihre Erfindung. Vor ein paar Jahren haben sie auf diese Weise eine ganze Flotte der Söhne Jischmaels in Flammen aufgehen lassen. Deren Schiffe lagen vor Constantinopolis, ihrer Hauptstadt.«

Von den Griechen hatte ich schon gehört. Sie haben einen Kaiser, weit weg im Osten. Aber sogar unsere Könige gehorchen ihm. Nur, wer war dieser Jischmael mit seinen Söhnen?

Als ich danach fragte, lachte der Alte von neuem. Diesmal

klang es aber nicht böse, eher schon nachsichtig, ja, mitleidig.

»Das sind die Leute, die ihr Franken die Sarazenen nennt, die Ungläubigen. Die heißen bei uns die Söhne Jischmaels. Und du weißt nicht, wer Jischmael ist, der Bruder Jizchaks?«

Ich schämte mich, denn ich hatte tatsächlich keine Ahnung, wer diese beiden Leute waren. Doch ich war tapfer genug, auch das noch zuzugeben.

»Du weißt aber auch wirklich gar nichts«, meinte der Alte. »Also, ich erklär's dir. Jischmael und Jizchak, das sind zwei Halbbrüder. Von Jischmael stammen die Sarazenen ab, von Jizchak unser Volk, die Bene Jisrael, oder, wie man bei euch sagt, die *giu*-Leute.«

Der Hagelregen war mittlerweile abgezogen, und auch der Wind schien endlich nachzulassen. Wie still es draußen plötzlich geworden war. Ich war froh darum. Denn wer kann schon bei so viel Lärm, dazu noch mit durchgeweichten Füßen, vernünftig nachdenken?

Einen Augenblick darauf wußte ich, was ich den Alten fragen mußte. Und das tat ich auch.

Ich fragte: »Bist du tatsächlich ein *giu*?«

»Aber ja«, klang es erstaunt vom Wagenbrett. »Ich dachte, du wüßtest das?«

»Ich hatte geglaubt, der falsche Priester mache einen bösen Scherz, als er dich so nannte«, sagte ich.

Ich blickte auf die nackten Füße neben mir, auf die geröteten Knöchel, die verhornten Zehennägel, und ich begriff immer noch nicht. Endlich sagte ich langsam: »Dann bist du einer von den Leuten, die unseren Erlöser mit Nägeln ans Kreuz geschlagen haben. Warst du dabei?«

»Kleine Nokrit«, antwortete der Alte mit nachsichtiger Stimme. »Glaub mir, ich war's nicht.«

»Das sagen aber unsere Priester«, wandte ich ein.

»Ich weiß«, antwortete er. »Paß auf, zähl mal die Zahlenreihe entlang bis siebenhundert. Kannst du das? Dabei wirst du etwas Wichtiges lernen.«

»Was, zählen soll ich?« fragte ich argwöhnisch zurück. »So dumm bin ich nun auch nicht, daß ich das nicht könnte. Ich kann sogar bis tausend und darüber zählen.«

»Tu mir den Gefallen und fang einfach an«, forderte mich der Alte erneut auf.

Also begann ich. Zwischen sechzig und siebzig brach ich ab, weil mir die ganze Sache zu kindisch vorkam. Und das sagte ich dem Alten auch.

Der lachte, daß der Wagen schaukelte. »Siehst du«, triumphierte er, »ich hab doch gesagt, du wirst was dabei lernen!« Wieder lachte er schallend. Und ich verstand überhaupt nicht, was es da zu lachen gab.

Endlich beruhigte er sich und sagte: »Also, du warst bei der Zahl Sechsundsechzig angekommen. So alt bin ich ungefähr. Und wie lange hättest du noch bis zur Siebenhundert zählen müssen –? Siehst du, so endlos lange sind diese Sachen her, von denen du redest, siebenhundert Jahre! Übrigens waren es gar nicht die Bene Jisrael, sondern es waren die Römer. Die haben euren Joschua umgebracht. Kannst du lesen?«

«Neina«, sagte ich heftig, weil ich's leid war, dauernd mit der Nase auf meine Dummheit gestoßen zu werden.

»Schade«, meinte er. »In euren Büchern könntest du's nämlich mit eigenen Augen lesen, daß nicht wir es waren, die Bene Jisrael. Glaub mir, die Römer haben euren Joschua aufgehängt.«

So was hatte ich noch nie gehört. Nicht von meinem Vater, nicht von den Priestern in Angiers, wo wir, die Leute von Glanfeuil, am Paschafest die Kathedrale besuchten.

»Weißt du überhaupt, wer die Römer sind?« erkundigte sich der *giu*, wie ich ihn jetzt in Gedanken nannte.

»Die Römer? Sicher weiß ich das«, antwortete ich. »Schließlich ist mein Vater ein Römer.«

»Ah, das hätte ich bei deinem Aussehen wirklich nicht gedacht«, sagte der Alte.

»Meine Mutter kommt aus Bigorra. Das ist im Süden, in der Vasconia«, erklärte ich ihm.

»Zur Hälfte bist du also aus römischem Blut«, stellte der Alte fest. »Dann ist dein Vater einer von denen, die euren Joschua gekreuzigt haben. Was sagst du nun?«

»Das kann nicht sein«, widersprach ich hitzig. »Ganz bestimmt war mein Vater nicht daran beteiligt, der nicht!«

»Wie sollte er auch?« rief Jakob der *giu* fröhlich, daß ich in seine Falle getappt war. »Erinnere dich, du hattest noch nicht bis siebenhundert gezählt. Und wie alt mag dein Vater sein? Vierzig, fünfzig Jahre?«

»Eher vierzig«, sagte ich hilflos.

Ach ja, ich ärgerte mich, ärgerte mich von neuem. Ich wußte so vieles nicht, und das wenige, was ich wußte, war vielleicht auch noch verkehrt. Weil auch die Priester und mein Vater nicht richtig Bescheid wußten. Jedenfalls mit Jakob, das war mir jetzt klar, mit dem konnten die's alle nicht aufnehmen. Überhaupt niemand, von Angiers bis Turs.

»Komm hoch aufs Brett zu mir«, forderte er mich auf. »Ich möchte dein Gesicht sehen, wenn wir reden.«

Stillschweigend entledigte ich mich meiner nassen Schuhe und Socken und rutschte zu ihm auf die Bank. Unsere bloßen Füße standen jetzt nebeneinander.

»Ist es vielleicht das erste Mal, daß du einem *giu* begegnest?« fragte der Alte.

»Ich wußte gar nicht, daß es euer Volk noch gibt«, gab ich zu. »Nein, ich habe vorher noch keinen *giu* gesehen. Eigentlich dachte ich, zur Strafe hätte man euch alle getötet.«

Jakob der *giu* seufzte. Zum dritten Mal an diesem Morgen. »Es ist nicht leicht, als *giu* zu überleben«, sagte er. »Dennoch sind wir ein mächtiges Volk geblieben. In Gallien gibt es wenige von uns. Aber in der ganzen Welt sind wir mehr, viel mehr als ihr Franken alle zusammen. – Aber jetzt zu deiner Geschichte, kleine Nokrit.«

»Itta«, verbesserte ich ihn. »Nokrit, so heiße ich nicht.«

»Es bedeutet ›Christin‹ in unserer Sprache«, erklärte mir der Alte. »Und eine Christin bist du doch, oder?«

»Natürlich«, sagte ich. »Oder denkst du, ich sei eins von den Heidenmädchen in Brittany? Aber wie nenne ich dich? Jakob oder *giu*, oder wie sonst –?«

»Sage ›Rab‹ oder ›Rab Jakob‹ zu mir. Das bedeutet soviel wie *dominus* oder wie wenn ihr ›Herr‹ sagt«, antwortete er. »Jetzt aber deine Geschichte. Ich möchte endlich wissen, wer hinter meinem Wagen herläuft.«

Der Rab hatte zwischendurch die hintere Wagenplane hochgezurrt, denn die Sonne zeigte sich wieder zwischen den Wolken. Und während ich berichtete, alles, von Brittany bis Catalon, von Catalon bis zu dem aufgelassenen Dorf südlich von Turs, schaute ich über den Fluß in die Wälder. Der Regenpfeifer rief, Reiher segelten zu den Fischgründen. Und beim Erzählen meiner Geschichte wurde mir erstmals klar, daß man's ein Wunder nennen mußte, daß ich überhaupt noch da war, atmete und lebte. Und daß mir dabei Tränen in den Augen standen, konnte der Rab nicht bemerkt haben. Nach meinem langen Bericht hatte die Sonne längst den Mittagspunkt überschritten, war auf dem Weg in den Westen und stand uns beiden ins Gesicht und blendete.

Ein langes Schweigen folgte. Der Rab kletterte zwischendurch vom Karren, führte die Maultiere an einen neuen Weideplatz, und ich hängte derweil unsere Schuhe in die Sonne. Sobald das Leder trocken war, würde ich Bucheckern sammeln, Öl quetschen, um die Schuhhäute wieder wasserfest zu machen.

»Es ist nicht leicht, ein *giu* zu sein«, meinte der Rab, als er wieder an meiner Seite Platz genommen hatte. »Aber ein Mensch mit dem Körper einer Frau, das ist womöglich noch schlimmer. In unserem Morgengebet danken wir Männer dem Ewigen, nicht als Frau erschaffen zu sein.«

»Das klingt gemein«, sagte ich. »Aber es stimmt ja. Uns Frauen bleibt nur ein Trost, unsere Kinder.«

»Du hast dich aber mit Händen und Füßen gesträubt, ein zweites Mal verheiratet zu werden«, erinnerte mich der Rab.

»Doch nicht mit Gozlin«, schnaubte ich.

»Und was hält dich davon ab?« wollte er wissen. »Hat er Aussatz, fürchtest du, der Mann könne dir keine Kinder schaffen, oder ist dieser Gozlin ein gewalttätiger Mensch?«

Ich wurde schrecklich verlegen, schaute auf meine Finger. Die Nägel mußte ich mir schneiden. Beim Rab sind sie kurz und immer sauber, dachte ich zusammenhanglos, denn ich wollte mich nicht an Gozlin und den Schweinestall erinnern.

»Gozlin stinkt«, stieß ich schließlich hervor. »Rosenöl finde ich einfach ekelhaft.«

»Kleine Nokrit, das kann doch nicht wahr sein«, meinte der Rab und lachte. »Hast du überhaupt eine Ahnung, was ein einziger Tropfen Rosenöl kostet?«

»Egal, mir stinkt's«, fuhr ich auf. »Ich denke dabei an Schweinestall.«

Der Alte gab keine Ruhe. Ja, er verteidigte Gozlin, legte mir nahe, alles noch einmal zu überdenken, nach Catalon zurückzukehren, ja, so redete er, bis ich es nicht mehr mit anhören konnte. Ich schrie ihn an: »Aber dieser Mensch muß sich doch nicht an den Schweinen zu schaffen machen!«

»Wieso nicht?« sagte der Rab. »Wenn er der Verwalter —«

»Aber doch nicht mit einer *action naturelle*!« fauchte ich böse. »An ihrer *féminité* —«

Jetzt endlich hatte er verstanden. Ich spürte es, ohne ihn anschauen zu müssen. »Wie soll ich mich von so einem anfassen lassen«, schloß ich matt. »Und jedesmal, wenn ich dieses widerliche Rosenöl rieche, sehe ich diesen Menschen wieder hinter dem Schwein auf seinen Knien.«

»*Arur schokeb im-kol-behema*, verflucht sei jeder Mann, der bei einem Tier liegt, schreibt Mosche«, sagte der Rab böse. »Nach den Gesetzen unseres Volkes wird ein solcher Mensch gesteinigt.«

»Endlich verstehst du«, sagte ich.

»Ja, immer besser«, meinte der Alte nachdenklich. »Von Rechts wegen hätte dein Mann dich auszahlen müssen. Da hatte er aber jemanden an der Hand, der Brautgeld und Morgengabe versprach, und so konnte er dich mit leeren Händen lassen. Ich wünsche diesem Gozlin, daß die gehörnten Wespen ihn aufgefressen haben. Das wenigstens hätte er verdient. Und wenn du mich fragst, kleine Nokrit, dein Mann Boggis ebenso.«

»Nein, wo Sunhar doch mit dem Kind ist«, weinte ich los, wischte mir die Nase und fragte: »Können Hornissen einen Menschen wirklich totstechen?«

»Wenn's durch den Hals geht oder in den Mund, dann sicher«, sagte der Alte. »Man muß schon Glück haben, um den Angriff eines ganzen Schwarms zu überleben.«

Ich bekreuzigte mich und hielt verlegen mitten in der Bewegung inne. »Das magst du sicher nicht«, sagte ich. »Ich tu's manchmal einfach aus Gewohnheit.«

Der Rab winkte ab. »Ach was, es stört mich nicht«, sagte er. »Die Römer haben Tausende von uns gekreuzigt, Tausende. Euer Joschua war nur einer davon. Und die Söhne Jischmaels tun's mit uns manchmal noch heute. Daran denke ich, wenn ich sehe, wie du das Kreuz über dich schlägst.«

Das war das Ende einer langen Unterhaltung. Ich fühlte mich

unsäglich erleichtert. Nicht daß mir alles gefallen hätte, was der Rab vorgebracht hatte. Doch ich hatte mich endlich ausgesprochen, sogar in der Sache mit dem widerwärtigen Gozlin, die ich noch nie einem anderen Menschen gegenüber erwähnt hatte.

Beim Weiterziehen hielt ich mich neben dem Rab. Er faßte links vom Gespann, ich rechts ins Halfter. Und als er irgendwann beiläufig erklärte, auch sein Weg führe in den Süden, da hätte ich den Mann am liebsten umarmt. Bedeutete das doch nach seiner Regel gegenüber dem falschen Priester: ›Ein Kluger versteht von einem Wort zwei‹, daß der Alte mir's freistellte, weiter mit ihm zu gehen. Und was hätte mir Besseres widerfahren können!

# Deus lo volt

Wir durchquerten eine Furt in der Morgenfrühe und befanden uns nun, wie der Rab mir erklärte, am westlichen Ufer des Clain. Die Sonne ging helleuchtend, weiß auf, versprach einen warmen Tag, und wechselnde Winde hatten nach dem gestrigen Regenvormittag den Erdboden getrocknet, so daß wir leicht vorankamen.

Schon gestern abend, als ich, in meine Decke gerollt, mich auf einem Laub- und Reisiglager zum Schlafen legte, hatte die Luft ein anhaltendes schwaches Geräusch an meine Ohren getragen. Ein ungewohntes Geräusch, das ich nicht einordnen konnte und das mit zunehmender Dunkelheit verebbte. Jetzt vernahm ich es wieder, jedoch näher. Es klang wie das Rauschen vieler Wasser, aber eben doch anders, oder wie wenn der Wind sacht durch ein Gehölz fächelt; doch dies ferne, seltsam an- und abschwellende Geräusch war gut vom Wind zu unterscheiden, der durch die Baumwipfel strich. Mir jedenfalls klang es bedrohlich.

Ich warf dem Rab einen Blick zu. Der redete mit der Bless und schien dem Geräusch keine besondere Beachtung zu schenken. Unsere Doggen dagegen spitzten ebenfalls die Ohren. Also bildete ich mir das Ganze nicht bloß ein.

»Rab, da ist was in der Luft, dieses Geräusch, horch mal genau hin«, sagte ich und wies nach Süden.

Der Alte legte den Kopf schräg nach rechts, lauschte und zuckte die Schultern. »Ich höre nichts«, sagte er. »Was hörst du denn?«

»Weiß ich nicht«, sagte ich. »Es schwirrt, oder es summt, ich kann's nicht sagen.«

Colon knurrte, und der Rab drehte sich um. »Ja, da ist was«, sagte er. »Die Hunde sind unruhig. Meine alten Ohren wollen nicht mehr recht. Lauf voraus, da drüben ist eine Anhöhe.«

Lupo mir voran, hastete ich los. Mit meiner Dogge konnte ich wirklich nicht mithalten. Die setzte durchs Unterholz, daß ich regelrecht nicht nachkam, fand sogar noch Zeit, zwischendurch einem Stück Wild nachzusetzen. Endlich hatte ich die Kuppe erreicht und verharrte reglos, legte die Hände hinter die Ohren. O ja, hier oben war's ganz deutlich zu vernehmen! Es zischelte, murmelte und ratschte, mal stärker so, mal anders.

Lupo hockte sich auf die Hinterpfoten und sah mich fragend an.

»Tut mir leid, ich weiß es nicht«, sagte ich ihm. »Keine Ahnung, was das sein könnte. Ich versuch's mal mit einem Baum.«

Gleich mehrere Baumriesen hatten auf der Kuppe ihren Wurzelgrund gefunden, und ich wählte mir einen mit vielen Astsprossen. Im Nu stand ich zwischen den Ästen, während Lupo mich aufgeregt verbellte und vergebliche Anläufe unternahm, auch in den Baum zu springen. So ein verrücktes Vieh, sagte ich mir.

»Sitz, Lupo, Platz!« schrie ich hinunter. »Gleich bin ich wieder bei dir.«

Von unten her hatte der Baum nicht so gewaltig ausgesehen, jetzt wurde mir beim Klettern flau vor Höhenangst, wenn ich den Stamm entlang nach unten blickte, in Lupos Augen. Der saß und hielt wie der Rab seinen Kopf schief, äugte zu mir herauf, als verstehe er die Welt nicht mehr. Also, im Klettern bin ich doch besser als du, mein Lieber, dachte ich mit Befriedigung.

Ich kam an Reiherhorsten, kunstvoll aus Ästen, Zweigen

zusammengesteckt, vorbei, schaffte es noch mal, mit der Hand über mich zu greifen, das Bein nachzuziehen. *Cauptiliousement*, vorsichtig, mahnte ich mich. Denn das mit Moosen und Flechten besetzte Astholz war glitschig. Hinabzuschauen traute ich mich schon überhaupt nicht mehr.

Aber dann öffnete sich plötzlich ein Ausguck unter dem Wipfel, und bis dahin gelangte ich gerade noch, wenn auch mit zittrigen Händen. Ich verschaffte mir sicheren Halt, beide Füße gegrätscht auf einer Astspreize, und dann sah ich's. Hörte und sah auf einmal: Ja, dahinten, weit weg gegen Südwesten, doch deutlich zwischen einer breiten Flußgabelung zu erkennen, da glitzerte die Sonne auf Waffen, Zelten, und der Wind trug einen steten Schwall von Geräuschen aus dem Heerlager zu mir herauf in die Lüfte.

Einzelheiten konnte ich aus dieser Entfernung unmöglich unterscheiden. Aber ich wußte, was ich sah und hörte. Die Christen und die Sarazenen sammelten sich zur Schlacht gegeneinander. Boggis war sicher auch dahinten, Boggis, um den Sunhar jetzt bangte. Ich schickte ein Stoßgebet zum heiligen Martin. Noch weiter gegen Süden standen Rauchsäulen am Himmelsrand. Dörfer, Klöster oder Städte, die in Flammen aufgingen.

Jetzt wurde mir schlagartig das Ausmaß der Bedrohung klar. Die Sarazenen würden ganz Gallien überrennen, verbrennen, wenn's dem Princeps Carl und seinen Männern nicht gelang, den Söhnen Jischmaels Einhalt zu gebieten. Und ich schickte ein zweites Stoßgebet in den Himmel; diesmal zur Mutter Gottes und ihren Engeln.

Lange konnte ich meine Augen nicht von dem Geschehen in der Ferne losreißen. Dann hörte ich Lupo. Er hatte Angst um mich. Ich war verschwunden, seine Nase konnte mich nicht mehr erreichen. Lupo bellte verzweifelt, als ginge es ihm ans Leben.

»Ich komm ja schon«, flüsterte ich.

Mit einem Mal fürchtete ich, sarazenische Krieger könnten auch hierher in die Wälder ausgeschwärmt sein. Aber nein, sagte ich mir, wir sind weitab vom Schuß, haben die Chance, uns in Sicherheit zu bringen.

»Ich komm ja schon«, rief ich, diesmal laut, nach unten. Lupo hatte recht, mich zu mahnen, die Zeit drängte. Ein letztes Mal nahm ich die ferne Szene mit meinen Ohren und Augen auf. Das brandende Geräusch, die Flußgabelung dahinten, die Heerhaufen und die Brandsäulen, und machte mich schleunigst an den Abstieg.

Lupo geriet beinahe außer sich, als er mich wieder nah genug bei seiner Nase hatte. Ich sah ihn um den Baum tanzen, gegen den Stamm springen, und ich dachte, gleich schafft er's wirklich noch bis in die Äste.

Dann war ich abgesprungen, und ehe ich noch richtig auf den Beinen stand, war er schon auf mir, bellte, kläffte, leckte mich ab, fuhr mit seinen Tatzen über mich, daß ich schon fürchtete, gleich brächte mich der Kerl vor lauter Wiedersehensfreude um.

»Aufhören, aufhören«, befahl ich ihm und wehrte mich mit Händen und Füßen. »Aufhören! Sofort, du dummer Kerl, ich lauf dir doch nicht noch mal davon. Was denkst du denn, ich habe versprochen, wir bleiben zusammen! Also, gib Ruhe.«

Langsam kam er zu sich, und wir liefen hangabwärts, um unseren Rab Jakob zu finden. Der hatte sich mit seinem Gespann nicht von der Stelle bewegt und empfing mich mit fragenden Blicken.

Ich war viel zu aufgeregt, um alles der Reihe nach zu berichten. Durch geduldiges Fragen und Nachfragen aber hatte der Rab schließlich alles aus mir herausgeholt, was er in Erfahrung bringen wollte.

»Ich denke, wir haben hier ein sicheres Versteck, wir sollten uns nicht von der Stelle bewegen«, schloß ich meinen Bericht.

Der alte Rab wiegte den Kopf, musterte unsere Umgebung. Ein überwachsener Weg, Buchsbaum, Liguster, Ebereschen drängten sich um uns, ein Bachlauf durchschnitt den Weg, Schwarzpappeln und Silberweiden wurzelten an seinen Ufern, Pilze steckten ihre Köpfe durchs Moos, eine graubraune Eidechse huschte den Ahorn hinauf, erstarrte und beäugte uns. Ja, dachte ich, einen besseren Schlupfwinkel konnte es nicht geben.

»Du mußt für dich entscheiden, kleine Nokrit«, sagte der Rab. »Es hat nämlich mit meiner Halacha, der Religion, zu tun. Heute abend beginnt der Schabbat, da bleibe ich an einem Ort. Das ist uns vom Ewigen vorgeschrieben. Hier unten aber möchte ich nicht den ganzen Tag verbringen. Es wäre eine Falle. Im Notfall merkst du zu spät, wenn jemand sich anschleicht, und mußt du dann ausreißen, kommst du nicht vom Fleck. Ich möchte mir einen anderen Schabbatort suchen. Wie gesagt, das gilt nur für mich.«

Ich schwieg still. Denn ich konnte wahrhaftig nicht glauben, was ich da hörte. Da waren Hunderte, nein, bestimmt Tausende von Männern, bis an die Zähne bewaffnet, bereit, Blut zu vergießen, in allernächster Nähe, und der Mann hatte nichts im Kopf als sein Feiertagsgebot.

Selbstverständlich hatte auch Vater in Glanfeuil auf Einhaltung der Sonntagsruhe geachtet, denn mein Vater war ein frommer Mann. Wenn jedoch ein Gewitter drohte und der Weizen reif auf den Feldern stand, gingen wir in Glanfeuil auch sonntags ans Werk, ließen womöglich sogar im Kloster die Messe aus. Oder ein Tier war zur Notschlachtung fällig, eine Kuh, ein Ochse, oder einfach die Käselaibe in der Küche mußten gewendet werden. Wenn's sein mußte, eben auch am Dies

Dominicus. Und der Rab tat, als stünde an seinem Schabbat die Welt still. Dabei standen die Sarazenen uns fast schon auf den Zehen! Aber ich hielt den Mund.

»Nun denn, weiter geht's«, verkündete der Rab und gab seinem Maultier einen Klaps. Ich faßte nach dem Halfter der Bless.

»Du willst mit?« fragte der Alte.

Ich murmelte zustimmende Laute und trieb mein Maultier an.

»Beim Ewigen, das ist Mut oder Übermut – ich weiß nicht, ob ich dich mitlassen soll«, sagte der Alte. »Auf deine Verantwortung also, aber du weißt nicht, worauf du dich einläßt.«

»Du hast bisher auch überlebt«, erklärte ich so überzeugt, wie ich konnte. Und das stimmte ja auch.

»Der Ewige, gelobt sei sein Name, er verhüte, daß uns mehr auferlegt wird, als wir tragen können«, antwortete der Rab.

Ja, wir zogen nicht nur weiter, sondern geradewegs der Gefahr entgegen, immer dem westlichen Ufer des Clain entlang. Das drohende Geräusch in den Lüften nahm zu. Lupo rannte aufgeregt voran, kehrte wieder um, fiepte herzzerreißend, hob fragend den Kopf. Ich reagierte nicht. Was hätte ich ihm auch sagen sollen?

Selbst die Ohren des Alten mußten jetzt den an- und abschwellenden Lärm wahrnehmen.

Meine Unruhe jedenfalls wuchs von Stunde zu Stunde so sehr, daß sie sich sogar übers Halfter auf das Maultier zu übertragen schien. Es warf den Kopf hoch, schüttelte sich, geriet aus dem Tritt. Schließlich befahl mir der Rab, das Halfter loszulassen, damit ich das Tier nicht behindere. Ich gehorchte.

Dem Rab war keine Unruhe anzumerken. Nachdem wir zur Mittagszeit die Tiere ausgespannt hatten, wusch er seine

Hände an einem kleinen Quellort, legte das Fransentuch über die Schultern und betete laut, die Arme hochgereckt.

Und ich wünschte, ich hätte wenigstens ein einziges Haar vom heiligen Martin bei mir. Warum hatte ich Bectra nicht darum gebeten? Ich hätte mich dann wenigstens nicht so schutzlos gefühlt angesichts der Gefahren, in die wir beharrlich hineinsteuerten.

Den Rab hielt es nicht lang am Rastplatz. Es reichte mir gerade, mir den Mund mit Holzbirnen und Mehlbeeren vollzustopfen. Das letzte warme Essen hatte es bei Sunhar gegeben, fiel mir beim Kauen ein. Warme Mahlzeiten vermißte ich jedoch nicht sonderlich. Die Bretonen hatten uns ständig mit Essen kurz gehalten. Wir mußten uns selbst die Nahrung zusammenklauben, wenn wir überhaupt einigermaßen satt werden wollten. Und das war für mich jetzt in den herbstlichen Wäldern auch nicht schwierig. Beeren, Baumfrüchte, Nüsse wuchsen in solchen Mengen, daß man sich leicht Taschen und Backen füllen konnte. Als ich von meiner Essensrunde zum Karren zurückkehrte, pfiff der Alte gerade seine Dogge herbei. Colon erschien, ließ sich anleinen, und irgendwann tauchte auch Lupo aus den Büschen auf. Beide hatten zusammen gejagt und leckten sich zufrieden die Schnauze.

»Du hast zwei Heerhaufen gesehen?« vergewisserte sich der Rab, nachdem er mich an seine Seite gewinkt hatte. »Kein Schlachtgetümmel, keine brennenden Zelte?«

»Nein«, bekräftigte ich. »Soweit ich das von meinem Baum aus erkennen konnte.«

Den Kopf schräg, die Augen geschlossen, horchte der Rab in die Ferne. »Es hört sich nicht an, als seien die Männer bereits aneinandergeraten«, sagte er. »Ich vermute morgen, am Schabbat, kommt's zur Begegnung zwischen ihnen.«

»Verstehst du dich aufs Wahrsagen, aufs Losdeuten?« fragte ich ungläubig.

Der Rab lachte und wehrte ab. »Nein, nein«, sagte er. »Ein Greuel in den Augen des Ewigen ist alle Orakelkunst. Es ist der Kalender, der's mir sagt. Morgen beginnt nämlich im Kalender der Söhne Jischmaels ein heiliger Monat, ihr *ramadan*. Hast du schon den Namen Muhammad gehört? Oder, wie man ihn in Gallien auch nennt, Mahum beziehungsweise Mahumet?«

»Nie«, antwortete ich. »Ist das auch einer von den Sarazenen?«

»Der erste sogar, ihr Gesandter, ihr Prophet«, erklärte mir der Alte. »Muhammad hat seinen Leuten ein heiliges Buch geschenkt, den Koran. Und dieses Buch hat Muhammad von Allah, wie sie den Ewigen nennen, im Monat *ramadan* ausgehändigt bekommen. Deswegen ist der *ramadan* den Söhnen Jischmaels heilig.«

»Du kennst dich wirklich in tausend Sachen aus«, sagte ich bewundernd. »Woher weißt du das alles? Hast du mit ihrem Mahum geredet? Und denkst du, er wird selbst mit seinen Leuten gegen den Princeps kämpfen?«

Der Alte scheuchte eine Bremse von seiner Backe. »So spät noch im Jahr«, sagte er verärgert. »Diese Plagegeister wollen keine Ruhe geben!« Dann fuhr er fort: »Also, was Muhammad, den Propheten der Söhne Jischmaels, betrifft, der ist längst tot. Wie dein römischer Urgroßvater. Zu Ehren seines Namens aber werden die Söhne Jischmaels alles daransetzen, die Franken zu besiegen.«

Zorn stieg in mir auf. »Du sprichst, als wären diese Ungläubigen deine Freunde!« stieß ich böse hervor, wandte mich ab und kehrte an meinen Platz hinter dem Wagen zurück.

Vielleicht sollte ich mich doch noch selbständig machen, überlegte ich. Aber dazu war es zu spät. Mit Mahums Leuten in unmittelbarer Nähe, da war ich bei dem Alten mit seinem flüssigen Feuer vielleicht doch besser aufgehoben.

Die Sonne meinte es wirklich gut mit uns, wenn man von den Bremsen und Stechmücken absah, die sich heute besonders aufdringlich gebärdeten. Doch die Wege wurden fest, ich mußte kein einziges Mal mit in die Räder greifen. Hätte uns nicht ständig dieses drohende Geräusch in der Luft begleitet und hätte ich nur die schwarzseherischen Worte des Rab vergessen können, wäre ich jetzt auf Gedankenreisen gegangen. Um diese Zeit im Jahr würden in meinem Weinberg die letzten Trauben reifen, und danach würde ich ganz Bigorra in mein Hofgut einladen, ein Ochse brutzelte am Spieß, wir alle würden tanzen, in die Hände klatschen, fröhlich sein und uns mit Weinreben bekränzen, uns des Lebens freuen – aber, ach ja, dies war keine Zeit für meine Träume. Wer weiß, ob ich am Abend des nächsten Tages noch da war, noch atmete und lebte. Ich seufzte. Wie sollte man jemals seines Lebens froh werden, solange all diese schrecklichen, furchterregenden Dinge geschahen?

Die Sonne stand noch ein paar Fingerbreit überm Himmelsrand, als der Rab sich nach mir umschaute und das Gespann anhielt. Wir hatten eine flache Senke unterhalb einer kleinen Anhöhe erreicht, die in ein weites Grasland auslief, das mit vereinzelten Bauminseln bestanden war.

»*Vieux amis, vieux écus*, alte Freunde, alte Wege«, sagte der Alte und wies mit einer Kopfbewegung auf die dornenüberwucherten Mauerreste in einem Eichenwäldchen. »Ich habe hier schon mehrmals übernachtet«, erklärte er mir. »Es ist ein verfallener Gutshof aus den Römertagen, eine alte Villa. Da gibt es ein Gewölbe, wo ich meine Waren über Schabbat unterbringen kann.«

Der Einstieg des ehemaligen Kellerraums war zugewachsen. Wir stellten unsere Weidenkörbe ab.

Gebückt tastete der Rab die rechte Eingangsmauer ab, kratzte einen Ziegel frei und löste ihn aus der Wand. Aus der Höhlung förderte er eine kleine Metallkapsel zutage, wischte sie mit dem Ärmel sauber, öffnete einen Verschluß. Ich schaute ihm neugierig über die Schulter. Ein Lederröllchen kam zum Vorschein. Jakob preßte es ehrfürchtig gegen seine Stirn, dann entrollte er den Streifen. Die viereckigen Zeichen mußten wohl Buchstaben sein, denn der Rab las sie mit murmelnder Stimme vor, den Oberkörper leise vor- und zurückschwingend. Ich verstand auch diesmal kein Wort. Nachdem er das Leder von allen Seiten geprüft hatte, rollte er es wieder ein, legte die Kapsel zurück an ihren Platz und verschloß die Höhlung.

»Eine *mezuza* ist das«, erklärte er mir. »Gottesworte zum Schutz des Ortes.«

Dann nahm er seinen Korb auf, bückte sich und verschwand im Dunkeln. Nach und nach trugen wir die Karrenladung hinab ins unterirdische Gewölbe. Die runden oder viereckigen Körbe und Körbchen hatten alle kein großes Gewicht. Gold, Edelsteine konnten darin nicht verborgen sein. Aber was dann? Auch die Waffen der Banditen beförderte der Rab in die Tiefe. Übrig blieben auf der Ladefläche lediglich einige Körbe mit Glaswaren und Kräutern, ein Packen abgelegter Kleider. Der Alte zog daraus eine dunkle Kappe hervor, die er mir vermachte.

»Besitzt du eigentlich eine Hundeleine?« fragte er mich.

Ich verneinte.

»Dann nimm diesen Strick hier«, sagte er. »Kannst du einen Schlingknoten knüpfen, der dem Tier den Hals nicht zuzieht?«

»Natürlich kann ich das«, sagte ich und bewies es mit drei, vier Handgriffen. »Und was wird jetzt mit dir?« wollte ich wissen.

»Bis morgen zum Sonnenuntergang findest du mich hier zwischen den Mauern«, sagte mir der Alte. »Ich sorge selbst für die Maultiere. Zwischen den Gebetszeiten ruhe ich, esse oder sage mir Worte der Tora und aus den Schriften unserer Weisen vor. Auf Reisen nehme ich keine Bücher mit. Aber wenn du schon keine Bücher zur Hand hast, mußt du sie wenigstens im Kopf haben.«

Er lächelte mir zu. »Du solltest deine Augen sehen, kleine Nokrit«, sagte er beinahe zärtlich. »Jedesmal, wenn die Rede auf Bücher kommt, wenn wir vom Lesen, vom Schreiben reden, dann machst du ein Gesicht wie gestern der *galach*, bevor ich ihm das Leben abschnitt. Genauso begehrlich.« Der Rab legte mir die Hand auf den Arm. »Und jetzt schaust du sogar unter dich. Ist es so schlimm?« fragte er.

»Ich bekomme nicht mal die Worte vom Paternoster zusammen«, gestand ich unglücklich. »Wirst du mir dabei helfen?«

Der Alte nahm seine Hand von meinem Arm und platzte mit einem langgezogenen Gelächter heraus. Ich schämte mich noch mehr, bereute, ihn überhaupt um den Gefallen gefragt zu haben.

Er bemerkte mein gekränktes Gesicht und sagte begütigend: »Weißt du, ihr Nokrim habt eure, wir haben unsere Gebete. Aber ich helfe dir. Schließlich war euer Joschua auch ein *giu*. Tut mir leid, daß ich gelacht habe. Du sollst dein Paternoster haben, und wenn du willst, kannst du später das eine oder andere von unseren Gebeten noch dazulernen. Zufrieden?«

»Danke, danke«, sagte ich und strahlte den Alten an, wenn ich ihn auch lieber noch umarmt hätte. »Und Lesen, Schreiben, das alles bringst du mir dann auch bei?«

»Alles, was du willst, kleine Nokrit, und Rechnen noch außerdem. So, und jetzt suche ich mir meinen Schabbatplatz, und wenn's gefährlich wird, dann kommst du zu mir.« Damit verschwand er in dem Eichenwäldchen.

Ach ja, manchmal mußt du eben im Leben auch Glück haben, sagte ich mir, als ich dem Rab nachschaute. Allein schon dafür hatte es sich gelohnt, von Catalon wegzulaufen. Denn sonst hätte ich nie im Leben diesen Mann, den alten Jakob, getroffen. Ja, den Heiligen sei Dank, diesmal hatte ich wirklich Glück, sogar großes Glück gehabt!

Ich rief Lupo herbei, der sich in Colons Nähe herumtrieb, legte ihn an die Leine und machte mich auf, das Gelände zu erkunden.

Ich nahm mir Zeit. Der Sonnenball stand noch überm Himmelsrand. Das weite wilde Grasland mit seinen roten Ebereschen, den bunt gefärbten Kastanienriesen und wilden Obstgehölzen, die voller Mistelkugeln hingen: das alles war früher sicher das Ackerland der Villa gewesen, sagte ich mir. Und in meiner Phantasie sah ich Wagen mit Getreide durch die Landschaft rumpeln, Sklaven, die in langen Reihen die Rübenfelder durchhackten, wie ich noch vor kurzem in Brittany. Ja, ich konnte mir den Gutsbetrieb in allen Einzelheiten ausmalen.

Dann kehrte der summende Lärm von jenseits der Hügelkuppe in mein Bewußtsein zurück. Das Tageslicht würde gerade noch reichen, einen Blick auf die andere Seite zu werfen.

Von Buschhecken versteckt, begann ich mit Lupo den Aufstieg. Die Dogge zerrte ungeduldig an dem ungewohnten Strick. Aber es war schon besser, sie unter Kontrolle zu behalten, die Gefahr war zu gegenwärtig, zum Greifen nah. Also wandte ich einfach den Kopf zur Seite, wenn sie mich mit ihren lieben Augen anbettelte, sie doch wieder frei laufen zu lassen.

Nur wenig später war ich heilfroh, daß ich mich nicht hatte erweichen lassen. Ich hatte mich durch Feuerdorn und Mehlbeeren halbwegs den Hang emporgearbeitet, da sah ich am

Waldsaum des Graslands vier Reiter auftauchen. Schleunigst duckte ich mich in eine Steinmulde. Den Heiligen sei Dank, daß wir nicht gegen den Wind standen, sonst hätte Lupo schon längst angeschlagen. Und wenn er das tut, mich warnen will, dann hört man das meilenweit. So liefen meine Gedanken im Dreieck: Hoffentlich kriegt Lupo nichts von den Reitern mit und die nicht von ihm, damit ich von den Männern verschont bleibe.

Ich blinzelte zwischen den roten Beeren zum Waldrand. Die vier zügelten ihre Pferde, besprachen sich, einer wies in die Richtung der Kuppe. Die Pferde stürmten los. Das Herz zersprang mir beinah vor Schreck. Aber entdeckt haben konnten die mich nicht. Noch nicht. Jetzt vernahm ich prasselnde Hufschläge.

Tief in die Kuhle gepreßt, redete ich Lupo leise, doch mit aller Strenge zu. »Du gibst nicht Laut, verstehst du? Oder ich binde dir die Schnauze zu«, drohte ich ihm.

Ja, selbstverständlich hatte auch Lupo die Hufschläge vernommen. Sein Nackenhaar sträubte sich, die Ohren waren gespitzt, und sein Schwanz zuckte.

»Du bleibst bei mir liegen, verstanden?« zischte ich ihm ins Ohr.

Da hatten die Pferde unter mir auch schon den Fuß der Kuppe erreicht. Die Männer sprangen ab und eilten den Hang herauf. Ich hörte sie geräuschvoll den Atem einziehen. Aufzublicken wagte ich nicht. Meine Ohren sagten mir genug.

Fremde Zurufe schnappte ich auf, Gesprächsfetzen, Gelächter, dazwischen eilig stapfende Schritte. Ein Stein löste sich und holperte in meine Richtung. Und wenn der mir auf den Kopf geschlagen wäre, ich hätte mich nicht gerührt, mein Leben war mir lieber.

Unterdessen sprach ich flüsternd weiter mit Lupo, den ich mit dem Gewicht meines Körpers am Boden hielt. Er mochte das nicht, versuchte sich herauszuwinden, bis ich ihm ein wenig mehr Bewegungsfreiheit einräumte.

»Aber die Schnauze hältst du unten«, ermahnte ich ihn, mein Gesicht gegen seine warmen Lefzen gepreßt. »Die machen mich tot, wenn sie mich erwischen. Vor denen kannst du mich nicht beschützen.«

Und, was ich vorher nie für möglich gehalten hätte, meine Dogge hielt Ruhe, völlige Ruhe. Vielleicht, weil's ihr gefiel, mit mir aneinandergekuschelt zu sein, mein Gesicht an ihrer Schnauze.

Dann stürmten die Männer hangabwärts an meinem Versteck vorbei. Lupo ließ ein leises Knurren vernehmen, und ich verging fast vor Angst, einer der Männer könnte es gehört haben. Aber die vier sprachen laut und lärmend miteinander, ihre Fußtritte dröhnten, und dann waren sie aus meiner Nähe verschwunden. Ich traute mich, den Kopf anzuheben und zu blinzeln.

Jetzt waren sie unten bei ihren Pferden, die, ohne angeleint zu sein, auf ihre Herren gewartet hatten. Die Männer sprangen auf, ich sah Bogen und Pfeilköcher über ihren Schultern, fliegende bunte Farben, hörte anfeuernde Zurufe, und dann stob die kleine Schar von dannen. Ich atmete auf vor Erleichterung und küßte Lupo ab.

»Das haben wir gut gemacht«, lobte ich uns. »Sarazenen waren das, Ungläubige. Wenn die uns hier entdeckt hätten, was denkst du, was passiert wäre! Aber du bist musterhaft gehorsam gewesen.«

Der obere Sonnenrand verschwand gerade hinter dem Wald. Es würde noch ein wenig hell bleiben. Lang genug, daß ich noch zur Kuppe hinaufkonnte. Jetzt vernahm ich bereits einzelne Geräusche, die aus der Lärmwolke über mir drangen. Sehr schwach, doch ich konnte sie unterscheiden. Hohes Wiehern von Pferden, klirrendes Eisen.

Als ich gebückt die Höhe erreicht hatte, sah ich die beiden Heerlager jenseits des Flusses unter mir in ihrer vollen Ausdehnung. Geradeaus vor mir Zelt an Zelt, bunt bebändert, darunter viel Grün in allen Schattierungen, Wachfeuer wie Leuchtkäferpunkte. Unten durchquerten gerade vier Reiter die Flußfurt. Das mußten meine Besucher sein, sagte ich mir und duckte mich noch tiefer, daß man nicht meinen Umriß gegen den Himmelsrand sah.

Linkerhand das Heer des Princeps. Zwischen Reiserhütten und Leinenzelten ein hohes Kreuz. Und wenn der alte Jakob recht behielt, würden Christen und Sarazenen im Morgenlicht des Dies Sabbati übereinander herfallen.

Die Dunkelheit schritt rasch voran. Plötzlich breitete sich im Lager der Sarazenen Ruhe aus. Nichts bewegte sich mehr. Ich glaubte einen fernen Sington zu vernehmen, ähnlich wie bei uns Franken die Priester aus den Evangelien singen, nur langgezogener, voller. Dann zerspaltete ein vieltausendköpfiger Aufschrei die Luft.

»*Allahu akbar*«, glaubte ich zu verstehen, mehrmals hintereinander, wie verschiedene Echos hörte sich's an, dann »Muhammad«, das Wort, das der Rab mir erklärt hatte. Es war der Name ihres Propheten. Ich war beinah stolz auf mich, wenigstens das Wort *allahu* und den Prophetennamen in dieser fremdländischen Sprache zu verstehen. Ja, das war auch eins von den Dingen, die ich schon in Brittany begriffen hatte: Du lernst schnell die Sprache deiner Herren, oder du wirst sie niemals lernen, weil sie dich vorher totgeschlagen haben. Ich hatte schnell, sehr schnell gelernt, denn ich wollte überleben.

Mit einem Ruck kehrte ich aus meinen Erinnerungen zurück. Jetzt nämlich erhob sich im Lager des Princeps ein ähnlich vielstimmiges Geschrei wie bei den Sarazenen. »*Deus lo volt!*« hörte ich's rufen, die Antwort der Christen: »Gott will es!«

Und ich dachte, im selben Augenblick steht vielleicht der alte Jakob an seinem Schabbatort im Eichenwäldchen und ruft dort mit erhobenen Händen ebenfalls den Ewigen an. Wer soll das alles verstehen!

Ich wandte mich mit Lupo zum Gehen.

Im Westen stand die dünne Sichel des jungen Mondes über den Wäldern. Ruhig, so unberührt von der lärmenden Unruhe hinter mir zwischen den Flüssen. Ach ja, wenn Wünsche Flügel hätten! Dann hätte ich mich an diesem Abend, in dieser halbdurchwachten Nacht, als die Lagerfeuer der feindlichen Heere den Himmel röteten, dorthin gewünscht. Zu ihm, auf den Mond. Denn mir graute vor dem kommenden Tag.

Diesen Tag wirst du nie vergessen, Itta von Glanfeuil, sagte ich mir nach dieser Nacht, sagte ich mir an diesem blutigen, blutrünstigen Morgen. Nicht dieses Bild von dir, wie du zusammengekauert im borstigen Ginster kniest. Du wirst nicht vergessen, daß Lupo an diesem Morgen wie besessen den Hang hinauf und wieder abwärts fegte, jaulend, winselnd, wie er hechelnd in deinen Armen Schutz suchte, lange Fäden milchigen Geifers von seinen Lefzen tröpfelten, und wie er sich im nächsten Augenblick deinen Armen entwand, das Nackenhaar gesträubt, die Fänge entblößt, hinunter auf den Kampfplatz starrte. Nein, und du wirst dein Lebtag nicht dieses Gefühl vergessen, sagte ich mir, dein Gefühl, Itta, als du in einer Mischung von Rausch und Ekel verfolgt hast, wie der Kampf zwischen den beiden Heeren entbrannte, du mit der Hand vor den Augen, zwischen den Fingern blinzelnd, hin- und hergerissen zwischen Entsetzen, Trauer und Wut. Nein, das alles werde ich nicht vergessen, sagte ich mir noch mal, nicht bis an den Jüngsten Tag. Denn der konnte nicht schlimmer sein als das, was sich hier vor meinen Augen zutrug.

Wieder und wieder stürmten Rosse und Reiter der Sarazenen

auf die Franken ein, überschütteten ihre Krieger die Männer des Princeps mit Wolken von Pfeilen, schleuderten ihre Lanzen, sammelten sich erneut und preschten abermals, den Namen Gottes im Mund, auf den Gegner los. Pferde stürzten, schrien, Schläge prasselten, Schwerter hackten in Fleisch und Blut, Haut und Knochen, Blutströme entquollen den berstenden Wunden, die gebuckelten Schilde dröhnten. *Allahu akbar! Deus lo volt!*

Die Männer des Princeps aber standen wie eine Mauer aus Eis, mit überlappenden Schilden. An ihren Wurfbeilen, an ihren furchtbaren zweischneidigen Schwertern, an ihren mit Widerhaken bewehrten Lanzen zerbrach jeder Angriff der sarazenischen Reiter. Und jedesmal, wenn die Sarazenen unter den grünen Bannern sich wieder sammelten, um aufs neue auszuholen, rückte die Mauer der Franken einen Schritt weiter gegen die bunten Zelte vor, mit der Gewalt eines Eisenhammers. Carls Männer stiegen über Verwundete, Tote, niedergerissene Pferde, ohne die Deckung ihrer Schilde zu verlieren, erwarteten den nächsten Angriff und rückten abermals einen Schritt vor. Eine unbezwingbare Mauer aus Eisen, die unter der bleichen Sonne gleiste wie frostglitzerndes Januareis.

Ich wollte meine Augen abwenden und konnte nicht. Krähenschwärme sammelten sich über den blutbespritzten Männern, die ersten Aasvögel ließen sich schon aufs Leichenfeld nieder. Der Schwertlärm wurde zu einem einzigen durchdringenden Schrei, von dem die Wälder und Hügel widerhallten. Diana, die uralte heidnische Gottfrau, ritt mit ihren Hunden, fauchend vor Kampfeswut, durch die Lüfte.

Ach nein, ich konnte in diesem Aufruhr meiner Gefühle keiner der beiden Seiten Sieg wünschen. Mir war, als würde dieses Gemetzel da unten nicht eher enden, bis Christen und Sarazenen, einer den anderen, sich alle gegenseitig umgebracht hatten. Anders konnte das Hacken und Stechen, dieses Mordgetümmel keinen Einhalt finden, anders nicht, als daß keiner mehr übrigblieb.

Ich wollte Lupo bei mir haben, mich an ihm festhalten, trösten. Doch Lupo war verschwunden. Mühsam auf die Füße stolpernd rief ich nach ihm, schrie vor Angst, suchte die Umgebung mit meinen Augen ab, rannte schreiend den Hügel hinunter und wieder hinauf – und fand meinen Hund unterhalb der Kuppe, schwer atmend, mit geschlossenen Augen hinter einer Stechpalmenhecke. Ich kniete mich zu ihm, besorgt, schluchzend vor Aufregung, rief leise seinen Namen. Und Lupo öffnete träge die Augen, leckte meine Hand und legte dann den Kopf zurück auf die Pfoten. Guter Gott, dachte ich, was jetzt? Erst langsam dämmerte es mir. Dem Tier war die blutige Erregung einfach zuviel geworden. Lupo hatte sich zurückgezogen, um zu schlafen. Ich streichelte ihn behutsam, den Hals zugeschnürt vor Tränen.

Dann schrie es tausendfach auf hinter dem Hügel. Ich riß mich von Lupo los und erreichte keuchend die Kuppe, roch es schon vorher, sah es jetzt auch. Die bunte Zeltstadt stand himmelhoch in Flammen! Die Reihen der Sarazenen zersplitterten, Reiter wandten ihre Pferde zur Flucht, und dann zerbrach auch die Eisenmauer der Franken. *Deus lo volt! Deus lo volt!* schallte es über das Schlachtfeld, und jetzt stürzten sich die Franken auf alles, was sie mit ihren Wurfbeilen und Schwertern erreichen konnten, und hieben die Flüchtigen Schlag auf Schlag, einen nach dem anderen nieder.

Ich hatte genug gesehen. Die Augen zu Boden geschlagen, setzte ich mich zu Lupo. Neina, diesen Tag würde ich nie vergessen, den ersten Tag im *ramadan*, jenen Dies Sabbati im Oktober, als Lupo mich, die stumme Kreatur den Menschen beschämte. Ich schlug die Hände vors Gesicht und fand doch keine Erleichterung bei meinen Tränen.

Wie lange ich so gesessen hatte, wußte ich hinterher nicht

mehr. Vermutlich bin ich irgendwann eingeschlafen, den Kopf auf die Knie gelegt. Dann kam ich mit einem Ruck zu mir. Ich war durch Traumgesichte geirrt, hatte nach meinen Eltern gesucht, konnte sie nicht finden, saß mit einem Mal stumm auf dem Schoß meines Vaters, und der legte zärtlich sein Gesicht an mich. Von der Berührung wachte ich auf. Lupo saß neben mir, stieß mich mit der Schnauze und gähnte.

Ich umhalste ihn. »Mein Freund, du bist mein Freund, allein du«, stammelte ich ein übers andere Mal. »Gut, daß ich dich habe.«

Lupo gähnte wieder, streckte sich, daß ihm die Knochen krachten, sprang auf und sah mich erwartungsvoll an.

»Ja, wir gehen«, sagte ich.

Meine Beine waren eingeschlafen, kribbelten, ich kam kaum auf die Füße.

»Wir gehen«, wiederholte ich und schaute mich nach Lupos Strick um. Wo war das Ding geblieben? Es fiel mir nicht ein. Vermutlich lag es oben auf der Kuppe, doch keine zehn Engel hätten mich bewegen können, noch mal dorthin zurückzukehren. Diesen Ort des Grauens da unten in der Flußniederung wollte ich im Leben nicht wiedersehen. Lupos Strick mochte bleiben, wo er war. Mit taubem Gefühl in den Beinen stakste ich zwischen den Mehlbeeren- und Stechpalmenbüschen den Hang hinunter.

Die Sonne, die das ganze Blutvergießen hatte mit ansehen müssen, war nicht vom Himmel gefallen. Das war tröstlich und entsetzlich zugleich. Sie war weiter ruhig ihre Bahn gegangen, hatte den Mittagspunkt schon eine ganze Weile überschritten. Der Dies Sabbati ging auf die nachmittäglichen Stunden zu.

# Sahnun

Wenn der Rab seine Gebete, die Ruhe des Schabbat beendet hatte, würde er einen Bericht von mir erwarten. Was sollte ich ihm sagen? Die blutigen Einzelheiten der Schlacht verschwammen in meinem Kopf zu einem einzigen blutigen Brei aus zerhackten Knochen, verstümmelten Gliedern, zuckenden Leibern von Menschen und Tieren, verkohlter Haut unter brennenden Zelten, deren Geruch widerlich süß über die Kuppe trieb. Es würgte mich.

Ja, Carl, der Princeps des Königs, war mit seinen Männern wie ein Hammer zwischen die Sarazenen gefahren, er hatte das Feld behauptet. Die Toten aber, die Erschlagenen auf beiden Seiten, würden ihn verfluchen. Ich wünschte, Jakob der Rab würde mich am Ende meines Berichtes in seine Arme nehmen, um mich zu trösten.

Mit solchen Gedanken war ich am Fuß des Hügels angekommen, die Augen auf meine Füße geheftet. Eine Bewegung zwischen den Bäumen des Graslands ließ mich aufblicken. Ein helles Pferd, auf dem linken Vorderhuf lahmend, drängte sich durch das Buschwerk, auf seinem Hals lag ein Mann. Ich duckte mich, zog Lupo hinunter.

»Ganz still«, warnte ich ihn. »Du muckst dich nicht!«

Warum hatte ich nur den Strick auf der Kuppe liegenlassen? Lupo gab zwar keinen Mucks von sich, er hatte aber das Pferd und den Reiter auch ausgemacht und drängte stumm, sich meinem Arm zu entwinden. Ich brauchte meine ganze Kraft, um ihn festzuhalten.

Mittlerweile war das lahmende Pferd näher gekommen. Und plötzlich rutschte sein Reiter langsam vom Hals des Tieres und fiel der Länge nach mit einem dumpfen Aufschlag ins Gras. Das Pferd war stehengeblieben, drehte sich nach dem Mann um, wartete und setzte dann allein seinen Weg fort. Lupo schaute hinterher, befreite sich mit einem Ruck von mir, ließ sein röhrendes Bellen vernehmen und hetzte los.

»Zurück, komm zurück!« schrie ich ihm nach.

Aber das half nichts. Die Dogge stürmte dem Pferd entgegen, das warf den Kopf hoch, suchte lahmend das Weite zu gewinnen.

Zitternd vor Wut rannte ich los, schrie mir den Hals heiser. Oh, dieser Kerl, warum konnte er nicht hören!

Das arme Pferd! Hoch aufwiehernd blieb es stehen, stieg auf seine Hinterbeine und wehrte mit fuchtelnden Vorderhufen den Angreifer ab. Ich brüllte, wie ich's mein Lebtag noch nicht getan hatte. Lupo erstarrte in der Bewegung, sah sich verdutzt nach mir um. Da war ich schon über ihm, warf mich einfach auf ihn, bekam ihn zu fassen und schüttelte ihm die Seele aus dem Leib. Gott weiß, nie hätte ich so viel Kraft in mir vermutet! Und Lupo war viel zu überrascht, um sich ernsthaft zu wehren. Er stieß ein klägliches Winseln aus, und als ich ihn schließlich loslassen mußte, warf er sich auf den Rücken und zeigte mir den Bauch.

»Ist ja gut«, keuchte ich. »Aber laß das arme Pferd gehen.«

Die Hand auf Lupos Bauch, schaute ich hoch. Das Tier war hinter einer Hecke verschwunden, und ich atmete auf, sah hinter mich und suchte den Reiter. Es war einer von den Sarazenen, über dem Panzerhemd ein blutdurchnäßtes Oberkleid, an der Stirn, im Haaransatz, eine klaffende Wunde. Mit ausgestreckten Händen irrte er umher, stieß gegen einen Baum, schrie auf, faßte sich ins Gesicht.

»Lupo, laß ja den Mann gehen«, flüsterte ich. »Der hat Schmerzen.«

Die Dogge knurrte.

»Denk an eben!« drohte ich halblaut. »Erschreck den Mann nicht.«

Wahrhaftig, Lupo schien mich verstanden zu haben, er warf sich von neuem auf den Rücken, und ich tätschelte seinen Bauch.

»Gut so, du bist ein lieber Hund«, flüsterte ich ihm zu, während meine Augen den Mann nicht losließen.

Der torkelte, als könne er sich nicht länger auf den Beinen halten, stürzte in eine Hecke, richtete sich schreiend auf und torkelte weiter, die Arme tastend ausgestreckt.

Da stand plötzlich der Rab neben mir, Colon an der Leine. Ich hatte den Alten nicht nahen hören und stand auf.

Die beiden Hunde begrüßten sich heftig.

»Ich habe dich schreien hören«, sagte der Rab außer Atem. »Was ist geschehen?«

Ich wies stumm auf den Verwundeten, der unweit von mir ins Gras geschlagen war.

»Hat Lupo den so zugerichtet?« fragte der Alte. »Was wollte er?«

Meine Geschichte hatte ich bald erzählt, und der Alte schaute sich um. »Mit einem Pferd?« fragte er.

»Das ist weggelaufen«, erklärte ich. »Es lahmte. Ja, der Sarazene fiel einfach ins Gras.«

Der Verwundete hatte wohl unsere Stimmen gehört, denn er richtete sich ein wenig auf und stieß einige Worte hervor.

»Er ruft nach seiner Mama«, sagte ich mitleidig.

Der Rab schüttelte den Kopf. »Nein, *ma*, das heißt in seiner Sprache Wasser! Der Junge hat Durst. Wir bringen ihn zum Wagen.«

Mit ein paar fremden Worten wandte sich der Alte an den Sarazenen, faßte ihn bei der Schulter und befahl mir, ihn bei den Füßen zu nehmen.

Colon und Lupo liefen mit. Es war ein langer, beschwerlicher Weg, wir mußten den jungen Mann einige Male absetzen. Zwischendurch versuchte er selbst zu gehen, fuhr dabei mit den Händen in sein Gesicht, daß es nicht mit anzusehen war. Hörte der Alptraum heute denn gar nicht mehr auf? Ich konnte den Mann gerade noch auffangen, als er stolperte. Den Rest des Weges trugen wir ihn wieder zwischen uns. Der Rab redete ihm unterdessen zu, und der Verwundete stieß heftig einige Sätze hervor, in denen ständig das Wort *ajan* wiederkehrte.

»Es ist was mit seinen Augen«, erklärte der Alte. »Er sagt, daß er nichts sieht. Du merkst, wie er beim Gehen mit den Händen sucht und tastet.«

»Die Mutter Gottes stehe dem Armen bei«, entfuhr es mir.

Wir betteten unsere Last zwischen den Mauerresten im Eichwäldchen ins Gras, und der Alte befahl mir, bei dem Verwundeten zu bleiben. Ich griff nach seiner Hand. Der junge Mann zuckte heftig zusammen, tastete um sich und setzte sich auf. Wenn ich bloß verstehen könnte, was er dauernd ruft, dachte ich hilflos, griff wieder nach seiner Hand und redete ihm zu. »Du mußt keine Angst vor uns haben«, sagte ich ihm. »Der Rab wird helfen, hörst du? Das ist ein kluger Mann. Der hat ganze Bücher in seinem Kopf, in denen er liest. Jakob, so heißt er, ich sage Rab zu ihm. Gleich kommt er zurück. Dann schaut er nach der Wunde an deinem Kopf. Hast du viel Schmerzen –«, so redete ich ohne Unterbrechung, obwohl ich nicht wußte, wieviel er davon mitbekam, hielt ihm die Hand, die er mir während der ganzen Zeit ließ.

Dann war der Rab zurück. Er tupfte das Blut aus der Wunde, sprach und redete derweil mit dem armen Kerl in dessen Sprache, und der stieß zwischendurch wieder heftig einige Sätze hervor.

Zweimal rief er mit allem Stimmaufwand: »*Tawaffani musliman! Tawaffani musliman!*« und warf dabei den Kopf hin und her.

»Laß mich als Gläubiger sterben!« übersetzte mir der Alte. »Das ruft er.« Er redete wieder auf den Verwundeten ein und befahl mir schließlich, dessen Kopf zu halten. »Ich nähe ihm die Wunde zu«, erklärte er mir. »Sie ist nicht gefährlich, aber der Mann verliert viel Blut, und wenn die Wunde offen bleibt, kommt Schmutz hinein, und alles entzündet sich. Also, halt ihm den Kopf, von hinten, neben den Ohren!«

Ich rutschte hinter den Verwundeten, preßte seinen Kopf gegen meine Brust und hielt ihn, wie's der Rab mir gesagt hatte. Der fuhr mit Nadel und Faden in die klaffende Kopfhaut, der Mann zuckte. Mir wurde vom bloßen Zusehen fast übel, und ich schaute weg, zu Lupo hinüber, der, den Kopf schief gelegt, unsicher herüberschaute. Unsere Augen begegneten sich, Lupo kläffte.

»Psst«, machte ich leise. »Du störst Rab Jakob. Lauf zu Colon!«

Lupo erhob sich und trottete davon.

Ich bewunderte den Rab, wie umsichtig er zu Werke ging. Aber das hatte ich inzwischen gemerkt, Sauberkeit war für den Alten so etwas wie die halbe Religion. Er wickelte dem Verletzten schließlich ein weiches Tuch um den Kopf und sah mich dann besorgt an.

»Schau, er sieht nichts«, sagte der Rab und fuhr mit der Hand vor den Augen des jungen Mannes hin und her, ohne daß der Sarazene mit der Wimper zuckte.

Ja, ich sah es, mußte es auch glauben, aber was für ein schrecklicher Gedanke! So große junge Augen, so ein feingeschnittenes starkes Gesicht – und dann nichts mehr, gar nichts mehr von der Welt sehen, nicht mal sich selbst –

Der Rab legte seine Arztsachen auf ein Tuch und wechselte

einige Worte mit dem jungen Mann. Dann sagte er zu mir: »Sahnun heißt er, Sahnun. Ich gebe ihm jetzt Lapdanum, Mohnsaft. Davon wird er müde und schläft ein.«

Sahnun ließ es sich gefallen, daß der Rab ihm ein paar Tropfen Saft zwischen die Lippen träufelte, und nicht lange darauf merkte ich, wie sein Kopf an meiner Brust schwer wurde. Sahnun, was für ein ungewohnter Name!

Der Rab war inzwischen geschäftig gewesen. Jetzt kam er wieder herbei und sagte: »Du hast doch diese leichte warme Decke. Wenn du sie heute nacht missen kannst? Der Junge darf nicht frieren.«

Ich nickte. Wir legten Sahnun auf alte Kleider aus Jakobs Sammlung, umhüllten ihn mit meiner Decke und setzten uns zu ihm, um gemeinsam seinen Schlaf zu bewachen.

Als es dunkelte, erhob sich der Alte. Ich sah ihn zu dem Wasserplatz zwischen den Bäumen gehen und hörte ihn eine Weile später zum Ausgang des Schabbats beten. Im Westen stand wieder der junge Mond tief überm Himmelsrand.

Die Abendkühle meldete sich rasch. Mich fröstelte es, und ich tastete im Dunkeln nach meinem Bündel, zog mir zusätzlich das wollene Kittelkleid über. Nachdem ich mich erleichtert und gewaschen hatte, kehrte ich an meinen Platz neben dem Schlafenden zurück. Der junge Mond war bereits wieder eingetaucht, undurchdringliche Finsternis dehnte sich zwischen den Bäumen und Mauerresten. Der alte Jakob rief mich flüsternd an seine Seite. Tastend nahm ich bei ihm Platz, und auch Lupo kam herbeigetrapst. Wahrscheinlich sah er im Dunkeln besser als ich. Dankbar drückte ich mich an den Hundekörper, der mich die durchdringende Nachtkühle ein wenig vergessen ließ.

»Wir müssen umschichtig bei ihm wachen«, kam die Stimme des Rab aus dem Dunkeln. »Wenn der Junge aufwacht, braucht er Hilfe, jemanden, der zu ihm spricht.«

»Nur du kannst mit ihm reden, mich versteht er ja nicht«, antwortete ich kläglich.

»Darauf kommt's jetzt nicht an«, meinte der Rab. »Du mußt dir vorstellen, seine Welt ist plötzlich sehr klein geworden. Das einzige, was Sahnun von seiner Umwelt wahrnimmt, sind Geräusche, Stimmen, Gerüche.«

»Ich kann nicht begreifen, daß er gar nichts sehen soll«, sagte ich nach einer Weile des Nachdenkens. »Seinen Augen habe ich jedenfalls nichts angesehen. Wie ist das möglich?«

»Möglicherweise kommt sein Augenlicht in den nächsten Tagen zurück«, sagte der Rab. »Das bleibt abzuwarten.«

»Und wenn nicht, was dann?« fragte ich.

»Ja, was dann«, wiederholte der Rab und ließ die Frage ohne Antwort in der Luft hängen. »Die nächsten Tage werden jedenfalls schwierig für uns werden.«

Der junge Sarazene stöhnte leise, warf sich hin und her. Ich kroch zu ihm, vergewisserte mich, daß er die Decke nicht verloren hatte, und blieb in seiner Reichweite sitzen.

Irgendwann begann ich dem Rab flüsternd zu erzählen. Rückwärts, von der brennenden Zeltstadt bis zu den Pferden und Menschen, die an der eisernen Mauer der Franken verblutet waren, eine Welle nach der anderen, ach, wer von den Männern, die abends in langen Reihen unter der grünen Fahne gebetet hatten, würde überhaupt noch am Leben sein –?

Der Alte unterbrach mich mit keinem Satz. Es war auch unmöglich zu wissen, was während meines Berichts in ihm vorging. Was er dachte, als er von dem Sieg des Princeps erfuhr. Denn ich sah ja nicht sein Gesicht. Mir war es leichter gewesen, im Dunkeln zu erzählen. Doch irgendwann hatte ich das Gefühl, in ein Nichts zu sprechen.

»Bist du noch wach, Rab? Hörst du noch zu?« erkundigte ich mich leise.

»Ja«, antwortete er, sonst nichts.

»Du hattest zu den Ungläubigen gehalten, oder?« fragte ich.

»Gebrauche nicht ständig dieses Wort«, sagte Jakob scharf. »Oder nenne ich dich etwa eine Ungläubige?«

»Das ist schließlich etwas anderes –«, widersprach ich. Doch der Alte ließ mich nicht ausreden. »Nein, nein«, verbesserte er mich laut, fing sich und fuhr halblaut fort: »Es sind drei Brüder, verstehst du? Unser Mosche, euer Joschua und Muhammad bei den Sarazenen. Drei Brüder«, wiederholte er mit Nachdruck. »Sie wohnen im selben Haus und müssen lernen, miteinander auszukommen. Und eines Tages steht der Vater vor der Tür –«

»Und daran glaubst du?« fragte ich zweifelnd und hätte etwas darum gegeben, in diesem Augenblick das Gesicht des Alten zu sehen. Er gab mir keine Antwort.

Ich glaubte nicht daran, daß alle Menschen wie Geschwister miteinander leben könnten. Da brauchte ich nur an die Bretonen zu denken. Das waren doch die reinsten Bestien! Ich traute mich jedoch nicht, dem Rab zu widersprechen. Wo er doch die vielen Bücher in seinem Kopf hatte.

So saßen wir schweigend zusammen. Bis der Rab nach einiger Zeit sagte: »Ich lege mich jetzt. Später löse ich dich ab.«

Ich reagierte mit einem Anflug von Panik. Hier im Dunkeln, mit einem Verwundeten, mit dem Blinden allein – »Und wenn Sahnun etwas sagt, aufstehen will, und ich verstehe nichts? Was mache ich denn dann?« fragte ich ängstlich.

»Greif nach seiner Hand, halt sie fest, sprich ruhig mit ihm«, sagte der Alte. »Mehr kann ich auch nicht tun. Es ist gar nicht so wichtig, was du sagst, nur rede, rede und laß seine Hand dabei nicht los. Im übrigen bin ich in der Nähe. Notfalls rufst du mich.«

Mit suchenden Schritten entfernte sich der Rab in der Dunkelheit und ließ mich bei Sahnun allein zurück. Nein, nicht allein. Ich hatte Lupo bei mir, an dessen warmen Bauch ich mich bettete, bevor ich die Augen schloß, um diesen schrecklichen Tag zu vergessen.

Erst mit dem dämmerigen Morgenlicht wachte ich auf. Aber ich war sofort hellwach, wußte, daß ich die ganze Nacht durchgeschlafen hatte. Mit einem Ruck war ich auf den Beinen, lief in die Büsche, dann zum Wasser und wusch mich. Auf dem Rückweg entdeckte ich einen Haselstrauch und pflückte mir die Taschen voll.

Der Alte war gerade dabei, den Verband seines Patienten zu wechseln. Er sprach dabei halblaut mit Sahnun. Der sah mir mit großen Augen so geradewegs ins Gesicht, daß ich unwillkürlich errötete und meinen Blick abwandte. Nein, ich konnte mir nicht vorstellen, daß diese Augen nichts sahen.

Der Rab winkte mich zu sich, wies auf die vernähte Wunde. »Eine kräftige Gesundheit hat der Junge, da heilt so was schnell«, meinte er. Und das sah ich auch. Die Wundränder waren noch aufgeschwollen und gerötet, hatten sich jedoch nicht entzündet.

»Sprich ihn an und faß nach seiner Hand, daß der Junge sich an dich gewöhnt«, befahl mir der Rab und wechselte einige Worte mit Sahnun, mit denen er ihm wohl erklärte, wer ich war.

»Ich bin Itta«, sagte ich, viel lauter, als es nötig gewesen wäre. Denn ich hatte es ja nicht mit einem Tauben zu tun. »Und hier ist meine Hand«, fügte ich hinzu.

Es war ein befremdliches, ja verwirrendes Gefühl, einfach nach der Hand des Mannes zu greifen. Und es war noch verwirrender, fast unangenehm zu spüren, mit anzusehen, wie Sahnun mit beiden Händen meine Hand untersuchte. Ich entzog sie ihm schließlich mit einem Ruck.

»Du wirst lernen, mit dem Jungen umzugehen«, sagte der Rab, der meine unwillkürliche Abwehr bemerkt hatte. »Denk daran, der Junge ist auf uns beide angewiesen, rettungslos. Tasten, das ist seine Brücke zur Welt, die einzige neben Geruch und Gehör, die ihm geblieben ist. Und alles, was unvorbereitet auf ihn zukommt, macht ihm angst.«

»Erschrecken wollte ich ihn nicht«, murmelte ich verlegen. »Es ist nur so ein unangenehmes Gefühl, wenn man einfach von jemand angefaßt wird.«

Der Rab zuckte die Schultern. Dann sagte er: »Nimm die Verbände da vorn und wasch sie gründlich aus. Der Seifentopf steht auf dem Wagenbrett. Unterwegs können die Verbände dann trocknen.«

Ich lief zum Wasserplatz. Beim Auswaschen der Wund- und Blutflüssigkeit wunderte ich mich über das merkwürdige Stoffgewebe. Es war weich wie allerfeinste Wolle, aber viel zarter, flaumiger und mit unserem Leinen schon überhaupt nicht zu vergleichen. Dem Leinen schadet es nicht, wenn du's kräftig über einem Stein ausschlägst, mit Sand scheuerst. Das hätte ich mit diesem Gewebe gar nicht erst gewagt. Daß der Rab eine solche Kostbarkeit zur Abdeckung von Wunden benutzte! Der Alte kam wirklich aus einer fremden Welt. Ob er noch mehr von diesen Stoffen in seinen Körben hatte? Das mochte ihr geringes Gewicht erklären.

»Wir haben Zeit, es drängt nichts zur Eile«, empfing mich der Alte, als ich im Lauf zurückkehrte. »Doch wir haben auch noch eine Menge zu erledigen. Zuerst den Wagen beladen. Dabei muß einer von uns ständig bei Sahnun bleiben. Du kennst den Weg ins Gewölbe, fang du an, ich werde derweil mit dem Jungen essen.«

Es hat keine Eile, hatte der Rab gesagt, doch ich sputete mich. Ich weiß nicht, wieso. Wahrscheinlich drängte es mich, diese Gegend hinter mir zu lassen, wo so viel Blut geflossen war. Ich trug Korb auf Korb an den Karren, der Alte mochte die Ladung nachher selbst richten.

Mit halbem Auge nahm ich zwischendurch wahr, wie der Rab Seite an Seite mit dem Sarazenen aß, und spürte dabei einen Stich von Eifersucht. Mir hatte der Alte noch keinen einzigen Bissen aus seinem Eßkorb angeboten! Um so mehr sputete ich mich noch mal, um mich ins rechte Licht zu setzen. Noch bevor der Alte seinen Essenskorb schloß, hatte ich das Gewölbe leer geräumt.

»Gut«, sagte der Alte und machte sich gleich daran, die Körbe im Karren zu verstauen. »Dann können wir bald weiter. Hier binden wir deinen Hundestrick an, daran kann Sahnun sich halten, wenn er nicht lieber auf dem Wagen sitzen will.«

»Geht Sahnun denn mit –?« fragte ich, als sei das nicht längst klar. Natürlich, das war's auch. Aber ich hatte einfach noch nicht so weit gedacht.

Unwirsch antwortete der Rab: »Was denn sonst? Sollen wir ihn etwa den Wölfen lassen?«

»Seine Leute, dachte ich –«, stotterte ich.

»Wo sind denn die, seine Leute?« fragte der Rab spitz. »Die sind über alle Berge. Wir sind jetzt seine Leute. Ich habe Sahnun versprochen, daß er mitkommen kann, und er hat eingewilligt. Narbo ist mein Ziel, und dort in der Stadt gibt es Leute vom Haus Jischmael, die können dann weiterhelfen. Also, du gehst heute neben ihm hinter dem Karren her, und Sahnun hält sich an dem Strick. Wo hast du den gelassen?«

»Wahrscheinlich liegt er noch auf der Kuppe«, antwortete ich kleinlaut.

»Dann schau nach«, sagte der Rab scharf. »Es heißt: Verachte kein Ding, denn es gibt nichts, das nicht seine Stunde hat, wo du's brauchst. Also, lauf schon.«

»Ich mag aber nicht«, widersprach ich heftig. »Du würdest das verstehen, Jakob, wenn du gesehen hättest –«

»Tu's mir zu Gefallen«, sagte der Alte. »Der Todesengel ist furchtbar, gerade deswegen darf man die Augen nicht vor ihm verschließen. Geh, ich setze mich derweil zu unserem jungen Mann.«

Er hat eine Art, mit einem zu reden, daß man ihm einfach nichts abschlagen kann, dachte ich, den Hang ersteigend. Weil er's dir nicht einfach befiehlt, sondern erklärt, tust du's dann sogar noch gern. Ich werde meinen guten Vater nie vergessen, aber auch nicht ihn, den alten Jakob, meinen Rab. Bei ihm lerne ich mehr über die Menschen als in meinem ganzen Leben bisher.

Der Strick lag wirklich oben auf der Kuppe. In dem Ginstergestrüpp, wo ich gestern gesessen hatte. Und ich mußte tatsächlich ganz auf die Anhöhe steigen, um den Todesengel bei seiner Arbeit zu sehen. Genau wie es der Rab gesagt hatte.

Die Flußaue unter mir war von riesigen Raben- und Krähenschwärmen bedeckt. Dazwischen Menschengestalten, in Lumpen gehüllt, Plünderer, die sich gleichfalls über die Schlachtopfer hermachten. Geier und Adler spreizten ihre Flügel, fuhren mit ihren Hälsen ins tote Fleisch. Ach, die Luft erzitterte von mißtönendem Gekrächz aller Art, und nachts würden Wölfe und Füchse, das heulende Pack, Marder und Iltis den Rest der Arbeit erledigen. Ich flehte, daß Boggis nicht auch dort unten lag, verstümmelt, entblößt, unter den Klauen und Zähnen des Aasvolks.

Unter den Erschlagenen mußten auch Freunde von Sahnun sein, wurde mir plötzlich klar. Wie gut, daß der das hier nicht mitbekam! Aber nein, der junge Mann konnte ja seine Augen nicht mehr gebrauchen! Und wenn sein Augenlicht nicht zurückkehrte, würde er überhaupt nie mehr irgendeinen seiner Leute zu Gesicht bekommen. Selbst wenn die Sarazenen ihn jetzt wiederfänden, flüchtende Krieger, die womöglich jeden Augenblick hier auftauchen konnten.

Ich beeilte mich, zurück zu dem aufgelassenen Gutshof zu

kommen. Der Rab hatte unterdessen mit Sahnun gesprochen. Es sei für den Jungen ein kleines Glück in dem großen Unglück, daß es wenigstens keine Probleme mit dem Essen gebe, erklärte mir Jakob. Denn die Speiseregeln der Völker Jisraels und Jischmaels seien sich ähnlich, wenigstens Sahnun mache es keine Schwierigkeit, sein Essen aus der Hand eines *jahud* zu empfangen, wie man die *giu* bei den Sarazenen nenne.

Ich hatte keine genaue Vorstellung, wovon der Rab sprach, zuckte die Schultern und hörte nur mit halbem Ohr zu.

Mit meinen Gedanken war ich ganz woanders. Denn plötzlich war mir Sahnuns Pferd in den Sinn gekommen, die lahmende Stute. Wo mochte die jetzt stecken? Ihr lieben Märtyrer, ein hinkendes Pferd, und dann noch ohne Hilfe in der Wildnis! Ja, ich weiß, so ein verletzter Huf heilt unter Umständen von selbst aus, schon im Lauf von ein paar Tagen. Aber wenn das Tier mit seinem Zaumzeug im Gestrüpp, an einem Ast hängenblieb? Oder wenn Wölfe kamen? Mir wurde elend bei dem Gedanken.

Währenddessen sprach der Alte weiter, und dann hörte ich mit einem Mal genauer hin.

»Der Junge fürchtet, er könne sich an dir als Frau verunreinigen, wo du überdies noch eine *ifrandi*, eine Fränkin, bist«, sagte der Rab. »Er hat mich gefragt, ob du nicht gerade eine *haid* bist, dich also in deinen *fleurs* befindest, wie man bei euch Franken sagt. Ich habe ihn beruhigt, ich wenigstens hätte nichts dergleichen an dir bemerkt.« Zu guter Letzt habe er von dem sarazenischen Jungen noch erfahren, daß Sahnun die Sprache der *ifrandi* ein wenig verstehe, weil dessen Milchmutter in Andalusien eine fränkische Sklavin gewesen sei. »Also, unterhalten kannst du dich mit dem Jungen wohl kaum, aber du kannst ihn ganz normal in deiner Sprache ansprechen«, schloß der Rab. »Sahnun versteht dich schon irgendwie.«

Beim Blut der Heiligen, das alles erzählte mir der Mann so

beiläufig, während wir die Maultiere von der Hecke losbanden, ohne auch nur einen Gedanken daran zu verschwenden, wie sich das für mich anhörte! Für mich als Frau. Vor Wut und Scham bekam ich kaum Luft, als ich später neben dem Sarazenen hinter dem Wagen herlief. Da redeten doch diese beiden Männer über mich wie bei uns die Dorfbauern über ihr Vieh!

Ob ich in den *fleurs* sei – »Was geht dich das an?« hatte ich den Alten angefaucht, während wir das Gespann richteten. Und es half mir nichts, daß der Alte erklärte, nach den Geboten seines Volkes gelte eine Frau zwei Wochen nach Eintritt ihrer Regel als unrein. Es verstoße einfach gegen diese Gebote, wenn eine Frau in den Tagen ihres Blutes zum Beispiel ihrem Mann den Becher fülle, sein Bett richte oder ihm sonst bei der Körperpflege zur Hand gehe. Ein Mann müsse sogar fürchten, durch ein ungebührliches Benehmen seiner Frau in den Tagen ihrer *fleurs* den Anstand gegenüber dem Ewigen zu verletzen. Das Gebet eines Mannes, den seine Frau verunreinigt habe, könne das Mißfallen des Höchsten erregen! All das solle ich mir aber nicht zu Herzen nehmen. Die Frauen seines Volkes empfänden diese Regeln nicht als Einschränkung, sie wüchsen damit auf, die Töchter lernten es von ihren Müttern. Im übrigen seien doch auch bei uns, den Nokrim, Frauen eben wegen ihrer *fleurs du sang* vom Priesteramt ausgeschlossen! – Und das alles mußte ich mir an den Kopf werfen lassen, während schon die Maultiere anzogen. *Conchie*, Scheiße, es war wirklich nicht einfach, ein Mensch mit dem Körper einer Frau zu sein!

Ich lief also mit Lupo links, mit Sahnun rechts von mir, gekränkt und verletzt schweigend hinter dem Wagen her, innerlich immer noch damit beschäftigt, mich zu wehren.

Nein, ich war noch nicht in den *fleurs*, würde auch erst in vierzehn Tagen beim ersten Novembervollmond soweit sein. Und was dachten diese Männer dann mit mir zu machen?

Ach, ich hätte endlos in mir weiterwüten können, wenn nicht der blinde Sahnun ständig über seine Füße gestolpert wäre. Nein, nicht über seine Füße, aber über jedes Grasbüschel, jeden Stein, über jede noch so winzige Unebenheit auf dem Weg. Denn der Strick in seiner Hand half ihm ja nicht zu sehen, was vor seinen Füßen lag. Erst wenn man darauf achtet, merkt man, was für ein Kunststück das Gehen ist, unbeschwertes Gehen. Süße Mutter Gottes, hielt ich mich an, hör auf, Itta, in deinem Kopf zu rechten, der Junge braucht dich. Du mußt für ihn deine Augen aufmachen!

Was aber hätte ich tun können, um Sahnun das Vorwärtskommen zu erleichtern? Unmöglich konnte ich ihn an jeder Dornenranke, an jedem Stück Astholz vorbeiführen. Außerdem, das bemerkte ich erst jetzt, waren seine sandalenartigen Schuhe für dies schwere Gelände völlig ungeeignet. Das rief ich dann auch unserem Fuhrmann zu. Der Rab hielt an, kratzte sich hinter den Ohren und förderte aus seinem Wagen ein Paar feste Schuhe hervor. Das Problem war damit jedoch nicht gelöst. Sollte Sahnun hinter dem Wagen herlaufen, müßten wir Straßenwege benutzen, erklärte ich dem Rab. Solange wir uns durch die Wildnis schlugen, sollte der Sarazene auf dem Karren sitzen. Das bedeutete vermehrtes Zuggewicht, die Maultiere würden noch langsamer vorankommen. Ja, es wurde alles sehr schwierig, genau wie es der Rab vorausgesagt hatte.

Unsere Beratung endete damit, daß ich Sahnun in die festen Schuhe half, während der Alte ihm oben im Wagenkasten Platz verschaffte. Dann jedoch weigerte sich Sahnun aufzusteigen. Er ließ das Seil fahren, setzte sich auf den Weg. Stumm erst, dann schrie er unvermittelt los, warf sich auf den Boden, drückte sein Gesicht ins Gras, trommelte mit den Fäusten. Und als der Rab sich ihm unter Zurufen näherte, trat er mit den Füßen um sich. Ja, und er schrie und schrie, schrie sich die Seele aus dem Leib.

Das alles kam so unvorbereitet, daß wir uns vor Schreck nicht rühren konnten. Dazu begannen unsere Hunde zu bellen, und ich mußte mich wieder mal auf Lupo werfen, weil ich fürchtete, gleich werde die Dogge auf den am Boden liegenden Mann losgehen.

»Was ruft er denn ständig?« flüsterte ich dem Rab zu.

Der machte ein düsteres Gesicht. »*Ja laitaha kanati l-kadijata –*, er möchte sterben, das ruft er«, übersetzte der Rab leise. »Das ist der Schock. Sahnun fängt an zu begreifen, was mit ihm geschehen ist.«

»Und was wird jetzt?« fragte ich entsetzt.

Der Blick des Rab wanderte zwischen Sahnun und mir ratlos hin und her. Dann erhellte sich sein Gesicht. »Ich rufe zum Gebet«, flüsterte er mir zu und begann aus dem Stand Gebetsverse anzustimmen.

Oh, und tatsächlich, Sahnun erhob sich, der Rab faßte ihn an die Schulter, richtete sein Gesicht nach Südosten aus und begann mit ihm zu beten. Stehend, sich verbeugend, aufstehend, niederfallend, kniend – »*Allahu akbar*« verstand ich, hörte den Namen des Propheten, schließlich hoben beide die Hände zum Gebetsabschluß.

Ich saß noch immer in der Hocke, tätschelte Lupo, der mit schrägem Kopf den Bewegungen, den Worten der beiden Männer gefolgt war.

Das Gebet hatte Wunder gewirkt. Der Sarazene ließ sich auf den Karren helfen, setzte sich aufs Wagenbrett, und die Maultiere zogen an. Ja, nun ging es noch langsamer voran. Innerlich seufzte ich. Wie sollte ich so jemals nach Bigorra gelangen? Seit einer Woche lief ich nun hinter dem Gespann des Alten her. Wie weit waren wir eigentlich inzwischen gekommen?

Ich nahm mir ein Herz und lief zu dem Rab. Der legte seine Stirn in Falten, als ich meine Frage vorgebracht hatte. Wir bewegten uns auf die Straße nach Peitiers zu, erklärte er mir.

Und von Peitiers aus rechne er drei oder vier Wochen bis nach Tolosa. Von dort aus führten Wege in den Westen, in die Berge, nach Bigorra.

Niedergeschlagen kehrte ich an meinen Platz hinter Sahnun zurück. Der hielt sich mit beiden Händen auf dem Wagenbrett im Gleichgewicht. Ich beneidete ihn nicht um seinen Platz. Aber ich fragte mich ernstlich, ob ich allein nicht schneller vorankäme. Dann sah ich Sahnuns Augen. Sie waren groß auf mich gerichtet. Da wußte ich, daß ich nicht ausreißen konnte. Ohne mich hätte der Junge noch weniger Chancen.

Wir schlugen uns also zur Straße durch, hielten zwischendurch, und der Alte half Sahnun, der sich erleichtern mußte. Ich klaubte unterdessen Beeren von den Hecken und Büschen, und Lupo jagte im Dickicht. Was für eine Gesellschaft hatte sich da zusammengefunden! Und für mich hatte das alles in Brittany, in der Kirche des heiligen Gildas begonnen, wo ein Mann auf den Boden gefallen war, Blut gespuckt und die Sprache wiedergefunden hatte. Ein Wunder, das mir die Freiheit schenkte. Sei nicht so kleinmütig, redete ich mir zu, dachte an meine Solidis, an meine Weinberge, an die Traubenfeste in Bigorra. Wenn ich es überhaupt bis zu Tante Momas schaffte. Aber was mit einem Wunder begonnen hatte, das konnte schließlich auch mit einem Wunder enden.

Nach einer Senke mit Mückenschwärmen, die mich fast zu Tod peinigten, erreichten wir am hellen Vormittag die Straße nach Peitiers. Verstreute Gruppen von Soldaten marschierten auf ihr gen Süden, viel zwielichtiges Gesindel darunter. Irgendwo kam uns ein Trupp Mönche entgegen, bewaffnet mit Hacken und Spaten. Vermutlich, meinte der Rab, auf dem Weg zum Schlachtfeld, um, der frommen Pflicht genügend, die Gefallenen zu bestatten. Ich wagte nicht, mir vorzustellen, in welchem Zustand die guten Brüder die Leichen vorfinden würden. Männer halfen uns die Furt zu durchqueren, warfen neugierige

Blicke auf Sahnun, dessen Äußeres ihn als Sarazenen verriet. Sein Kopfverband allerdings schützte ihn vor Zudringlichkeiten, wenn auch Sahnuns Kleidung, so beschmutzt sie war, begehrliche Blicke auf sich zog. Sie mit einer unauffälligen Gewandung zu tauschen, hatte sich der junge Mann jedoch beharrlich geweigert. Nur unter vielem Zureden hatte der Alte wenigstens erreicht, daß Sahnun seine Halsketten und Fingerringe ablegte und dem Rab in Verwahrung gab.

Wir hatten kaum die Straße gewonnen, als schon mehrere Soldaten den Karren bedrängten. Sie wollten Stücke aus ihrem Beutegut gegen Geld umsetzen. Ein Glück, daß Sahnun das nicht mit ansehen mußte! Womöglich hätte er sogar den einen oder anderen Gegenstand wiedererkannt, der seinen Kameraden gehört hatte. Ich hielt mich bei den Geschäften des Alten abseits. Aber ich bekam doch einiges davon mit. Durch Zufall war der Rab wohl als einer der ersten an Ort und Stelle, um das blutige Beutegut gegen klingende Münze einzutauschen. Einer bot ihm einen Schlüsselring mit verschiedenen Schlüsseln an, jemand anderes eine schön gehenkelte Silberkanne. Ohrringe, ein Vogel aus Gold, Elfenbeinkästchen, Zahnstocher, Tuche, seidene Stoffstreifen, kunstvoll gefertigte Sandalen wechselten ihre Besitzer. Sogar ein schweres Buch, nicht zu reden von Pferdehalftern, Messern und Dolchen, Schwertscheiden, vieles davon in kostbarer Ausführung. Der Alte zahlte grundsätzlich nicht in Gold, sondern mit den kleinen Silbersceattas, von denen er einen großen Vorrat in seiner Tasche zu haben schien. Er ließ sich auch nicht auf langen Handel ein, und dabei zahlte er gewiß weit unter dem, was die einzelnen Stücke tatsächlich wert waren.

Doch die Soldaten waren's zufrieden. In Erwartung noch größeren Gewinns, der ihnen in der Ferne winkte, veräußerten sie ihre Beute, wie mir schien, überaus leichtfertig. Immerhin hatten sie dafür nichts weniger als ihr Leben aufs Spiel gesetzt!

# Peitiers

Der Mauerring von Peitiers hatte den Sarazenen nicht standgehalten. Ich sah ganze Straßenzüge verwüstet und verbrannt daliegen, sogar die Kirche des heiligen Hilarius war gebrandschatzt worden. Traurig ragten die Reste der rußgeschwärzten Basilika aus dem Trümmerfeld um den Marktplatz.

Dennoch waren die Leute von Peitiers ausgelassen und fröhlich. Weindunst lag in der Luft, Kastanien brieten am Feuer, Gaukler trieben ihre Späße in den Straßen. Und mit den Soldaten des Princeps waren leichte Mädchen, Bauern und Bettler, fliegende Händler nach Peitiers geströmt, und das Leben summte zwischen den Ruinen wie ein Bienenschwarm.

Über dem Lärm vernahm ich die Stimme der Glocken. Sie erinnerten mich, daß heute Sonntag war. Einige Gotteshäuser waren offenbar der Zerstörung entgangen. Vielleicht war sogar Carl, der Princeps, in Peitiers zugegen und ließ gerade zu dieser Stunde durch den Bischof der Stadt einen Dankgottesdienst ausrichten: Christus, dem heiligen Hilarius, dem heiligen Martin und allen Märtyrern zu Ehren, die gestern den Franken den Sieg über die Ungläubigen verliehen hatten.

Auch die zerstörten Kirchen, auch der Mauerring und die Wohnhäuser würden schließlich wieder aufgerichtet werden. So redete man auf den Gassen und in den Straßen, durch die sich unser Karren zwängte. Jakob, der Rab, voran, Sahnun und ich hinterher.

Sahnun gehörte in diesem Tumult mein Mitgefühl. Wie verloren, wie hilflos mußte sich der Blinde in diesem hektischen Trubel vorkommen. Bedrängt von ungewohnten Gerüchen, vom Gestank der Schweine auf den Gassen, von beißendem

Herdfeuerrauch, die Ohren zugeschüttet, den Kopf schwindelig von Schreien, Liedern und Rufen in einer fremden Sprache,
die auf ihn in seiner Dunkelheit zustürmten. Ach ja, langsam
begann ich zu begreifen, warum Sahnun sich den Tod herbeige-
wünscht hatte. Und das hier mußte für ihn erst recht wie die
Hölle sein. Keine mit lodernden Bränden und gleißenden
Flammen. Vielleicht stimmte all das ja auch nicht. Eine Hölle
in ewiger Dunkelheit, durch welche die gemarterten Seelen
irrten, das war vielleicht die wirkliche Verdammnis. Armer
Sahnun! Selbst Lupo, der doch sonst ständig die Nase voraus
hatte, hielt sich in dem lärmenden, stinkenden Trubel verängstigt, den Schwanz eingezogen, dicht an meinen Beinen. Colon
dagegen schritt majestätisch durchs Getümmel. Der war es
offenbar gewöhnt, daß die Leute ihm auswichen und nicht
umgekehrt.

Vor einem steinernen Haus mit geschlossenen Fensterläden im
ersten Stock hielt der Rab an.

»Hier wohnen Geschäftsfreunde«, sagte er und bedeutete mir
zu warten.

Ich hörte ihn in einer bestimmten Folge klopfen. Nach länge-
rer Zeit öffnete sich die Tür einen Spaltbreit, und der Alte
verschwand in dem Haus. Innen wurden geräuschvoll die Riegel vorgeschoben. Sahnun hielt sich noch immer neben mir am
Wagenstrick, drehte den Kopf unruhig hin und her, wandte
sich mitunter angespannt einer Geräuschquelle zu, die offenbar seine besondere Aufmerksamkeit erregte.

Es gefiel mir nicht, daß der Rab so lange ausblieb. Wir zogen
die Blicke auf uns. Oder vielmehr, der sarazenische Mann war
es, den die Passanten mit unverhohlener Neugier begafften.
Vor allem wohl wegen seiner Kleidung.

Erst jetzt, da wir aus den Waldschatten heraus waren, und
unter den Leuten zumal, die meist graue Leinenkittel oder wie
ich rauhe Wollbekleidung trugen, stach die Farbigkeit seiner

Gewänder im Morgenlicht grell von seiner Umgebung ab. Trotz der breiten getrockneten Blutspuren, die über die Brustpartie seines Obergewandes liefen. Farbigkeit – das war überhaupt ein viel zu mattes Wort, um den schillernden Glanz des sarazenischen Tuchs zu beschreiben. Mir war noch nie so ein Gewebe vor die Augen gekommen, bei dem die Kett- und Schußfäden des Stoffs von verschiedener Farbe waren, aus feinstem Garn überdies. Bläulich, rot und violett zugleich schimmernd und zudem mit prächtigen funkelnden Zierborten abgesetzt. Für so ein Gewand hätte man ein ganzes Hofgut kaufen können. Kein Wunder, daß die Leute stehenblieben, laut darüber redeten und Sahnun aus nächster Nähe ausgiebig in Augenschein nahmen. Am liebsten hätten sie wohl noch den Stoff in die Hand genommen und zwischen den Fingern geprüft.

Der Rab mußte wirklich ernstlich versuchen, Sahnun dazu zu bringen, seine Kleider zu wechseln. Und ich würde seine Gewänder sorgsam waschen, um die häßlichen Blutspuren daraus zu entfernen. Es war einfach jammerschade, das edle Tuch, an das viele Menschen bestimmt viel Arbeit gewandt hatten, in einem so unwürdigen Zustand zu belassen.

Was dann geschah, kam für mich völlig unvorbereitet. Ein angetrunkener Kerl zog, den Weinkrug schwenkend, grölend, fluchend und lachend in einem, mit seinen Kumpanen die Straße entlang. Sahnun wandte angespannt sein Gesicht dem Lärmbruder zu und folgte ihm mit dem Kopf, den Hals gestreckt, das Kinn angehoben.

Plötzlich blieb der Angetrunkene stehen und schrie Sahnun ins Gesicht: »Was glotzt du mich an, du Ratte! Von deiner Sorte habe ich Stücker sechs mindestens umgelegt. Auf einen mehr kommt's mir nicht an!« Der Mann ließ seinen Weinkrug sinken, und ohne Sahnun aus dem Blick zu lassen, rief er mit gefährlich glitzernden Augen seinen Kumpanen zu: »Schaut euch das an, Brüder, wie diese Ratte sich aufspielt! Gafft einem frommen Christenmenschen doch dreist ins Gesicht!«

Endlich begriff ich. Mit einem schnellen Schritt trat ich dem Angetrunkenen entgegen und sagte: »Der Mann ist blind. Der will nichts von dir. Laß ihn.«

Der Krakeeler gönnte mir keinen Blick. »Der glotzt noch immer!« schrie er aufgebracht. »Von wegen blind, das will ich selber sehen.« Mit einem Schwung warf er seinen Weinkrug an Sahnun vorbei gegen die Hauswand, ging in Angriffsstellung, zog sein Haumesser, die gefürchtete fränkische Sax.

Ich warf mich dazwischen, brüllte mit meiner tiefsten Bauchstimme: »Hau ab, oder es geht dir an die Eier!«

Er drehte sich mit einer blitzschnellen Bewegung zu mir, ich sah das böse Grinsen in seinem Gesicht und rammte ihm mit voller Wucht mein Knie in die Weichteile.

Dann ging alles sehr schnell. Lupo stand bleckend, geifertriefend über dem vor Schmerz zusammengekrümmten, ächzenden Mann, grollte, Colon erhob seine Donnerstimme, und dann drängte sich der Rab zwischen uns.

Der Alte stieß mich beiseite, packte Lupo im Nacken und befahl Colon, Ruhe zu geben. Am ganzen Körper bebend, geriet ich von neuem in Wut, weil der Rab jetzt auch noch mich anfuhr: »Halt den Köter bei dir, Junge!«

Dann half er dem Angetrunkenen auf die Beine, klopfte ihm auch noch den Straßendreck vom Rücken, zog ein paar Silbersceattas heraus. »Hier, guter Mann, als Entgelt für deinen Wein«, sagte er begütigend. »Das Ganze war ein Mißverständnis. Mein Sklave ist tatsächlich blind. Auf beiden Augen. Ich habe ihn Eudo, dem Herzog, abgekauft.«

Der Lärmbruder schaute verdutzt auf den Rab, die Umstehenden klatschten Beifall.

Achselzuckend, noch immer vornübergebeugt vor Schmerz,

nickte der Mann, steckte das Silbergeld ein und hob seine Sax auf. Dann schwenkte er plötzlich die Arme und schrie: »Los, Leute, ich bezahle. Wir trinken auf das Wohl von diesem Ehrenmann!«

Mit einer Verneigung schied er von dem Rab, ließ sich von seinen Kumpanen auf die Schultern heben und verschwand, wie er gekommen war, grölend, fluchend und lachend in einem.

Unterdessen hatte ich schützend Sahnun in den Arm genommen, streichelte sein hilfloses Gesicht und murmelte ihm beruhigende Worte zu.

»Ab in den Hof mit euch!« befahl mir der Rab mit flacher Stimme und stieß ein Tor in der seitlichen Umfassungsmauer des Hauses auf. Sahnun am Arm, folgte ich dem Alten, der sein Gefährt in den Hof steuerte. Wortlos schloß er das Tor hinter uns.

»Dies ist das Haus eines Freundes«, erklärte er gereizt, während ich ihm bei den Maultieren half. »Ist der Mob erst los, liegen die Häuser der *giu* bald in Asche! Nach dem Recht sind wir zwar römische Bürger, aber im Ernstfall gucken die Behörden weg.«

»Aber der Kerl ist mit der Sax auf Sahnun los!« protestierte ich halblaut und schüttete den Tieren auf Wink des Alten Hafer vor. Ich war nicht sicher, ob er mich überhaupt gehört hatte.

Als wir die Stallgebäude verließen, sagte er bloß: »Es ist alles sehr schwierig.« Dann zeigte er über den Hof zu einer Gruppe von Walnußbäumen. »Geh mit dem Sohn Jischmaels dahin. Es steht eine Bank dort. Leiste dem Jungen Gesellschaft, wir fahren gleich nach Mittag weiter.«

Ich gehorchte stumm.

Sahnun war gerade dabei, den Wagen abzutasten. Zwischendurch nickte er, sprach mit sich selber. Dann bückte er sich und untersuchte die Räder. Es sah so seltsam aus, daß ich erst gar nicht begriff. Aber ja, der Junge hatte überhaupt keine Vorstellung von dem Karren, hinter dem er mit dem Seil in der Hand herlief.

»Sahnun«, sprach ich ihn an. »Willst du meine Hand? Dahinten sind Bäume, darunter steht eine Bank. Dort sollen wir beide auf den Rab warten.«

Tatsächlich, Sahnun mußte meine Sprache verstehen. Er richtete sich auf und streckte mir eine Hand entgegen. Ich freute mich, nahm die Hand und führte Sahnun zu der Bank. Doch auch während ich neben ihm ging, tastete er vor sich her, um nicht anzustoßen. Als wir saßen, versuchte er mit mir zu reden. Kein Wort aber machte für mich Sinn.

Ich probierte es andersherum und fragte: »Wie hast du deine Amme früher gerufen? Mit welchem Namen?«

Wahrhaftig, er schien zu verstehen. Sein Gesicht leuchtete auf. Und das sah schön aus.

»*Kulaiba*, Name«, antwortete er dann.

»Sie hieß Kulaiba?« vergewisserte ich mich.

Er nickte heftig, stieß mit dem Finger gegen meine Brust und sagte: »Du *Kulaiba*!«

Ich mußte lachen. Also hatte er mich doch nicht verstanden.

»Neina«, widersprach ich. »Mein Name ist Itta. Du bist Sahnun, ich bin Itta.«

Doch Sahnun schüttelte den Kopf, griff nach meiner Hand, legte sie an meine Brust und wiederholte: »Du *Kulaiba*.«

»Also gut«, gab ich nach. »Du nennst mich Kulaiba. Wenn du mich brauchst, rufst du Kulaiba, und ich komme.«

An den neuen Namen würde ich mich gewöhnen. Vielleicht erinnerte ich den jungen Mann wirklich an diese Amme. Sahnun hatte sie wohl gemocht, denn sein Gesicht war fröhlich gewesen, als er ihren Namen aussprach.

Ach, dachte ich traurig, dieser große Junge hat alles verloren.

Seiner kostbaren Kleidung, dem Schmuck nach geurteilt, kam er aus einem vermögenden Haus. Oder waren die Söhne Jischmaels alle so begütert? Ihre Zelte hatten aus der Ferne so prächtig ausgesehen. Und was die Soldaten dem Rab von ihrem Beutegut verkauft hatten, das waren zum Teil auch kostbare Dinge gewesen. Das Heerlager der Franken dagegen hatte aus der Ferne geradezu ärmlich gewirkt. Die Sarazenen hätten dort nicht viel Beute machen können, sagte ich mir. Und wie stolz wird Sahnun in Andalusien zu Pferde gesessen haben. Mit fliegenden Gewändern, schillernd und bunt, gegürtet in Silber, mit Edelsteinen und Gold. Ob er daheim schon eine Frau hatte? Die trauern würde, wenn sie erfuhr, daß Sahnun nicht zurückgekehrt war? Nein, ich wußte nicht, konnte nicht wissen, was in Sahnun vor sich ging, als ich ihn nach seiner Kinderfrau fragte. Ich hatte auch keine Ahnung, woran er jetzt dachte inmitten seiner Finsternis. An sein Zuhause? Es war wirklich ärgerlich, daß ich mich nicht in seiner Sprache mit ihm verständigen konnte. Vielleicht lernte ich im Lauf der Tage noch ein paar Worte dazu. *Allah* hieß Gott, *ma* bedeutete Wasser, *Kulaiba*, das war ich. Immerhin, ein Anfang.

Ich begann Sahnun zu schildern, was ich um mich sah. Ich versuchte, es so darzustellen, als sähe ich mit meinen Augen für ihn: »Der Rab lädt seinen Wagen aus. Es sind viele Körbe darin, geflochten aus Zweigen. Unser Rab ist ein Kaufherr. In den Körben sind seine Waren. Er trägt die Körbe in das Steinhaus. Da wohnen seine Freunde. Kein Mensch sonst ist im Hof. Der Rab macht alles allein. Es gibt einen kleinen Garten in der Ecke. In der anderen Hofecke sind Büsche. Da picken Hühner. Du hörst sie gackern. Und auf der Mauer sitzt ein Hahn. Neben uns ist der Hofbrunnen.«

»*Ma* –«, unterbrach mich Sahnun.

»Ja, Wasser ist in dem Brunnen«, bestätigte ich.

»*Ma, ma —*«, wiederholte er und machte eine Trinkbewegung.

Ich stand auf. »Halt dich an meine Schulter«, sagte ich. »Wir gehen zum Brunnen.«

Ein Seil lief über eine Drehkurbel, und nach einigen erfolglosen Versuchen hatte ich einen Eimer voll Wasser hinaufbefördert.

»Gibst du mir deine Hand?« fragte ich und führte Sahnuns Finger an den Eimerrand.

Sahnun hob den Eimer an und trank. So hastig, daß er sich fast verschluckte. Wie durstig mußte er gewesen sein! Als er den Eimer absetzen wollte, kippte das Gefäß um, und das Wasser platschte auf seine Schuhe. Es kümmerte ihn nicht.

»Ah —«, stieß er hervor und sagte: »Wasser —«

»Wasser«, wiederholte ich. »Das ist unser Wort. Du sagst *ma*.«

»Wasser«, sagte Sahnun noch mal und faßte sich dabei an den Bauch. Was wollte er?

»Du hattest Durst«, sagte ich.

Sahnun schüttelte den Kopf und zeigte tiefer.

Natürlich, ich verstand.

»Hier ist meine Hand«, sagte ich ihm. »Bei den Hühnern ist eine Hecke. Da kannst du Wasser lassen.«

Bei den Sträuchern ließ ich ihn die Blätter berühren und wandte mich dann zur Seite.

Als ich mich wieder umdrehte, war er noch nicht fertig. Sahnun hockte am Boden, das Gewand hochgeschlagen. Guter Martin, dachte ich, und das sind so winzige Blätter! Aber wie hätte ich das wissen sollen. Da aber stand er schon mit einem Ruck auf. Ich blinzelte. Obwohl, ich hätte mich gar nicht genieren müssen, Sahnun sah mich ja nicht. – Ich entdeckte nichts von *superfluité*, wo Sahnun in der Hocke gesessen hatte, sondern Wäßriges, Urin. Jetzt hatte ich begriffen. Sarazenen-

Männer erleichtern sich nicht wie Bretonen und Franken im Stehen, sie hocken sich dazu auf den Boden. Ich fand keine Zeit, mir über den Unterschied Gedanken zu machen, denn Sahnun verlangte, zurück an den Brunnen geführt zu werden.

Weiß Gott, ich hatte noch viel zu lernen. Sogar, was das Essen betraf. Denn nachdem der Rab und Sahnun ihr mittägliches Gebet, diesmal zum Klang der Kirchenglocken, verrichtet hatten, servierte uns der Alte draußen eine warme Mahlzeit, für jeden einen Napf Graupen mit Lauchgemüse. Nach fremdartigen Gewürzen schmeckte es, sehr lecker, und ich sah, daß Sahnun trotz seines fehlenden Augenlichts mit den spitzen Fingern seiner Rechten überaus reinlich, ja graziös aß. Mir wurde bewußt, wie roh dagegen unsere Eßsitten waren. Reinlichkeit schien für die Söhne Jisraels und Ischmaels tatsächlich so etwas wie Religion, jedenfalls die halbe Religion zu bedeuten. Was sich auch daran zeigte, daß uns der Rab nach der Mahlzeit Wasser und Handtuch anbot. Dabei hätte es nach dem fleischlosen, wenig fetten Essen genügt, sich die Finger sauber zu lecken. Das unterließ ich lieber, denn ich wollte mich unter den Augen der Männer, nein, unter dem Blick des Alten nicht so gewöhnlich benehmen.

Im Stall nahm mich der Rab beiseite. Er zog einen fleckigen Lederbeutel hervor, legte ihn mir in die Hand.

»Ich vertraue dir ein Geheimnis an, Itta«, sagte er halblaut. »Was in diesem Beutel steckt, das ist mein kostbarster Besitz. Um diesen Beutel sicher nach Narbo zu bringen, unternehme ich diese beschwerliche Reise.«

Ich warf einen Blick in sein Gesicht. Es war voll Schatten, die Kaumuskeln zuckten, seine Halssehnen standen hervor. Ich spürte ein Ziehen im Magen. Was war geschehen? Warum zog mich der Rab plötzlich in sein Vertrauen? Der Beutel wog wenig. Gold oder Edelsteine konnte er nicht enthalten.

»Schnür ihn auf, geh ans Licht und schau hinein«, forderte er mich auf, und ich merkte, wie er gegen ein Zittern in der Stimme ankämpfte.

Es brauchte eine Zeit, um meine Hände so weit zu beruhigen, daß ich die Schnüre lösen und unter der halbgeöffneten Stalltür einen Blick in den Beutel werfen konnte.

»Du willst mich zum Narren halten«, sagte ich enttäuscht, ernüchtert, fast böse. »Was soll das mit diesen Himbeeren, oder sind es Brombeeren?« fragte ich ihn und lachte wider Willen.

Der Rab sah mir über die Schulter. »Keins von beiden, kleine Nokrit«, sagte er. Seine Stimme schien zurückzusinken. »Aber du hast schon recht, es sind Früchte, Sämlinge. Von einem Baum, der bei den Griechen wächst. Aber bisher nicht in Gallien. Das, was du da im Beutel siehst, sind die Früchte des *tut*-Baumes, wie er in der Sprache meines Volkes heißt«, erklärte er mir. In so gedämpftem Ton, daß ich merkte, es machte ihm Mühe, die Worte überhaupt aus dem Mund zu kriegen.

Ich begriff noch immer nichts. Wie sollte ich auch? Doch ich schwieg und wartete, bis der Alte weiterredete.

»Also, aus diesen Beeren wachsen Bäume«, fuhr er fort und lächelte hinter den Lippen. »Und die Blätter dieses Baumes sind die Nahrung der Seidenwürmer. Hörst du noch zu –?«

»Ja, doch«, sagte ich und starrte diese grauweißen, himbeerähnlichen Dinger an, ohne sie wahrzunehmen. »Die Seidenwürmer fressen diese *tut*-Blätter.«

Der Rab nahm mir den Beutel ab und verschnürte ihn sorgsam. »Du mußt dir das so vorstellen«, fuhr er plötzlich in fast sachlichem Ton fort. »Wie Schafe Wolle geben, so produzieren diese Seidenwürmer Fäden, die man später zu Stoffen verwebt, und wie Schafe Futter brauchen, so auch die Seidenwürmer. Und ihr Futter sind Blätter von diesem Baum, der im Land der Griechen wächst.«

Ich nickte. Das alles hatte ich verstanden. Wenn ich auch jetzt zum ersten Mal davon hörte, daß es Würmer gab, die Seidenfäden herstellen. »Und, was ist nun das Geheimnis?« fragte ich.

Der Rab wirkte wieder etwas entspannter, er lachte sogar. »Du weißt, wie teuer Seide ist«, sagte er. »Oder hat deine Mutter jemals Seidenstoffe getragen?«

»Nie«, bestätigte ich. »Der Bischof in der Kirche, der geht in Seide gekleidet.«

»So ist es«, nickte der Alte. »Und Könige, Prinzen, alle hohen Herren, die es sich leisten können, tragen seidene Gewänder. Der griechische Kaiser verdient jedes Jahr eine ganze Schatzkammer voll Gold mit diesen Seidenwürmern. Und, begreifst du, der Kaiser möchte natürlich nicht, daß auch woanders *tut*-Bäume wachsen und Seide produziert wird.«

O ja, jetzt wurde die Sache klar, und es ging mir kalt den Bauch und Rücken hinunter. »Du hast den Kaiser bestohlen«, sagte ich zögernd. »Diese Früchte hast du ihm weggenommen, in Griechenland.«

»Fast so«, gab der Rab zu. »Jedenfalls habe ich sie stehlen lassen. Für diesen Beutel mußte ich ein paar Hände voll Goldstücke bezahlen.«

»Und jetzt willst du also Seide produzieren«, setzte ich meinen Gedankengang fort.

»Ich werde das nicht erleben«, meinte der Alte. »Aber mein Sohn Simon in Narbo. Ja, der wird diese *tut*-Bäume pflanzen, und später kommen die Seidenwürmer dazu.«

Ich stellte mir den Alten in einer Schatzkammer vor. Voll mit Gold, Edelsteinen, Perlen, mit all den Reichtümern, die er mit seiner Seide verdienen würde. Nein, es muß mehr hinter dieser Sache stecken, sagte ich mir. Ums Geld allein geht es dem Rab nicht. Aber wollte ich mich wirklich in die Geheimnisse des alten Jakob hineinziehen lassen? Der den Kaiser bestohlen hatte? Ich spürte wieder dieses scheußliche Gefühl um den Nabel. Andererseits, jetzt wollte ich die ganze Wahrheit wissen, zurück konnte ich doch nicht mehr.

»Und du hast keine Angst, daß die ganze Sache auffliegt?« fragte ich.

»Doch«, sagte der Rab, rieb sich ein Bein und ging einige Schritte auf und ab. Dann trat er wieder zu mir und sah mich an. »Paß auf, die Geschichte ist noch nicht zu Ende, kleine Nokrit«, sagte er ruhig. »Es sind hauptsächlich Leute meines Volkes, die für den Kaiser Seide herstellen«, fuhr er fort. »Der Kaiser behandelt sie trotzdem nicht gut. Vor Jahren hat er den Befehl gegeben, alle unsere Leute zu taufen. Mit Gewalt. Und die *giu* in Griechenland wehren sich dagegen. Denn Mosche ist unser Lehrer, nicht euer Joschua. Und wenn der Kaiser die *giu* noch mehr quält, werden sie fliehen. Zum Beispiel hierher nach Gallien, zum Beispiel nach Narbo. Und wenn dort inzwischen Seidenfutterbäume wachsen, finden unsere Leute neue Arbeit. Dafür will ich sorgen. So, da hast du die ganze Geschichte.«

Ja, nun machte das Ganze plötzlich Sinn. Ich fühlte mich mit einem Mal leichter und merkte, wie sich mein Körper entkrampfte. Aber zugleich wurde mir klar, in was für einer Gefahr der Alte war. Mit diesem Beutel, den Früchten, die aussahen wie halb verschimmelte Himbeeren, setzte er sein Leben aufs Spiel. Bei dem Gedanken wurde mir kalt.

»Wissen deine Leute davon?« erkundigte ich mich.

Es zuckte in seinen Mundwinkeln. Dann wehrte er ab. »Nein, nein«, sagte der Rab. »Und die sollen es auch nicht erfahren. Noch nicht. Sie würden denken, ich wollte unseren Leuten in Griechenland die Arbeit wegnehmen. Siehst du, ich habe in dieser Sache nicht nur den Kaiser, sondern auch noch mein

Volk gegen mich. Nur mein Sohn Simon ist in den Plan eingeweiht.«

Der Alte wog den schmuddeligen Beutel in den Händen. Sie zitterten. »Meine Bitte an dich, Itta, ist dies«, schloß er. »Wenn mir etwas zustößt, dann überbringe Simon diesen Beutel. Schütze ihn vor Feuchtigkeit und zuviel Wärme. Wenn man meinen Karren ausraubt, schau, daß du vielleicht den Beutel retten kannst. Du siehst, nur wer eingeweiht ist, kennt seinen Wert. Man wird das Ding vielleicht einfach wegwerfen. Hilfst du mir?«

Ich brauchte nicht zu überlegen. Und Jakob, der Rab, schloß mich in seine Arme. »Von diesem Augenblick an bist du mir wie eine Tochter«, sagte er.

Und ich freute mich. Ein so kluger Mann, der so viele Bücher im Kopf hatte und den Mut besaß, sich mit der halben Welt anzulegen, hatte mich, Itta von Glanfeuil, seine Tochter genannt.

Seit Rab Jakob bei seinen Freunden in Peitiers den Wagen entladen hatte, war es den Maultieren leichter. Wir kamen nun sichtlich schneller voran, konnten auch wieder Wege abseits der großen Straßen benutzen, weil das zusätzliche Gewicht von Sahnun die Tiere auch im schwierigen Gelände nicht übermäßig beschwerte. Ich verstand jetzt, warum der Rab die verschwiegenen Wege bevorzugte, begriff nun auch, warum er bei der Schlägerei in Peitiers so schnell mit Geld bei der Hand gewesen war, ja, mir war im nachhinein klar, wieso der Alte auf den geringsten Verdacht hin, der falsche Priester könne es mit einem neuen Überfall versuchen, dem Mann das Messer ins Herz gerannt hatte. Alles paßte plötzlich zusammen.

Der Rab war in einer großen Sache unterwegs, die nicht nur ihn anging, sondern sein ganzes Volk betraf. Und mich hatte er zu seiner Mitwisserin gemacht.

Unterwegs erzählte mir der Alte, er habe in Peitiers versucht, seinen Freund zu gewinnen, ihn gegen Gewinnbeteiligung nach Narbo oder Tolosa zu begleiten. Doch sein Freund habe abgewinkt, nachdem er erfahren hatte, daß sich ein Sarazene und eine Christin in seiner Begleitung befänden. Denn, so habe sein Freund aus den Worten der Weisen zitiert: »Man stößt einen Ungläubigen nicht in die Grube, aber man zieht ihn auch nicht herauf!« Daraufhin habe er, der Rab, den Großteil seiner Waren dem Freund in Kommission gegeben, um rascher vorwärts zu kommen, und deshalb habe er sich auch entschlossen, mich in sein Unternehmen einzuweihen.

Der alte Jakob hatte sich mit uns einen Klotz ans Bein gebunden. Darum war ich ihm auch gern auf jede Weise behilflich. Ich rieb die Maultiere trocken, wenn sie sich bergauf in Schweiß gearbeitet hatten, führte sie zur Tränke, fettete unser Schuhwerk, schnitzte Sahnun irgendwann einen Löffel aus gutem glattem Eschenholz und was dergleichen Tätigkeiten mehr waren. Ich fühlte mich verantwortlich, zugehörig, und seit Peitiers teilte der Rab sein Essen auch mit mir.

Obschon der Oktober uns tagsüber mit einer Fülle von Sonne und Wärme treu blieb, kühlten die Nächte in dieser letzten Monatswoche doch erheblich ab. Um uns die Waldnächte erträglich zu machen, hatte der Alte sich in Peitiers mit Wolldecken versorgt. In die Decken gehüllt, überstanden wir auch die frostigen Morgennebel, die sich jetzt oft bis in die späten Vormittage hinein auf den Waldwegen hielten.

Wenn Sahnun auf dem Wagenbrett saß, marschierte ich meist vorn beim Rab. Lupo lief uns allen voran, vergewisserte sich, daß wir auch folgten, und scheuchte ständig links und rechts der Wege Wild auf. In den Wäldern südlich von Peitiers erzählte ich dem Rab von der schönen Melusine, in deren Besitz diese Ländereien einst gewesen waren.

Der alte Jakob hatte zu meiner Verwunderung von Melusine

noch nie etwas gehört. Mein Vater hatte mir die Geschichte wer weiß wie oft erzählt, weil er selbst aus dieser Gegend stammte, die wir jetzt mit unserem Karren durchzogen. Und jeder sollte die Geschichte kennen, fand ich.

Denn das passiert nicht alle Tage, daß eine schöne Fee sich einem Mann zur Ehe anbietet, mit ihm Kinder zeugt, ihren Eheherrn mit Städten, Dörfern und Kastellen beschenkt und dann eines Tages auf Nimmerwiedersehen verschwindet. Warum? Weil ihr Mann sein Versprechen brach, niemals am Dies Sabbati ihre Gemächer zu betreten. Natürlich konnte er sein Versprechen nicht auf ewig halten, und als er dann doch an einem Samstag in die Gemächer seiner Frau eindrang, erblickte er eine wunderschöne Schlange, die sich unter seinen Augen in seine ewig junge Frau zurückverwandelte, die ihrem Mann daraufhin aber den Abschied gab.

Ob ich diese Geschichte etwa für wahr halte, erkundigte sich der Alte kopfschüttelnd.

Ich war gekränkt. Schließlich hatte sie sich gerade in diesen Wäldern hier zugetragen, und möglicherweise war mein Vater in seinen Kindertagen selbst noch Nachkommen der schönen Melusine begegnet.

»Trotzdem, ich glaube kein Wort davon«, widersprach mir der Rab. »Wie soll es denn zwischen einer Schlange und einem Mann möglich sein, Kinder zu zeugen?«

»Aber die Schlange ist doch eine Fee, oder umgekehrt«, sagte ich, um die schöne Melusine zu retten.

»Du glaubst also auch an Feen?« fragte der Rab, hob die Brauen und suchte meine Augen.

Also, ich wußte am Ende selbst nicht mehr, was ich von der schönen Melusine halten sollte. Ich bin eben mit solchen Geschichten groß geworden und habe nie richtig darüber nachgedacht. Jedenfalls hatte der Rab es im Handumdrehen geschafft, mir die schöne Feengeschichte zu zerreden.

Wir zogen weiter durch die Ebenen von Peitiers und hielten, dem Lauf der Vigenna folgend, auf die Stadt Limoric zu. Stille umgab uns, durchbrochen nur von dem Knarren der Räder, den Tritten unserer Füße in dem raschelnden Laub. Mäuse und Wiesel hörte ich huschen, lauschte dem leisen Aufprall reifer Haselnüsse, den rieselnden Bächen und blickte auf, wenn über uns im Baum eine Krähe ihre Federn schüttelte. Zur Tageswende geisterten Fledermäuse, die Mondkinder, lautlos um uns, und morgens dehnte sich nebliges Licht zwischen den Hügeln und Waldsäumen, dämpfte den Hufschlag der Maultiere und unsere Stimmen.

Während dieser stillen Stunden und Tage erzählte mir der Rab von Hawwa, der Mutter alles Lebendigen, er erzählte von Adam, zu dessen Gegenüber der Ewige die Frau erschaffen hatte. Ich kannte natürlich die Namen der beiden, auch wenn unsere Priester sie anders aussprechen, aber nicht ihre Geschichte. Und der Rab erzählte von Kajin und Hebel, dem verfeindeten Bruderpaar. Auch an deren Namen glaubte ich mich zu erinnern, doch ihre unselige Geschichte hörte ich jetzt zum ersten Mal. Und der Rab erzählte von dem Geschlecht der Turmbauer, von Sarai, von Abraham und ihren Kindeskindern und ein anderes Mal von Mosche, dessen Name mir aus der Kindheit wohl vertraut war, den unsere Priester jedoch Moyses nennen und dessen Geschichte mit einem Körbchen im Schilf begann.

Ich wunderte mich, wie der Rab all diese Begebenheiten in allen Einzelheiten behalten konnte, es schien ihm jedoch nicht die geringsten Schwierigkeiten zu bereiten. Ja, wenn er mit halb geschlossenen Lidern von Joseps Abenteuern, von seinem Streit mit den neidischen elf Brüdern erzählte, hatte ich den Eindruck, als hätte der alte Jakob die Eifersüchteleien unter den Geschwistern im fernen Land Mizrajim selbst miterlebt, so lebendig, so anschaulich kamen ihm die Worte von den Lippen. Der Rab lachte, wenn er meine großen Augen sah. »Kleine Nokrit«, bemerkte er irgendwann einmal, »hat nicht der Ewige den Menschen erfunden, damit Er ihn Geschichten erzählen hören kann?«

Wenn dann noch Sahnun bei uns saß, bestätigte der nickend oder dazwischenrufend die Wahrheit dieser Geschichten, die auch er aus dem heiligen Buch der Sarazenen kannte, und der Rab übersetzte mir Sahnuns Worte, wenn dieser von Isa, dem Sohn der Maria, erzählte. Dabei zeigte sich, daß Sahnun die Worte des Korans fest in seinem Kopf hatte. Ja, seine blinden Augen strahlten, wenn er die heiligen Verse des Gottesbuches zitierte: »*Huwa llahu ahadun*, sprich – Gott ist einer, ein ewig all-einer, er hat nicht gezeugt, und ihn zeugte keiner, ihm gleich ist nicht einer.«

Mehr als sich sagen läßt, verwirrten mich all diese Geschichten, Gebete, Gespräche und die vielen Verse, welche die beiden Männer hersagen konnten. Und nicht immer ging es bei diesen Gesprächen friedlich zu. Jakob und Sahnun konnten sich regelrecht ereifern, mit den Fingern aufeinander weisen, und sie stritten in der Sprache der Sarazenen oft so lange und hitzig miteinander, daß es mir, besonders abends, oft zu lang wurde und ich mich abseits zum Schlafen in meine Decke wickelte.

Ich verstand natürlich kein Wort von dem, worüber die beiden aneinandergerieten. Einig jedoch waren sich beide, daß keiner den anderen einen »Ungläubigen« nennen dürfe, denn schließlich sei es ein und derselbe Gott, der die »Völker des Buches« leite.

Ein anderes Mal berichtete der Rab von seinem Lehrer. Der sei ein *sagi nahor*, ein hellsichtiger Mann gewesen, wie man in der Sprache Jisraels einen Blinden nenne; er habe die ganze Tora und Überlieferung der Weisen im Kopf gehabt und hätte daraus vorgetragen, ohne die Hilfe seiner Augen zu brauchen.

Der *sagi nahor* habe nämlich die heiligen Bücher mit seinen inneren Augen gelesen. Sahnun führte dazu das Wort Muhammads an: »Meine Augen schlafen, doch mein Herz ist wach.«

Ja, ich merkte, wie Sahnun bei diesen Gesprächen aufblühte. Die ganze Gestalt straffte sich, und Sahnuns Hände redeten so nachdrücklich und selbstbewußt mit, daß ich den Mann, der sonst Stunde um Stunde in sich zurückgezogen auf dem Wagenbrett saß, nicht wiedererkannte. Ich vermute sogar, daß der alte Rab seinen Schützling gerade deswegen in diese hitzigen Gespräche verwickelte.

Mir in meiner Verwirrung half, daß der Rab, wenn wir nebeneinander bei den Maultieren gingen, mich Worte seiner Gebete lehrte, und zwar in der Sprache Jisraels. Und ich lernte schnell. Durchaus damit einverstanden, daß mich der Alte erbarmungslos forderte und mir auch nicht den geringsten Fehler durchgehen ließ. Auf diese Weise lernte ich endlich auch das Paternoster fehlerfrei herzusagen, und ich war sehr glücklich darüber. So hatte ich doch auch ein Gebet zu sagen, wenn die beiden Männer ihre Tageszeitgebete sprachen.

Wirklich, der Rab war streng zu mir. Und er verstand es noch mehr, mich versteckt immer wieder neu zu ermuntern. Einmal sagte er: »Hör zu, kleine Nokrit. Vier Sorten von Leuten gibt es: Einer begreift schnell und vergißt schnell, da ist der Nachteil größer als der Vorteil, ein anderer begreift schwer und vergißt schwer, da ist der Vorteil größer als der Nachteil, ein dritter begreift schnell und vergißt schwer, das ist der beste Teil, der vierte aber begreift schwer und vergißt schnell, das ist der schlechteste Teil – also, kleine Nokrit, welchen Teil wünschst du dir?« Keine Frage, ich wollte den besten Teil.

Dennoch, das viele Lernen wurde mir manchmal fast zuviel. Dann redete ich lieber mit Lupo oder mit der Bless, die so ein schönes Tier mit sanften Augen war und unermüdlich einen Huf vor den anderen setzte. Die Bless schloß ich in diesen Tagen fest in mein Herz. Manchmal erzählte ich mir auch, dem Wagen folgend, Nüsse knackend, vom heiligen Martin, dessen Geschichten mir immer noch die liebsten waren. Denn Martin, der ein römischer Offizier gewesen war, hatte eines Tages den Kriegsdienst verweigert, um mit den Armen zu leben, und dabei hatte er viele Wunder unter ihnen geschehen lassen. Wunder vollbringen, das tat der heilige Martin auch noch heute, wenn Menschen sein Grab in Turs besuchten oder ihn zu Hilfe riefen. Wenn die Bucheckern prasselten, ein Rotkehlchen, von Zweig zu Zweig hüpfend, mich begleitete, betete ich zu dem Heiligen für Sunhar und ihr Kind, ich betete auch für den Rab, der in einer so gefährlichen Mission für sein Volk unterwegs war, und ich erbat Martins Hilfe für Sahnun. Für ihn betete ich besonders. Und ich bin sicher, der Heilige hätte Sahnun das Augenlicht zurückgegeben, gleich und sofort an seinem Grab in Turs. Aber Turs lag inzwischen weit hinter uns im Norden, so daß ich nur hoffen konnte, den großen Wundermann wenigstens durch meine Gebete zu erweichen. Die sprach ich im Gehen still für mich, fügte jetzt aber ein Paternoster hinzu, das ich mittlerweile selbst im Schlaf fehlerfrei aufsagen konnte. Und darauf war ich stolz. Denn Lernen macht mich glücklicher als alles sonst in der Welt.

# Limoric

Vor den Kalenden, den ersten Tagen des Martinmonats November, sahen wir nach einer mühseligen Berg- und Talreise die Türme und Mauern von Limoric vor uns liegen. Ja, der Weg war immer beschwerlicher geworden. Ein heulendes Wolfsrudel hatte uns unablässig begleitet, zähe Nebel hatten uns umhüllt, zumal in den Flußniederungen, wo wir uns mit dem Karren über verschiedene Furten hatten quälen müssen. Sahnun und ich hatten oft unsere ganze Kraft aufwenden müssen, um die Räder wieder in Gang zu bringen.

Tatsächlich, Sahnun hatte in die Räder gegriffen wie ich, und ich bewunderte ihn. Ich konnte wenigstens erkennen, daß wir bei aller Mühsal, wenn auch langsam, vorankamen. Aber wie war das für diesen großen, plötzlich erblindeten Jungen? Er mußte das Gefühl haben, viel Arbeit zu leisten, ohne den Erfolg zu sehen. Bis da vorn, bis zu dem Baum noch, konnte ich mich anspornen, dann haben wir's geschafft. Doch für Sahnun gab's da keinen Baum. Er konnte niemals absehen, wie lange, wie weit seine Kräfte noch reichen mußten. Ja, er war gänzlich auf unsere Zurufe und Erklärungen angewiesen, sollte in ihm nicht das Gefühl aufkommen, daß sich die Qual ohne ein Ende dehnte. Und doch hatte Sahnun zugegriffen, sein fahrendes Zuhause in Bewegung zu halten, hatte sich keine Niedergeschlagenheit anmerken lassen.

Nun aber winkte uns und unserem Gespann ein Ruhetag. Der Rab hatte uns mitgeteilt, er wolle in Limoric den Schabbat mit seinen Brüdern im Bethaus verbringen, und wir sollten uns unterdessen verschnaufen. Ich freute mich darauf, je mehr die Stadt in unsere Nähe rückte.

Als wir das Castrum von Limoric fast erreicht hatten, überholte uns ein Trupp Reiter. Ich hörte, wie einer der Männer hinter uns sein Pferd zügelte.

»He, Kaufmann, du da vorn, willst du ein Stück Seide?« rief eine Stimme, die ich so gut kannte, daß ich fast herumflog, ja, fast mich umgedreht und gerufen hätte: Boggis, wie um alle Welt kommst du denn hierher –?

Statt dessen erstarrte ich vor Schreck. Er fuhr mir bis in die Knie, daß ich mit hölzernen Beinen neben Sahnun weiterstakste. Wenigstens war ich geistesgegenwärtig genug, meine dunkle Kappe tief in die Stirn zu ziehen. Sahnun mußte mein Erschrecken bemerkt haben. Er tastete nach meiner Hand, und ich griff nach seiner und preßte sie so hart, daß er einen Überraschungslaut ausstieß.

»*Hurma f-asch?* Was ist los?« rief er.

Ich schüttelte heftig den Kopf und preßte die Lippen zusammen. Doch er sah das ja nicht. Und so flüsterte ich hastig: »*Cauptiliousement!* Vorsicht!« Das wieder verstand er nicht.

Da sah ich auch schon, unter meiner Mütze hervorblinzelnd, Boggis neben dem Rab. Ich hatte mich umsonst gesorgt. Sunhars Mann hatte nicht mit unter den Toten gelegen. Ja, bei den Knochen der Märtyrer, Boggis hoch zu Pferd, er war es wirklich! Mit einer leuchtenden Stoffbahn, die er in der Luft schwenkte.

Wie der Blitz griff ich unter mich und hob Lupo mit einem Kraftakt, den ich mir nie zugetraut hätte, in den Karren. Die Dogge war zu überrascht, um zu protestieren. Heiliger Martin, wenn sie bloß keine Witterung bekam!

»Also, willst du das Tuch?« hörte ich Boggis rufen, der, auf seinem Pferd vornüber gebeugt, das Seidengewebe dem Rab jetzt direkt vor die Nase hielt. Bei Gott, ein schönes Stück! Aber der Mann soll verschwinden, sich in Luft auflösen, flehte ich inständig zum heiligen Martin. Vor Verzweiflung kamen mir die Tränen.

»Nein, Herr«, hörte ich den Rab. »Ich kaufe nichts.«

Boggis ließ nicht locker. »Zwei Solidis, das ist fast geschenkt!« versuchte er noch mal sein Glück.

»Herr, ich besitze nicht einen einzigen Solidus«, antwortete der Rab.

»Aber zwei Sklaven laufen hinter dir her«, stellte Boggis fest.

»Einer ist blind, der andere stumm«, sagte der Alte. »Ein Sarazene und ein Vasconier. Herzog Eudo hat sie mir als Dank für einen Dienst geschenkt.«

»Ein Stummer und ein Blinder, das ist aber ein reizendes Pärchen«, spottete Boggis.

Ich hielt's nicht länger aus. Mit einem Aufschwung war ich unter der Zeltplane verschwunden und begrub Lupos runden Kopf an meiner Brust. Mochte das Schicksal seinen Lauf nehmen! Natürlich roch Lupo, wie mir die Angst aus allen Poren schwitzte. Er kläffte, fuhr mir tröstend mit der Zunge durchs Gesicht, kratzte mit den Vorderläufen über meine Schenkel. Ja, er leckte mir Rotz und Tränen aus dem Gesicht, und ich spürte plötzlich den entsetzlichen Drang, vor lauter Verzweiflung Wasser lassen zu müssen. Gleich würde Boggis die Wagenplane anheben, in den Karren schauen und uns beide entdecken.

Ich hob schon den Kopf, doch nichts geschah. Zwischen dem Rumpeln der Räder hörte ich Boggis weiterreden.

»Mir ist eine Sklavin entlaufen«, rief er. »Ihr Kaufleute seht und hört doch manches. Ich habe zehn Solidis auf ihre Ergreifung ausgesetzt. Kurzgeschorenes Haar, jung, grünliche Augen – wie gesagt, zehn Solidis für den, der sie den Behörden übergibt.«

Jetzt hatte Lupo Boggis' Stimme erkannt. Er richtete sich auf und stieß ein kurzes Bellen hervor, eine Frage. Colon antwortete mit einem Donnergrollen. Ich hielt Lupo mit aller Macht fest und beschwor ihn, Ruhe zu geben.

»Zehn Solidis, das ist nicht viel als Kopfgeld für eine junge Frau«, vernahm ich hinter der Wagenplane jetzt die Stimme des Rab.

»Mehr ist die mir nicht wert«, erklärte Boggis laut. »Aber Strafe muß sein, deshalb will ich sie zurück. Also, halte die Augen auf, ob du was von ihr siehst, Alter!«

Ich hörte ihn schnalzen, dann trabte er davon.

Ich sprang vom Karren, verlor das Gleichgewicht und erbrach mich. Endlos, bis auf die Galle. Als ich hochkam, japste ich nach Luft. Neben mir standen die beiden Männer, Lupo schnüffelte an dem Erbrochenen.

»Pfui«, stieß ich voll Ekel hervor. »Pack dich!«

»Es war also wirklich dein Mann«, hörte ich den Rab sagen.

Ich schluchzte, versuchte zu sprechen, aber der Hals war mir wie zugeschnürt.

Sahnun streckte seine Hand nach mir aus und murmelte: »Kulaiba –«

Ich flog an seine Brust und weinte weiter.

Mehr ist die mir nicht wert, hatte Boggis gesagt. Zehn Goldstücke. Dabei war ich doch immer noch seine Frau, jedenfalls, bis ich neu verheiratet war. Ich löste mich zitternd von Sahnun. Doch jetzt zitterte ich vor Wut.

Neben dem Karren hielten wir Rat. Lupo hatte ich angeleint. Der Rab erklärte Sahnun meine, unsere Situation, sagte ihm, er habe uns beide als seine Sklaven ausgegeben, wie er mir zwischendurch übersetzte.

Sahnun nickte zustimmend. »Sadakta wa bararta, das ist in Ordnung!« Er verstand die schwierige Situation, in die wir durch das Auftauchen meines Mannes geraten waren.

»Doch was jetzt?« fragte mich der Rab. »Am besten ließen wir Limoric liegen und führen gleich weiter. Aber möglicherweise begegnen wir gerade dann deinem Mann noch mal. Ich denke, er ist mit den übrigen Soldaten und Herren unterwegs in den Süden. Wie wir. Vielleicht hofft der Princeps, die Söhne Jischmaels ein zweites Mal zum Kampf zu stellen.«

Währenddessen überlegte ich fieberhaft. Je länger wir verweilten, um so größer war die Chance, daß Boggis inzwischen weiterritt, das stand fest. Jakob sollte also ruhig seinen Dies Sabbati im Bethaus begehen. – Das sagte ich auch dem Rab. Der stimmte, obzwar zögernd, nach einigem Nachdenken zu. Also besprach er sich mit Sahnun, und wir kamen überein, die Tiere auszuspannen, aber vorsichtshalber außerhalb des Mauerrings zu bleiben. Wir beide, Sahnun und ich, unter dem Schutz der Doggen. Doch Lupo war in diesem Fall natürlich keine wirkliche Hilfe, wenigstens nicht für mich. Wenn der nämlich Wind von seinem Herrn bekam, war's um mich geschehen. Darum versprach ich dem Rab, Lupo nicht von der Leine zu lassen, bis wir übermorgen am Dies Dominicus weiterziehen würden.

Wir fühlten uns von unseren Doggen gut bewacht. Bevor der Rab sich mit den Maultieren von uns verabschiedete, hatte er uns aus der Stadt einen Korb voller Essen gebracht. Sahnun und ich ließen es uns schmecken. Inzwischen hatte sich die Sonne entfernt, und ich hätte die ersehnte Ruhe genießen können.

Doch meine Angst war noch nicht verflogen. Hatte Boggis tatsächlich die Behörden benachrichtigt? Das Bischofs- und Grafenamt von Limoric? Zehn Solidis Kopfgeld waren immerhin eine beträchtliche Summe. Einen Solidus betrug der Monatssold für einen Soldatus, den Gegenwert einer Milchkuh. Es lohnte sich schon, die Augen offenzuhalten, wenn einem eine junge Frau über den Weg lief, die kurzgeschorenes Haar und grünliche Augen besaß und auf deren Ergreifung zehn Solidis, der Wert einer kleinen Kuhherde, ausgesetzt war.

Gut, daß der Rab eingewilligt hatte, den Karren hier am Mauerring abzustellen. In die Stadt hätte ich mich gar nicht erst hineingetraut. Ich traute mich nicht mal, unter dem Wagen zu schlafen, aus Furcht, es könne mich dort jemand entdecken. Also kroch ich zu Sahnun unter die Plane in den Wagenkasten. Neben ihm und dem Gepäck fand sich noch ein schmales Plätzchen für mich.

Sahnun war bald eingeschlafen. Ich starrte ins Dunkel, gegen den blassen Schimmer auf der Plane, durch die ein wenig Mondlicht sickerte. Wie groß die Welt war! Brittany, Gallien, das Land Andalusien, aus dem die Sarazenen kamen, Griechenland mit seinen *tut*-Bäumen, Afrika, wo es schwarze Menschen gab – und ich, ein einzelnes Menschlein, verloren zwischen den Himmelsrändern. Ohne ein Zuhause, ohne Menschen, die irgendwo auf mich warteten. Angst und Trauer ließen mich nicht zur Ruhe kommen.

Der Mond wanderte über die Plane, unsere Doggen bewegten sich unter dem Wagenkasten, Sahnun atmete tief, irgendwo ertönte ein leises Lachen – ach ja, in einer Welt, in der es nichts zu lachen gab, da sollte man lachen, sooft es geht. Schon aus bloßem Trotz, sagte ich mir. Und lächelte tatsächlich über mir dem Mondflecken zu, der mich an das verhangene Fenster unserer Kinderstube in Glanfeuil erinnerte. Mit diesem tröstlichen Gefühl schlief ich endlich ein.

Aber es war kein Schlaf, in dem sich die Glieder lösen. Ich schlief flach, unruhig, und erst in den Morgenstunden holte mich der Schlaf richtig hinüber.

Ich erwachte von einer Berührung, von einer Hand, die über mich strich, von Händen, die nach mir tasteten. Sahnun, dachte ich schläfrig, bis seine Hand nach meiner Brust griff.

Alarmiert kam ich zu mir, hörte Sahnuns Stimme gepreßt stöhnen, Kulaiba, Kulaiba flüstern, spürte seinen Kopf, sein Gesicht an meinem Hals, heißen Atem. Meine Nackenmuskeln versteiften sich. Neina, dachte ich verzweifelt, nein, nein, das nicht und schob seine Hände von mir, setzte mich auf. Sahnuns Augen öffneten sich, sahen mich verwirrt an, dann rollte er sich auf den Rücken, atmete tief und schlief weiter.

Der Rab hatte schon recht. Es ist nicht einfach, ein Mensch mit dem Körper einer Frau zu sein. Aber wie schwierig das war, das konnte auch er nicht wissen. Schließlich war Jakob ebenfalls ein Mann.

Ich kauerte mich auf meine Fersen. Sahnun lag ruhig und entspannt neben mir, das sanfte Tageslicht auf seinen Lidern. War ihm das im Schlaf passiert? Ja, er lag so schlafversunken unter seinen Decken, daß ich das am liebsten geglaubt hätte. Ein Lächeln spielte um seine Lippen. Es erinnerte mich an Sunhar, meine Schwester, von der ich mich morgens meist auf Zehenspitzen fortgestohlen hatte. Die hatte im Schlaf manchmal auch so gelächelt. Und am liebsten hätte ich Sahnun jetzt geküßt, überwältigt von Kindheitserinnerungen und geschwisterlicher Zuneigung. Doch ich mußte dringend hinaus, um mich in den Büschen zu erleichtern.

Lupo nahm mich schwanzwedelnd zur Kenntnis.

Auf dem Rückweg zum Wagen drang mir plötzlich der Duft frisch gerösteter Kastanien in die Nase. Ich schnupperte, Erinnerungen an Glanfeuil. Das Wasser schoß mir im Mund zusammen. Ich folgte dem Duftfaden und landete bei einem Bretterverschlag, wo eine alte langknochige Frau mit buschigen Haaren, der die Augen tief in den Höhlen lagen, zerbröselte Kastanien, vermischt mit Rosinen und Honig, in der Pfanne kandierte. Es gibt nichts in der Welt, was so lecker schmeckt! Mutter hatte am Martinstag immer eine Gans mit dieser Kastanienfüllung gebraten, und der November stand ja unmittelbar vor der Tür! Ich fingerte eine Sceatta aus meiner Tasche, sprach die Alte behutsam an, legte ihr das Silberstück auf ein Brett und bat sie um eine Kostprobe.

»So viel Geld habe ich lange nicht gesehen«, sagte sie kopfschüttelnd, daß ihre weißen buschigen Haare flogen. »Und das soll ich kriegen für die paar lumpigen Kastanien?«

»Nur ein paar möchte ich, Mutter«, erklärte ich ihr.

»Alle, alle, Tochter, mußt du nehmen, wenn du sie haben willst. Auch ohne Geld«, widersprach sie.

»Nein, mit Geld«, beharrte ich. »Wenn du ein wenig davon in eine Schüssel tust. Die Schüssel bringe ich zurück, unser Wagen steht gleich um die Ecke.«

Murmelnd, und immer noch kopfschüttelnd, kramte die Alte schließlich eine Tonschüssel hervor, schwenkte sie und trocknete sie mit ihrem Kittelzipfel. Ich kniff die Augen zu, um nicht so genau hingucken zu müssen, und dachte an Kastanien, Rosinen, Honig für Sahnun und für mich.

Das Tongefäß wurde auf dem kurzen Weg so heiß, daß ich mir die Finger verbrannte. Aber egal. Vor dem Karren setzte ich die Kastanien schleunigst ab und rief nach Sahnun.

Lupo bellte, Colon streckte sich, und ich sagte zu Lupo: »Gleich kommst du dran, gedulde dich!«

Im Wagen regte sich nichts. Sahnun schlief lange. Ich schob die Erinnerung an heut früh beiseite. Auf den Fersen hockend, kostete ich ein wenig von der glühheißen Kostbarkeit. Ich verbrannte mir regelrecht die Fingerspitzen. Trotzdem blieb es natürlich nicht bei einer kleinen Kostprobe. Also teilte ich redlich mit meinen Augen. Eine Hälfte für mich, die andere für Sahnun. Bis ich meine Hälfte langsam und genüßlich verzehrt hatte, läuteten die Glocken zur Frühmesse. Sahnun ließ weiter auf sich warten. Und kalt schmecken die Kastanien nur halb so gut. Also schlug ich die Plane hoch, um Jakobs Schützling zu wecken.

Der Karren war leer. Ich wollte meinen Augen nicht trauen, blinzelte, doch es blieb dabei, von Sahnun war keine Spur zu entdecken. Natürlich, er war in den Büschen. Aber wie kam er dahin und wieder zurück? Ich ließ die Kastanienschüssel stehen und rannte an der Wasserstelle vorbei zum Gebüsch, rief dabei halblaut seinen Namen. Heiliger Martin, jetzt hat er sich verlaufen, dachte ich, plötzlich von Panik erfüllt. Ja, und ich verwünschte meine Nase, die mich von unserem Karren weggelockt hatte.

Das Gelände vor Limorics Mauern war unübersichtlich. Da gab es Bodenfalten, Baumreihen, alte Mauerreste, und überall konnte Sahnun liegen. Er konnte sich die Arme, die Beine gebrochen, den Kopf aufgeschlagen haben. Meine Panik wurde immer größer. Dann fiel mir Lupo ein.

Warum erst jetzt? schalt ich mich und rannte zurück zum Karren. Lupo hatte inzwischen die Kastanienschüssel ausgeleckt und sah mich mit schlechtem Gewissen an. Ich hielt mich nicht damit auf, ihn auszuschelten, band seine Leine vom Wagen, rieb ihm Sahnuns Decke unter die Nase.

Er nahm die Spur sofort auf, führte mich an die Hecke, schnüffelte aufgeregt im Kreis herum, kläffte und blickte zu mir auf.

»Ja, weiter, such, wo ist Sahnun?« drängte ich ihn.

Lupo führte mich noch mal im Kreis, ich bemerkte verschiedene Fußspuren, zerknickte Äste, und dann hatte Lupo die Nase wieder dicht am Boden und zog mich weiter. Immer weiter vom Karren weg, merkte ich alarmiert. O heilige Mutter Gottes, Lupo zerrte mich durch einen Mauereinlaß, in eine Gasse, an Häusern vorbei, er zog mich über eine Straße. Aber nein, das war unmöglich! Sahnun mußte doch gemerkt haben, daß er verkehrt gelaufen war, wenn er plötzlich zwischen die Häuser geriet. Die hörte er doch, nahm sie wahr, genau wie Bäume, Steine oder größere Bodenwellen im Wald. Er wäre stehengeblieben, ganz bestimmt, oder er wäre im Kreis gelaufen. Lupo jedoch lief nicht im Kreis, blieb nicht stehen. Die Nase am Boden, führte er mich durch die erwachende Stadt, vorbei an Karren, leeren Marktständen, vorbei an einer Kirche mit Friedhof – das alles konnte doch nicht wahr sein! Meine Augen hasteten umher, ich mußte die Tränen zurückdrängen. Ach was, ich vertat ja nur meine Zeit, hier war Sahnun nie im Leben gegangen! Das knirschende Geräusch einer Eselsmühle, ein Hof, Lupo, der mir fast die Leine aus der Hand riß –

Ja, da war der riesige Steintrichter, die umlaufende Rinne, in die das Mehl fällt, und da war Sahnun. Sahnun in Lumpenfetzen, gebeugt um den Mühlstein hetzend, der das Getriebe in Bewegung hält. Ein paar Männer. Doch ich sah nur den einen, der mit einem schweren Prügel Sahnun vor sich hertrieb.

»Hutz, hutz«, schrie er, als Sahnun stolperte, »hutz, hutz«, und stieß ihn weiter.

Ich schrie, mit überkippender Stimme schrie ich los.

»Aufhören, laß den Jungen gehen!« brüllte ich. »Aufhören, aufhören!« Aber da hatte sich Lupo schon aus meinen Händen befreit, die Fänge entblößt, war er mit zwei, drei Sätzen an dem Treiber, der flog herum, holte aus und traf das Tier mit seinem Prügel mit solcher Wucht, daß die Dogge regelrecht durch die Luft flog. Ich vernahm das Knacken von Knochen, hörte einen jaulenden Schmerzenslaut, aber um Lupo konnte ich mich nicht kümmern.

Ich fiel über den Prügelmann her, mit bloßen Händen, mit Fußtritten fiel ich ihn an.

Der Mann stürzte fluchend zu Boden, dann landete ein Schlag auf meiner Schulter, ein krachender Schlag auf meinem Kopf. Ich sah einen Blitz, dann war es dunkel um mich, nachtschwarz.

Als ich wieder zu mir kam, saß ich eingepfercht, an Händen und Füßen gefesselt, den Kopf auf den Knien, zwischen anderen Leuten in einem dunklen Karren, der sich rumpelnd vorwärts bewegte. Mein Kopf dröhnte vor Schmerzen. Was war geschehen? War ich verletzt, blutete ich? Aber es war ein böser, dumpfer Krampf, der meinen Schädel zusammenpreßte, kein heißer Wundschmerz.

Unvermittelt fiel mir ein, daß unsere Mutter mich, wenn sie losschimpfte, wer weiß wie oft einen »Dickkopf« genannt hatte. »Mußt du schon wieder deinen Dickkopf aufsetzen«, hatte sie gerufen, wenn ich nicht wollte wie sie. Ja, ich habe einen harten Schädel, und den Heiligen sei diesmal Dank dafür. Ich war noch am Leben, wenn ich auch mit jeder Erschütterung des Karrens von neuem Sterne vor den Augen sah. O Gott, wie gemein das weh tat. Und in meiner rechten Schulter pochte es heftig.

Nach einiger Zeit versuchte ich mich vorsichtig zu orientieren. Zu mehreren Leuten hockten wir auf der Ladefläche, über uns eine stinkende, dunkle Zeltplane, die säuerlich nach verwesendem Fleisch roch. Die Hände auf den Rücken gebunden, die Füße verschnürt, war mir nur wenig Bewegungsfreiheit gelassen, doch ich konnte mich so weit umwenden, daß ich sah, daß wir vier Frauen oder Mädchen und zwei Männer waren. Jetzt erst kam ich richtig zu mir. Wo war Sahnun? Ich versuchte mit meinen Augen das Halbdunkel zu durchdringen, und dann vernahm ich zwischen dem Wimmern und Ächzen eine murmelnde Stimme. Sahnun rezitierte den Koran. Irgendwie war das ein Trost. Ja, wir waren zusammengeblieben. Aber wo? Und was geschah mit uns?

Die Erinnerung meldete sich, schmerzhaft deutlich. Die Eltern, ich, beim Salzsieden in der Baie, der Überfall. Damals hatte ich einen Tag lang vor einem Bretonen auf dem Pferd gelegen, diesmal hockte ich auf einem Karren. Wir wurden entführt. Wir waren in der Gewalt von Plagiatoren, von Menschenräubern, soviel war sicher, was denn sonst?

Neina, ich wollte nicht losschreien, aber ich konnte den Aufschrei kaum unterdrücken. Die hatten Sahnun bei den Büschen in ihre Gewalt gebracht, ach, Sahnun in seinen schimmernden Kleidern, ein junger Mann mit fester Gestalt, auf geraden Beinen. Mit dem ließ sich Geld machen. Ach, und alles, alles meine Schuld. *Conchie*, Scheiße, Scheiße, die verdammten Kastanien, die Erinnerung an die Martinsgans. Hätte ich doch Sahnun zu den Büschen begleitet, wäre ich nur dabei gewesen! Und Lupo! Nun konnte ich nicht mehr an mich halten und heulte laut los. Oh, wie es geknallt hatte, als der arme tapfere Kerl durch die Luft flog. Ob er überhaupt noch lebte? Ach was, versuchte ich mir zuzureden, das ist ein zäher Kerl, ein zähes Biest wie du.

Und da war schließlich und endlich ja auch noch der Rab. Aber heute war Schabbat, fiel mir ein. Jakob würde heute gar nicht zum Wagen kommen. Wieviel Schritt durfte man am Schabbat aus der Stadt? Mir fiel es nicht wieder ein, der Rab hatte es nur einmal beiläufig erwähnt. Aber er hatte ohnehin keinen Grund, heute nach uns zu sehen. Er hatte uns den Essenskorb gebracht, hatte uns unter dem Schutz der Doggen zurückgelassen. Und der Beutel – der Beutel mit dem Seidenwurmfutter! Gott, wo war der? Ach, den hatte Jakob an sich genommen, fiel mir wieder ein. Mein Kopf funktionierte also noch. Und Colon, festgebunden am Wagen, bis heute abend ohne Wasser. Was hatte ich nur angerichtet, unvorstellbar war das alles! Natürlich würde der Rab uns suchen, nach dem ersten Schreck. Und was für ein riesiger Schreck würde das sein für den alten Mann! Und vor meinem Gewissen konnte ich mich mit nichts, aber auch mit gar nichts herausreden. Es waren tatsächlich diese verdammten Kastanien, die jetzt in meinem Bauch mit mir durch die Gegend fuhren. Gott, wie konnte das nur geschehen? Sahnun und ich in den Händen von Sklavenhändlern! Wir beide hier auf dem Karren, unterwegs zu einem ungewissen, nein, gewiß zu einem trostlosen Schicksal.

Ich hörte es an den Geräuschen, der Karren hatte die Mauern inzwischen hinter sich gelassen und bewegte sich durch eine offene Landschaft. Die Räder polterten und schaukelten, wir wurden hin- und hergeworfen. Wenn ich es bloß schaffte, in Sahnuns Nähe zu kommen! Aber vor mir kauerte eine andere Frau und dahinter noch ein Mädchen. War dies verlorene, orientierungslose Gefühl schon schlimm für mich, wie mochte es erst Sahnun ergehen? Mit diesen körperlosen Stimmen um ihn, den Klage- und Wehlauten, Flüchen in einer fremden Sprache, mit Stimmen, die aus einem dunklen Nichts kamen und wieder dorthin verschwanden. Ich mußte mich ihm bemerkbar machen, damit er etwas hatte, woran er sich halten konnte in seiner doppelt dunklen Welt.

»Sahnun«, rief ich mit unterdrückter Stimme. »Sahnun, ich bin hier, Sahnun!«

Er unterbrach sein gemurmeltes Gebet, richtete den Kopf in meine Richtung und horchte.

»Sahnun, ich bin hier«, wiederholte ich. »Itta, ich bin's.«

»Kulaiba«, antwortete er laut. »Kulaiba *makkai*!«

Er hatte verstanden, ich atmete auf.

Seine Stimme ging abermals in murmelndes Flüstern über. Doch er hatte geantwortet, hatte »Kulaiba« gesagt.

Der Rab nannte mich »kleine Nokrit«, und für Sahnun war ich »Kulaiba«, er sah dabei seine Kinderfrau vor sich. Für ihn hatte ich ihr Gesicht. Wie mochte diese andalusische Kulaiba ausgesehen haben? Ein bißchen wie ich oder ganz anders? Egal, für Sahnun gab es nur eine Kulaiba, und ich trug deren Gesicht. So war das nun mal.

Der Rab hatte bei irgendeiner Gelegenheit stirnrunzelnd gesagt, ich solle mir das nicht bieten lassen. »Kulaiba« sei fast so etwas wie ein Schimpfname, das Wort bedeute nämlich »Hündchen«, ein weibliches kleines Hundetier. Schließlich sei ich doch eine Freie, keine Sklavin wie diese andalusische Kinderfrau, hatte der Rab noch hinzugefügt. Sahnun müsse in einem respektvolleren Ton mit mir reden.

Ich hatte bloß gelacht. Und hatte dem Rab erklärt, wenn Sahnun mich in Gedanken mit seiner Kinderfrau verbinde, so sei das nur gut. Dann habe er doch wenigstens einen Menschen, der ihn an sein Zuhause erinnere. Im übrigen, hatte ich dem Rab vorgehalten, würden Hunde hierzulande, manche wenigstens, in hohen Ehren gehalten. Die Franken sähen zum Beispiel für Hundediebe eine Strafe von fünfzehn Solidis vor. Fünf mehr, als ich Boggis, meinem Mann, wert war. Aber nein, der Alte war von seiner Meinung nicht abzubringen gewesen.

Es hatte mir richtig Spaß gemacht, mit ihm zu streiten. Zu guter Letzt hatte ich den Rab an Colon erinnert, den er gelegentlich *kulo leb*, großes Herz, nannte, wie er's mir selbst übersetzt hatte. Colon, ja, der sei freilich eine Ausnahme, hatte der Alte eingeräumt. Also, dann bin ich auch eine Ausnahme, hatte ich unseren Disput beendet. Wenn Sahnun mich Kulaiba nenne, sähe ich darin keine Verunglimpfung. Und ich fühlte mich durchaus nicht als Spielhündchen, sondern eher wie ein großes Doggenweibchen, das auf den Jungen aufpassen müsse! Diesmal hatte der Rab gelacht, und ich war sehr mit mir zufrieden gewesen.

Ich weiß nicht, wie es zugeht, daß man zwischendurch oder gleichzeitig an so viele verschiedene Dinge denken kann. Doch ich konnte. Wenigstens jetzt wieder, obwohl mir von Augenblick zu Augenblick klarer wurde, wie hoffnungslos unsere Lage war. An Flucht war überhaupt nicht zu denken. Die einzige Hoffnung war der alte Jakob. Daß der etwas unternehmen würde, wenn er heute abend oder morgen mit seinen

Maultieren zu dem Karren zurückkehrte. Obwohl er eigentlich froh sein konnte, uns beide auf diese Weise losgeworden zu sein, oder nicht? Unsinn, sagte ich mir. Doch was konnte der Alte schon unternehmen? Mit jeder Raddrehung entfernten wir uns weiter von Limoric, morgen würden wir völlig aus seiner Reichweite sein. Was blieb uns dann aber noch für Hoffnung? Ich sah keine.

Meine Beine, meine Arme wurden langsam taub. Mühsam versuchte ich eine andere Stellung einzunehmen. Doch die Frau vor mir schimpfte derart laut los, daß ich vor Schreck umkippte und mit dem Kopf gegen sie flog. Nun schrie auch ich, aber vor Schmerz. Der ging mir wie ein glühendes Eisen durchs Gehirn, und ich spürte Brechreiz in mir aufsteigen. Als der Schmerz sich allmählich legte, blieb ich verkrampft sitzen, aus lauter Furcht, durch eine falsche Bewegung den Schmerz aufs neue zu entfachen.

»Kulaiba«, hatte Sahnun heute früh geflüstert, als er mich mit seinen Händen bedrängt hatte. Mit Gewalt schob ich die unangenehme Erinnerung beiseite. Schließlich war es ja doch vielleicht im Schlaf geschehen, jedenfalls im Halbschlaf. Und ich rief mir ins Gedächtnis zurück, wie entspannt Sahnun später dagelegen hatte, irgendwie mit Sunhars Lächeln im Gesicht, daß ich ihn am liebsten in den Arm genommen hätte. Ein zärtliches Gefühl, wie ich's sonst höchstens Lupo gegenüber hatte. Und damit war ich wieder bei den Hunden – *Conchie*, mußte der Rab immerzu recht behalten?

Ein lautes Geräusch draußen holte mich aus meinen Gedanken. Ich richtete mich auf und warf der Frau vor mir einen fragenden Blick zu. Prasselnde Hufe, Geschrei, das Klirren von Waffen, der Wagen kam zum Stillstand. Noch mehr Schreie, jetzt Kampfeslärm, hallende Schläge, Schmerzensrufe. Irgendwo dazwischen glaubte ich einen Augenblick die Stimme des Rab zu vernehmen, war mir aber nicht sicher. Da draußen wurde gekämpft. Wer mit wem? Oh, dachte ich, das muß der Rab sein! Er ist uns mit Stadtwachen hinterhergeritten, heiliger Martin, beschütze ihn! Wir drehten unsere Köpfe hin und her, je nach der Richtung, aus welcher der Kampfeslärm kam, bald näher, bald ferner. Einmal stieß etwas mit voller Wucht gegen unser Fuhrwerk, daß es gefährlich schwankte. Wir schrien laut auf.

Dann war's mit einem Schlag still. Wir flüsterten, lauschten. Nichts regte, nichts bewegte sich. Auch nicht unser Karren. Der stand einfach irgendwo in einer unbestimmbaren, fremden Landschaft, die uns ebenso verschlossen war wie Sahnuns blinden Augen. Könnten wir doch nur ein Fitzelchen von der Außenwelt erhaschen! Genau das ist es, dachte ich. Zwischen Wissen und Sehen besteht eine Verbindung. Die war jetzt für uns zerschnitten. Unsere Wirklichkeit endete an der Innenhaut dieser stinkenden Wagenplane. Und was war mit dem Rab? Mit den Stadtwachen? Was war mit den Plagiatoren, mit unseren Entführern geschehen? Warum kam niemand und riß die Plane auf? Ich ruckte an meinen Fesseln, ließ es aber schnell wieder bleiben, weil sie dadurch nur noch tiefer in das taube Fleisch schnitten.

Verdammt, warum kam mir der Gedanke erst jetzt? Wir mußten uns gegenseitig die Fesseln lösen, Rücken an Rücken, daß unsere Hände sich berührten. Frauen sind geschickt mit Knoten, und das war jetzt die große Gelegenheit auszureißen, aus dem Wagen zu fliehen, vielleicht die einzige.

Ich wurde schrecklich aufgeregt, teilte der Frau vor mir meinen Plan mit. Die begriff sofort. Wir schafften es, uns in die richtige Lage zu bringen, und sie tastete nach meinen Fesseln. Mach schneller, hätte ich am liebsten gedrängt, aber natürlich waren unsere Finger taub, oder der Knoten saß so fest, daß ihre Finger einfach keinen Anfang bekamen. Nur mühsam bewahrte ich die Ruhe.

Nach einer Weile, die mir wie eine halbe Weltzeit erschien, erkundigte ich mich: »Kommst du weiter?«

Aber ich merkte schon, daß ihre Bemühungen zu nichts führten, denn die Fesseln scheuerten jetzt noch stärker als vorher.

»Laß mich's bei dir versuchen«, schlug ich vor.

Ja, und ich konnte ein Knotenende ertasten, das lose Ende durch die erste Schlinge ziehen. Wenn nur die Zeit reichte! Da kam die zweite Schlinge, der Knoten öffnete sich halb.

Mit einem Mal riß sich die Frau von mir los und flüsterte: »Laß das, wenn die sehen, daß wir versucht haben auszureißen, dann schlagen die uns tot!«

Das war zuviel. »Blöde Trina«, zischte ich ihr zu. »Gleich wäre ich soweit gewesen! Laß mich weitermachen. Prügel beziehen wir sowieso. Was denkst du eigentlich, was die mit uns machen?«

»Nein, such dir jemand anders«, gab sie beleidigt zurück.

Vor Zorn konnte ich kaum sprechen, versuchte auch nicht, sie weiter zu bedrängen. Zu seinem Glück kannst du niemand zwingen, dachte ich böse, zu seiner Freiheit erst recht nicht. Also gab ich auf. Oh, wie elend ich mich fühlte. Ich hockte da wie unter einem Schock, schwitzte unter den Achseln. Dabei hätte ich nur noch einen Moment gebraucht, um den Knoten zu lösen. Warum saß ich nicht bei Sahnun? An diesem Tag hatte sich aber auch alles, alles gegen mich verschworen.

Draußen rüttelte der Wind in den Bäumen. Regentropfen platschten auf die Plane, große, schwere Tropfen. Es regnete zum ersten Mal seit Tagen wieder. Ich verwünschte das Gepladdere auf dem Wagendach, weil es mir die Ohren derart zuschüttete, daß ich von der Außenwelt rein gar nichts mehr mitbekam. Wo blieb denn nur der Rab?

Dann waren in unmittelbarer Wagennähe plötzlich wieder Hufschläge zu vernehmen. Von zwei Pferden, schien mir. Gedämpft klangen Stimmen zu uns herein, kurzes Gelächter. Mein Herz raste, mein Körper flog vor Erwartung. Gleich würde sich die Plane heben, und wir waren frei! Den anderen ging's wie mir. Sie blickten wie gebannt auf unser Wagendach, als erwarteten sie, daß gleich die Hand des Engelsfürsten Michael über uns erschiene.

Statt dessen ruckte der Wagen an. Die Plane blieb geschlossen, und unser Weg ins Ungewisse ging weiter. Wir stießen tiefe Seufzer der Enttäuschung aus. Die Frau vor mir, blond, mit dicken Zöpfen um den Kopf, weinte. Das Wasser lief ihr aus Nase und Augen, und sie konnte es nicht mal abwischen. Von der Heckklappe her drangen Kotschwaden in unsere Nasen. Keiner beschwerte sich, fluchte oder schimpfte los. Wir saßen alle nun seit Stunden fest, und auch ich hielt schon seit langem ein. Der Wagen rollte über einen abschüssigen Weg, seine Räder drehten sich in stürmischer Eile.

Lebte der Rab noch? Hatte man ihn und seine Helfer in die Flucht geschlagen? Ach was, unwahrscheinlich, daß er ausgerechnet am Schabbat eine Rettungsaktion unternimmt, sagte ich mir jetzt, hinterher. Doch um Leben zu schützen, darf auch die Ruhe des Schabbat gebrochen werden, das wußte ich vom Rab –

Wir wurden durcheinandergeschüttelt, durch die Plane troff inzwischen der Regen, Kotwolken hüllten uns ein. Mein Kopf tat wieder sehr weh, seit der Karren an Fahrt zugelegt hatte.

Hatte womöglich eine Bande von Menschenräubern der anderen die Beute abjagen wollen? Und in wessen Hand befanden wir uns jetzt? Nach wie vor in der Gewalt unserer ersten Entführer? Als wenn das irgend etwas an unserer Lage geändert hätte! Aber ich mußte meinem Kopf etwas zu tun geben, oder ich wurde verrückt.

# Der Cul

Unerwartet kam der Wagen zum Stillstand. Wir blickten uns schweigend an. Ich mußte sehen, daß ich zu Sahnun kam, wenn wir aus dem Wagen befohlen wurden. Die Plane öffnete sich. Zwei Männer schauten über die Heckklappe. Einer der beiden, ein Glatzkopf mit schweren Augenbrauen, das ganze Gesicht eine Schnauze, bedeutete uns stumm, nach hinten zu rutschen. An der Klappe löste er uns die Fesseln und ließ uns mit angeekelter Miene passieren. Ich hielt mich vor Sahnun, daß er, die Hand auf meine Schulter gelegt, mir folgen konnte.

»Kulaiba«, sagte er tonlos.

»Ja, ich bin da«, antwortete ich ihm.

Hinter einem Palisadenzaun wurden wir getrennt. Frauen und Mädchen links, Männer rechts. Ich wurde zu Sahnun und dem anderen Mann gestoßen, einem blutjungen Burschen, wie ich jetzt bei Tageslicht sah. Sein Kittel war kotgeschwärzt. Ja, natürlich, in den Augen dieser Kerle war ich ein Junge. Und so hätte ich bei Sahnun bleiben, ihm helfen können. Aber allein als Frau? Und wer weiß, vielleicht gab es da noch mehr Männer. Neina, ganz bestimmt wollte ich nicht dorthin.

»Ich bin eine Frau«, protestierte ich bei dem Glatzschädel. »Ich will zu den anderen.«

Gleichmütig wies er mit dem Daumen in die Frauenecke und steckte sich ein Hölzchen zwischen die schwarzen Zähne.

Inzwischen tauchte in einer Schuppentür ein dritter Mann auf. An seiner Seite liefen zwei angeleinte Hunde. Die Tiere, eine undefinierbare Mischung verschiedener Rassen, sahen übel aus. Eingerissene Ohren, Narben, schlecht verheilte, nässende

Wunden – ein Anblick zum Erbarmen. Also, mit den beiden würde ich mich besser nicht anlegen!

»Los, in die Büsche!« befahl der Hundemann. »Frauen links, Männer rechts. Dann jeder zurück an seinen Platz.«

Ich hatte es so eilig, daß ich's nicht mal schaffte, einen Blick auf Sahnun zu werfen. Ihr guten Engel, habt Mitleid mit ihm, flehte ich, während ich mich erleichterte. So schnell ich konnte, lief ich zu ihm zurück. Sahnun stand mit hängenden Armen, den Kopf gereckt, an dem Palisadenzaun. Die Hunde tobten, rissen mächtig an ihren Leinen, als ich über den verschlammten, verdreckten Hof rannte.

»He, *con*, du da«, schrie der Hundemensch mich an. »Pack dich in deine Ecke!«

»Der Mann hier ist blind, blind auf beiden Augen«, schrie ich zurück. »Der weiß doch überhaupt nicht, wo was ist!«

»Blind – ?« fragte der Mann ungläubig. »Ripoll, was habt ihr euch denn da andrehen lassen?«

»Nicht meine Sache«, rief der Schnauzenmann zurück. »Da soll der Herr entscheiden, was mit dem Bastard wird. Ich hab von blind nichts mitgekriegt.«

Der Hundehalter stampfte ungeduldig mit der Ferse auf und rief dem jungen Burschen, der in Sahnuns Ecke zurückkehrte, zu: »Bring ihn in die Büsche! – Und du, *con*, beweg dich, marsch, auf die andere Seite«, schrie er mich an.

Zögernd folgte ich. Im Umschauen sah ich, wie der Bursche Sahnun am Arm packte und seitwärts zog. Ihr guten Engel, habt Erbarmen, flehte ich von neuem, das alles hat Sahnun nicht verdient!

Zuerst roch ich es. Diesen säuerlich stumpfen Gestank kannst du mit nichts in der Welt verwechseln. Dann hörte ich's auch, und als der Hundehalter uns Frauen in den Schuppen verfrachtet hatte, da sah ich es dann: Ich war wieder im Flachs gelandet! Ein paar Mädchen oder Frauen standen gebückt über einem Bohlenlager und brachen Flachs. Das heißt, sie schlugen mit schweren Holzschaufeln auf die verrotteten Flachsstengel, damit die Fasern weich wurden. Das braucht alle Kraft, sonst wird daraus nichts. Dann geht's weiter über die Hechelbretter, um die langen von den kurzen Fasern zu trennen, und zum Schluß bist du dann am Wickeln. Du kannst dich anstellen, wie du willst, du schneidest dir unweigerlich die Finger, die Hände blutig. Und je feiner der Flachs werden soll, um so schlimmer für dich. Heilige Mutter Gottes, ich war im Arbeitshaus gelandet!

Die Frauen mit den Holzschaufeln blickten kaum auf, als wir in den Raum gestoßen wurden. Sie arbeiteten unter ohrenbetäubendem Getöse weiter.

»Hier kommt Ablösung!« rief der Hundehalter fröhlich. »Geht ihr ans Hecheln, die Zugereisten können jetzt mal Flachs schwingen.«

Wir gehorchten stumm.

Schon nach den allerersten Schlägen spürte ich meinen Kopf. Jeder Schaufelschlag schickte mir einen neuen Schmerzstoß in den Schädel. Mutlos ließ ich die Schaufel fallen und faßte unter meine Kappe. Nein, eine Wunde hatte es nicht gesetzt, aber wer weiß, ob das gut war. Ein dicker, aufgebeulter Striemen lief mir über den halben Kopf. Die Kappe hatte die Wucht des Knüppels gedämpft. Aber der Striemen glühte, die kleinste Bewegung ließ mich aufschreien.

»Mach das nicht«, rief mir eine Frau vom Hechelbrett zu. »Bei Arbeitsverweigerung setzt es Strafen.«

»Ich verweigere keine Arbeit«, rief ich zurück. »Nur die Wunden lecke ich mir. Ich bin Itta, und wer bist du?«

Almodis war ihr Name, und ich mochte sie gleich. Sie war die älteste von uns, ich schätzte sie auf zwanzig Jahre. Die anderen waren in meinem Alter oder noch darunter, Kinder beinah noch von dreizehn, vierzehn Jahren.

Auf meine Schaufel gelehnt, fragte ich Almodis: »Und was passiert mit uns?«

»Kannst du dir doch denken«, sagte sie und ließ ihren Blick über mich gleiten. »Frauen für öffentliche Häuser werden wir. In Hispania, Afrika, oder was weiß ich. Wir werden an die Ungläubigen weiterverkauft.«

Ich hätte's mir wirklich denken können. Und die Männer? fragte ich mich. Sahnun käme auf diese Weise zurück in seine Heimat, wenn er das hier überlebt. Ein Lichtblick wenigstens in dem ganzen Elend.

Die Tür flog auf, und der Hundehalter beehrte uns. Ich blieb stehen, auf meine Schaufel gelehnt.

»Was soll das?« fuhr der Mann mich an. »Arbeitsverweigerung?«

»Deine Leute haben mir fast den Schädel eingeschlagen«, erklärte ich und zeigte auf meinen Striemen. »Wenn ich damit weitermache, falle ich um. An mir verdienst du dann nichts mehr, Bastard.«

In seinen Augen zuckte es auf, er grinste breit. »Gut gesprochen, *con*«, sagte er und leckte sich mit der Zunge rechts und links die Backen. »So kleine freche Dinger, wie du's bist, haben die Pinkelbrüder gern. Du verstehst. Für dich werde ich einen Extrapreis machen.«

Ohne eine weitere Bemerkung verließ er mit kurzen festen Schritten, seine stinkenden Hunde an der Leine, den Raum.

Ich begab mich zu Almodis ans Hechelbrett. Bloß herumstehen mochte ich nicht. Flachs durch die Hechel ratschen reißt dir zwar die Finger wund, aber es tut wenigstens im Kopf nicht weh.

Alles in allem wurden wir erträglich behandelt, merkte ich gleich an diesem ersten Tag. Das heißt, alles hätte noch viel schlimmer sein können. Wir waren eben verderbliche Ware, darum quälte und prügelte man uns nicht im Übermaß. Und arbeiten taten wir zu guter Letzt von selbst, weil uns gar nichts anderes übrigblieb. So ging die Zeit wenigstens herum. Trotzdem lag am zweiten Morgen nach unserer Ankunft eins von den Mädchen tot im Stroh. Sie hieß Emma und hatte sich einen Eisenhaken ins Herz gestoßen. Wir standen wortlos um ihre Leiche. Ich glaube, wir alle bewunderten Emmas Mut. Und ich denke, wir alle wußten, daß früher oder später auch uns selbst nichts anderes übrigblieb. Der Glatzkopf mit dem Schnauzengesicht schleifte die kleine Leiche später hinaus. Was sie danach mit Emma gemacht haben? Ich wollte nicht darüber nachdenken. Emmas Eltern würden ohnehin nie von ihrem Tod erfahren, und das war vielleicht sogar gut so.

An unserem Tagesablauf änderte Emmas Tod nichts. Morgens wurden wir zum Waschen in den Hof entlassen, fanden bei der Rückkehr im Arbeitsraum eine Schüssel gesüßten Getreideschrot vor, noch mal die gleiche Menge zur Abendzeit, dazwischen lag die Arbeit: Flachs schwingen, durchhecheln, aufgarnen. Der schlimmste Augenblick des Tages war, wenn Cul erschien, der Hundehalter, den die Frauen, ich weiß nicht wieso, das »Nadelöhr« nannten. Er suchte sich eine unter den Frauen aus und verschwand mit ihr. Was Cul ihnen antat, darüber wollte keine der Frauen reden. Aber als Emma sich den Eisenhaken ins Herz stieß, war sie am Tag zuvor vom Cul abgeführt worden. Ich zitterte vor der Begegnung. Irgendwann in den nächsten Tagen würde ich fällig sein.

Beim Schwingen konnte man sich nicht unterhalten. Die Arbeit war zu anstrengend und natürlich auch zu laut, um dabei Gespräche zu führen. Beim Hecheln und Aufgarnen dagegen wurde erzählt, manchmal auch abends noch im Stroh. Geradezu unerschöpflich schien mir der Geschichtenvorrat der Mädchen und Frauen zu sein. Frauensachen, Männer wurden durchgehechelt, Späße gemacht. Zwischendurch erzählte eine

Frau aus ihrem Dorf, wo man einen Altar verprügelt habe, in dem die Knochen eines Heiligen verwahrt lagen. Ja, sie alle, groß und klein, hätten auf den guten Heiligen eingedroschen und ihn angeschrien: »Warum hilfst du uns nicht, lieber Herr? Hast du uns vergessen? Schläfst du?« Und, o Wunder, am selben Tag sei die Sonne durchgebrochen, nachdem es zuvor endlos in die reife Frucht geregnet habe. Von ähnlichen Vorfällen in ihren Dörfern wußten auch die anderen Frauen zu berichten. Eine heitere Geschichte steuerte Natilde, unsere Jüngste, bei. Sie erzählte von einer Nonne, die sich so voll Eßlust über eine Schüssel Salat hergemacht hatte, daß sie vergaß, das Kreuz darüber zu schlagen. »Nun stellt euch vor«, sagte Natilde, »gleich war sie von einem Teufel besessen. Der Priester mußte kommen. Und kaum war der Mann in der Küche erschienen, wo die gute Nonne am Boden lag, als der kleine Teufel vor Schreck losweinte: Ich hatte doch bloß auf einem Salatblatt meinen Mittagsschlaf gehalten, da ist dieses Weib gekommen und hat mich aufgefressen!« Alle lachten über den Teufel auf dem Salatblatt, und jemand neues erzählte von einem Priester, der mitten im Gebet einem Bettler seine Hosen überließ und so halb entblößt die Messe zu Ende zelebrierte. – Ach ja, ich weiß, an solchen Geschichten mangelt es nicht. Mich langweilten sie, weil ich sie alle in der einen oder anderen Form schon mal gehört hatte.

»Itta, von dir haben wir noch keine Geschichte bekommen«, sprach mich abends im Stroh eins von den Mädchen an. Ich denke, es war die kleine Saura.

»Mir fällt keine ein«, antwortete ich matt und drehte mich zur Seite, während die anderen Frauen weiterredeten. Vielleicht hätte ich ihnen die Geschichte von der schönen Melusine erzählen sollen, aber die hatte mir der Rab kaputtgemacht. Überhaupt, ich mochte mich nicht zu sehr mit den anderen Frauen einlassen. Ich hatte so viel Kummer, daß ich damit bei mir selbst am besten aufgehoben war. Denn abfinden mit meiner Lage konnte ich mich nicht, es öffnete sich aber auch kein Fluchtweg. Vielleicht, wenn Cul, das Nadelöhr, mich abholte. Ja, wenn ich Gelegenheit hätte, würde ich den Mann ohne Zögern umbringen. Genau wie der Rab den falschen Priester. Doch da waren noch die Hunde, die anderen Männer, der Palisadenzaun. Meine Lage war also völlig aussichtslos, und ich verfiel in regelrechten Trübsinn.

Bisher hatte ich immer ein Ziel vor Augen gehabt. In Brittany war es Catalon gewesen: Denn an Boggis hatte ich mich in meiner Gefangenschaft mit all meinen Gedanken geklammert. Dann war ich nach Bigorra aufgebrochen, hatte von Wein- und Winzerfesten mit Tante Momas geträumt. Später war ich über den alten Jakob gestolpert, und der hatte mich zur Mitwisserin seines Planes gemacht. Immer war da ein Ziel gewesen. Und jetzt? Da konnte ich mir bestenfalls Gedanken machen, wie ich irgendwie überlebte, bis ich eines Tages Schluß machte wie die kleine Emma. Denn bloß überleben, das war mir zum Leben zuwenig, zum Sterben zuviel.

Innen jedoch wollte ich nicht aufgeben. Dickkopf, so hatte mich meine Mutter manchmal genannt. Den hatte ich auch. Und was mir in diesen Tagen half, meinen Kopf oben zu behalten, das waren die vielen Texte, die ich mir beim Rab einverleibt hatte. Ich verstand sie nicht wirklich, oder doch nicht wie der alte Jakob, der sie täglich hersagte. Genau das tat ich aber jetzt auch. Mit einem Ohr hörte ich den Frauen beim Reden zu, innerlich wiederholte ich unterdessen meinen Lernstoff, damit keine Lücken entstanden. Das hielt mir den Kopf oben, wo ich schon nichts unternehmen konnte, um mich aus dieser schrecklichen Lage zu befreien. Die Texte des Rab gaben mir den winzigen Abstand, den ich brauchte, um nicht aufzugeben.

Ach, mir war elend zumute, besonders, wenn ich an Sahnun

dachte. Ich konnte mir einfach nicht im geringsten vorstellen, wie der hier ohne Hilfe zurechtkam. Es blieb mir nicht mehr übrig, als den heiligen Martin an seine Zuständigkeit für den Schützling des Rab zu erinnern. Ich flehte ihn an, Sahnun in seinem Elend nicht zu vergessen, auch wenn der kein Paternoster sprechen konnte. Ob ich Sahnun überhaupt noch mal sehen würde, wenn wir Frauen von hier aus weiterverfrachtet wurden?

Am vierten Tag kamen zwei neue Mädchen zu uns in den Flachs. Es waren Zwillinge, einander zum Verwechseln ähnlich. Und die beiden waren so jung, daß ich dem Cul ein Messer in den Bauch gerannt haben würde, wenn ich eins besessen hätte. Ihre Eltern hätten sie verkauft, sagten sie in Tränen aufgelöst. Der Vater schulde dem Patron Geld, und da habe er keinen anderen Ausweg gewußt. Guter Martin! Auch das gab es natürlich. Daß Eltern ihre Kinder an Menschenhändler verkauften, die Töchter vor allem, unnütze Esser also, wie man so sagt. Die anderen Mädchen und Frauen hier waren wie ich geraubt worden. Auf dem Feld, in einer Gasse.

Dagegen gab es Gesetze, hohe Strafandrohungen sogar. Das wußten die Frauen hier aus der Kirche. Die Priester trugen diese Gesetze mehrmals im Jahr ihren Gemeinden vor. Ich hatte keine Ahnung, daß es solche Gesetze gab, in Brittany hörte man davon natürlich nichts. Und die Frauen waren sich einig, daß denen besonders schlimme Strafen drohten, die Christenmenschen an die Ungläubigen verkauften. Und gerade das sollte mit uns, den Frauen, geschehen, wer weiß, möglicherweise schon morgen. Was halfen uns da die schönsten Gesetze –?

Vier Tage hatte ich mittlerweile hier zugebracht. Wenn ich nachrechnete, waren in Kürze meine *fleurs* fällig. Und entsprechend fühlte ich mich, unter diesen Umständen besonders. Anderen von uns mochte es ebenso gehen. Denn in ein paar Tagen wurde der Mond wieder voll. Und darauf ist bei vielen Frauen die *féminité* eingestellt.

In der Nacht hörte ich's neben mir weinen, kläglich, verzweifelt. Die Zwillinge waren das, so jung, daß sie noch nicht mal die *fleurs* erwarten mußten. Ich tastete mich zu ihnen, legte mich zwischen die beiden, in jedem Arm ein Mädchen. Mir hätte es gutgetan, mit den beiden zu weinen, doch ich verbot es mir, streichelte sie stumm, murmelte beruhigende Worte, liebe Worte, und ließ sie weinen.

Dann begann ich zu erzählen. Blumige Geschichten, an die ich selber nicht glaubte: »Es kommen in den nächsten Tagen Männer hierher, die holen euch ab. Es wird eine lange Reise«, begann ich. »Ihr kommt ans Meer. Das ist ein riesig weites Wasser, ihr könnt nicht von einem Ende bis zum anderen gukken. Am Wasser sind Häuser gebaut. Und bei den Häusern wartet ein Schiff. Man gibt euch zu essen, zu trinken. Soviel ihr wollt. Und neue Kleider bekommt ihr. Vielleicht auch bunte Schuhe. Auch die Segel von eurem Schiff sind bunt. Damit fahrt ihr übers Wasser. Da seht ihr Fische. Ob die auch bunt sind? Manche sind frech. Die springen fast aus dem Wasser zu euch aufs Schiff. Sie möchten mit euch spielen. Aber das Schiff ist schneller als die Fische.« Ich machte eine Pause, falls die Zwillinge etwas sagen oder fragen wollten. Sie sagten oder fragten aber nichts. Also konnte ich weiter erzählen, und ich hoffte, daß bisher alles so stimmte. Wenigstens ungefähr. In Brittany habe ich nämlich die See und Schiffe mit bunten Segeln gesehen, auch Delphine, die aus dem Wasser sprangen. »Wo das Meer zu Ende ist, stehen wieder Häuser. Da fährt euer Schiff hin«, erklärte ich ihnen. »Man bringt euch zu einem Haus. Da könnt ihr erst mal schlafen. Und dann euch alles aussuchen, was ihr zum Essen haben wollt. Kastanien mit Rosinen, Honigmet, Backwerk und rote Äpfel. Davon könnt ihr essen, soviel ihr wollt. Keiner schimpft, wenn ihr drei Brezeln hintereinander aufeßt.« Ich machte eine neue Pause, merkte aber, daß die Zwillinge nur zuhören wollten. »Bei mir zu Hause«, erzählte ich ihnen, »da hat meine Mama geschimpft, wenn ich mal wieder genascht hatte. In dem Haus, wo ihr wohnt, könnt ihr naschen, soviel ihr wollt. Keiner schimpft mit euch. Die Frau, bei der ihr wohnt, lädt Männer ein. Mit denen sitzt ihr am Tisch und eßt und trinkt. Die Männer kommen in schönen Kleidern. Sie tragen Ringe, Ketten, manche sogar Ohrringe. Die Hausfrau bringt euch mit den Männern in ein Zimmer. Da sind Betten. Die Männer ziehen sich aus. Ihr zieht euch aus. Die Männer wollen nämlich euer *sex*. Deswegen kommen sie. Ihr müßt euch davor nicht fürchten. Ihr bekommt keine Schläge. Ich glaube, manche Männer reden auch lieb mit euch. Zuerst versteht ihr nichts. Es ist nämlich eine andere Sprache. Die lernt ihr bald. Wenn die Männer mit ihrem Besuch fertig sind, schenken sie euch vielleicht schöne Sachen. Einen kleinen Spiegel, Glöckchen, Duftwasser, bunte Tücher. Je nachdem. Also, so müßt ihr euch das vorstellen«, schloß ich.

Ob die Zwillinge mir glaubten, kann ich nicht sagen. Sicher merkten sie aber, daß ich sie trösten wollte. Und das half ihnen. Denn sie weinten nicht mehr, lagen schwer und warm in meinen Armen.

Dann schlief auch ich ein. Mit mörderischen Gedanken gegen den Cul, die mich bis in meine Träume verfolgten.


Nie war es so sterbensstill im Raum, wie wenn der Cul uns visitierte. Die Tür schabte. Und sofort erstarben alle halblauten Gespräche, das Flüstern zwischen den Frauen. Jede von uns dachte dasselbe. Wen würde der Cul heute holen?

Von der Nacht fühlte ich mich noch wie zerschlagen. Mehrmals war ich zwischen den Zwillingen aufgewacht und hatte versucht, meine Träume abzuschütteln. Umsonst. Jedesmal landete ich wieder in demselben Traum, ruderte verzweifelt in der Luft, in einer seifigen Luft, ohne von der Stelle zu kommen. Sonst mag ich Flugträume gern, sogar sehr gern. Manchmal habe ich die nämlich. Wenn ich mit ausgebreiteten Armen federleicht durch die Lüfte gleite, völlig mühelos, den Wolken nahe, eine verwunschene Insel vor Augen, dann singe ich im Schlaf. Das weiß ich von einer Frau, neben der ich in Broérec im Stroh lag. Die hatte mich eines Morgens gefragt, ob ich was Schönes geträumt hätte. Sie sei davon wach geworden, daß ich mitten in der Nacht gesungen hätte. Und ich hatte mich erinnert. Meine Insel war vor mir aufgetaucht, grün, wacholderduftend, Blumen wucherten im Meer, und ich war schwerelos die Luft durchteilend auf den eibengrünen Inselstrand zugeschwommen. Ja, mit einem Lied im Mund. Heute nacht zwischen den Zwillingen hatte ich bestimmt nicht gesungen. Da war auch keine Insel gewesen, sondern nur diese seifige Luft, gegen die ich mit aller Macht angehen mußte. Ganz verstört hatte ich heute früh den Tag begonnen.

Dann aber wußte ich, was mit mir war. Meine *fleurs* meldeten sich. Die Augen waren eng, wie voll Wasser fühlte ich mich, aufgeschwemmt im Gesicht, an den Händen. Und von unserem Schrotbrei hatte ich bloß ein paar Fingerspitzen voll essen mögen.

Schließlich hatte ich mir gut zugeredet. Vergiß deine Seifenträume, blas bloß keine Trübsal, du bist bald soweit, das ist alles, hatte ich mir gesagt, hatte die breite Holzschaufel genommen und wie wild auf den gerotteten Flachs losgeschlagen. Dann schabte die Tür, ich hörte sie zwischen den stumpfen Schaufelschlägen, merkte, wie es mit einem Mal sterbensstill zwischen den Wänden wurde. Nur das gleichmäßige Ratschen der Flachsstengel auf den Nadelbrettern war zu vernehmen. Mein Schlagrhythmus geriet aus dem Takt. Der Cul war gekommen, um sich ein neues Opfer zu suchen.

Ich hörte die kurzen Schritte, das Tappen der Hundepfoten. Schlug weiter auf den Flachs ein und bemerkte aus den Augenwinkeln, wie der Cul bei den Zwillingen stehenblieb, sie von hinten begrapschte. Es würgte mich vor Wut. Bevor er die mitnimmt, schlag ich den Kerl tot, dachte ich böse. Hier, vor aller Augen, ihn und seine ekligen Hunde. Ich packte meine Schaufel fester.

Im nächsten Moment aber wußte ich, daß der Cul es diesmal auf mich abgesehen hatte. Unsere Augen begegneten sich. Ich wandte mich mit einem Ruck ab, schlug mit aller Gewalt auf den Flachs ein. Soll er nur sehen, was für Kraft in mir steckt! Dann war der Mann hinter mir. Ich roch ihn, roch seine Hunde. Meine Nackenmuskeln spannten, es krachte in der Halswurzel, ein Schauer durchfuhr meinen Körper.

»Dreh dich mal um!« befahl er mir laut.

Ich wandte mich um, die Schaufel in der angespannten Hand, den Blick gesenkt.

»Los, schau mich an«, forderte er ungeduldig und stampfte mit der Ferse auf. Seine Lippen kräuselten sich, als er meine Augen sah. »Du bist doch diese *con*«, sagte er mir ins Gesicht. »Diese patzige *sain* mit dem großen Maul. Deine frechen Augen habe ich nicht vergessen. Komm du mal mit, ja, und die Schaufel laß nur liegen.«

Ich hörte mein Blut in den Ohren pulsen, fing einen ängstlichen Blick der Zwillinge auf. Die haben dir kein Wort geglaubt, dachte ich flüchtig. Du siehst es ihrer Miene an, die wissen Bescheid. Dann ließ ich die Schaufel fallen und folgte dem Cul mit seinen eitrig stinkenden Hunden. Notfalls würde ich ihm mit bloßen Händen an den Hals gehen.

Die Tür schabte, die Riegel knallten. Im Hof empfing uns jaulender Wind, Wolkenfetzen trieben über eisblauen Himmel. Stumm folgte ich dem Cul, die Zähne zusammengebissen, die Augen weit offen, den Hof, die Umzäunung nach einem

Fluchtweg absuchend. An der Ecke zur Ausfahrt prallte ich zurück. Neina, das konnte nicht wahr sein! Mitten in der Ausfahrt stand der Wagen des Rab, das Gespann an einem Pfosten festgeleint. Und Colon bellte mir zu.

Der Cul winkte mich herbei, stieß mich ins Haus. An einen Pfosten gelehnt stand der Rab. Seine Augen verengten sich, als er mich sah. Ich bekam ein taubes Gefühl an der Stirn, es zog mir in der Herzgrube. Nein, ich begriff nichts mehr. Der Rab kreuzte seine Arme vor der Brust, reckte sein bärtiges Kinn und blickte den Cul kühl und schweigsam an.

Der zog mich zwei Schritt in den Raum und fragte: »Ist sie das?«

»Ja«, bestätigte der Rab. »Das ist Itta, meine Sklavin. Du hast sie mir geraubt. Ein Plagiator bist du, ein Menschenräuber. In den Gesetzen heißt es: *Plagiarii morte puniantur*, also, die Todesstrafe ist dir sicher.«

Der Cul scheuchte seine Hunde in die Ecke und streckte beide Arme von sich. »Sklavenhandel ist ein legitimes Gewerbe«, widersprach er. »Ich bin bloß Zwischenhändler.«

»– *aut, ut fieret, solatium praebuerit*«, unterbrach ihn der Alte. »Schon die Beihilfe genügt, um dich nach der Lex Fabia zu bestrafen, das weißt du.«

»Ist das hier eine Gerichtsverhandlung?« protestierte der Cul gereizt und rieb sich das Hinterteil. »Es war bloß die Rede davon, daß Ihr zwei Leute auslösen wollt. Hier ist die Schlampe mit den grünen Augen. Was ist sie Euch wert?«

»Ich wollte nur klarstellen, daß du keinen regulären Preis verlangen kannst«, sagte der Rab und legte seine Hand auf meinen Arm. »Angenommen, du hast sie für fünf Solidis erstanden, dann biete ich dir das Doppelte.«

Der Cul warf den Kopf zurück und lachte. »Gut geschätzt, Herr, Ihr kennt Euch aus in dem Gewerbe. Aber schaut sie

Euch doch an. Guter Körperbau, lockere Haltung, leichte Bewegung, und diese Augen! So was mögen Männer. Die bringt auf jedem Markt in Andalusien sechzig oder mehr Dinare.« Damit war er mit einem Schritt bei mir und riß mein Gewand hoch.

Vor Scham und Wut zitternd, riß ich mich von dem Rab los, versetzte dem Cul einen Tritt vors Bein, versuchte meine Finger in sein Gesicht zu kriegen. Hätte der Rab mich nicht zurückgerissen, wären die stinkenden Köter nicht zwischen uns gefahren, ich hätte dem Widerling die Augen ausgedrückt oder sonst was, und wenn ich mit dem Leben dafür hätte bezahlen müssen.

»Ein schöner Handel ist das!« schrie ich.

Ich versuchte mich dem Klammergriff des Rab zu entwinden, um mich erneut auf den Cul zu stürzen. All der Haß gegen den Mann, die Wut, die sich in diesen Tagen in mir aufgestaut hatte, entluden sich in einem Augenblick. Aber die Arme des Rab hielten mich eisern fest. Mit einem Mal konnte ich nicht mehr. Zitternd hing ich in den Armen des Rab, am ganzen Körper eine Gänsehaut.

»Komm zu dir, Itta«, hörte ich den Rab wie aus weiter Ferne. »Komm zu dir, daß wir das hier zu Ende kriegen. Außer dir ist da noch Sahnun!«

Sahnun, ach ja, Sahnun. Ich hatte keinen Augenblick mehr an ihn gedacht. Wimmernd kauerte ich mich auf den Boden, schaukelte auf dem Gesäß, schlug die Hände vors Gesicht, während der Rab weiter über meine Auslösung verhandelte. Es war mir gleichgültig, wie die beiden sich einig wurden.

Dann war der Cul plötzlich verschwunden. Meine Erschöpfung war so groß, daß ich weinte. Irgendwann hörte ich die Tür gehen, hörte tastende Schritte.

»*Al-hamdu lillahi!*« erklang die Stimme des Alten. »*Salamun laka, Sahnun, ilaha illa llah!*«

»*Wa alaikum al-salam, rabbi, al-hamdu lillahi rabbil alamin!*« Das war Sahnuns Stimme, eine kleine, leere Stimme, die alle Kraft verlassen hatte.

Ich hob meine Augen. Ach, an seiner Stimme hätte ich ihn vielleicht noch erkannt, doch nichts an seinem Äußeren erinnerte an jenen stolzen jungen Mann, dessen aufrechte Haltung den Radaubruder in Peitiers so in Rage versetzt hatte. Schmierige Fetzen verhüllten notdürftig seine Blöße, und wie ausgemergelt war Sahnun, ich konnte seinen Puls in der Halsbeuge pochen sehen. Es war ein Schreck, ihm ins Gesicht zu schauen. Auf der Stirn saß eine riesige rote Beule, die Haut war von Schwären, Blutergüssen, Striemen bedeckt. Sein schönes Haar sah aus wie rauher Werg, und seine Augen starrten groß aus dunklen Höhlen, als hätten sie niemals das Licht des Tages gesehen. Ich schluchzte laut auf, kam stolpernd hoch, war mit zwei Schritten bei ihm.

»Ich bin's, Kulaiba«, flüsterte ich und berührte behutsam seinen geröteten Arm. Schwaden von Kot- und Uringeruch umfingen mich.

»Kulaiba«, antwortete er. »*Wa-llahu chairu r-razikina!*« Ein Lächeln überflog sein mißhandeltes Gesicht. Wenigstens das war ihm geblieben, die Spur eines Lächelns. Ich nahm seine Hand, drückte sie an meine Brust und küßte seine Finger.

»Ein Mißgriff, ein dummes Versehen«, knurrte der Cul. »Nichts als Scherereien mit diesem stockblinden Kerl, ich bin froh, wenn ich den los bin. Ich lasse ihn Euch zum Selbstkostenpreis, fünf Solidis.«

Der Rab versuchte nicht den Preis zu drücken. Um seinen Schützling zu feilschen mußte ihm widerstehen.

»Herzog Eudo hat ihn mir vermacht«, erklärte er achselzuckend. »Und in der Eselsmühle kann der Mann immer noch laufen. – Unsere Geschäfte sind erledigt. Sperr das Tor auf, ich habe noch eine Wegstrecke vor mir.«

Mit Sahnuns Hand auf meiner Schulter verließen wir das Haus.

Auf der Schwelle erkundigte sich der Cul: »Wie habt Ihr unser Versteck denn ausgemacht?«

Der Rab zögerte. Dann antwortete er kühl: »Mein Freund hat einen Freund, der Freund meines Freundes hat auch wieder Freunde. So ist das.«

Der Cul grinste verschlagen. »Schon klar«, sagte er. »Das Volk der *giu* steckt seine Nase in alles. Bis in die Kammern des Herzens schleicht ihr euch bei den Leuten ein.«

Dieser Speichelzieher, dachte ich angewidert. Jetzt versucht der's auch noch mit Vertraulichkeiten.

Doch der Rab antwortete nichts.

Draußen halfen wir Sahnun in den Wagenkasten, wendeten das Fahrzeug, dann schloß sich hinter uns das Bohlentor.

Böiger Wind rüttelte an der Plane. Novemberwind, grau, voll Trübsal. Ich ging hinter dem Karren, verfloht, verdreckt, meine *fleurs* taten das übrige. Und Lupo fehlte mir. Ich schleppte mich vorwärts, am liebsten hätte ich mich zu Sahnun in den Wagenkasten gesetzt. Doch ich biß die Zähne zusammen. Die Beine versagten mir fast, ja, aber es waren meine ersten Schritte zurück in die Freiheit.

# Die Villa

Unser Weg fiel talwärts, war gut instand gehalten, so daß unsere Maultiere sich nicht schwertaten. Spätblühende Herbststauden säumten die Fahrspur. Die leuchtenden Rispen der Goldrute und auch schwarzes Bilsenkraut, dem ich noch nirgends in solchen Mengen begegnet war. Den schmutziggelben, violett geäderten Blüten entströmten eklig riechende Schwaden. Dann erreichten wir eine Talaue, wo der Wind unter die Kelche von zahllosen Herbstzeitlosen fuhr. Wie ein rosalila Teppich wallte es zwischen den Ulmen und roten Heckenbeeren.

Im Gefühl meiner wiedergewonnenen Freiheit nahm ich meine Umgebung mit doppelt geschärften Sinnen wahr, obschon die Füße mit den Maultieren kaum Schritt halten konnten. Und ich trauerte um Lupo. Um Lupo, meinen Freund, der sonst um Colon herumgetollt war, dann wieder laut bellend im Dickicht die Spur eines Rehes aufgenommen hatte, Lupo, der sich an einer Weggabelung fragend nach uns umsah, oder mit dem ich, wenn er neben mir hertrottete, endlos halblaute Gespräche geführt hatte. Wie ich ihn entbehrte, wie leer die Welt ohne Lupo war, ohne seine feuchte Schnauze, die meine Hand suchte. Gab es einen Heiligen, der für Lupo zuständig war? Mir fiel keiner ein. So blieb mir nur der heilige Martin, bei dem ich Trost suchen konnte. Unter sein Patronat fielen immerhin die Gänse, und so mochte er sein gutes Herz vielleicht auch meinen Gebeten für Lupo öffnen. Ein wenig tröstete mich das schon, der Platz an meiner Seite aber blieb verwaist, die Welt hatte ein Loch bekommen.

Unter den Ulmen hielten wir an, inmitten der Herbstzeitlosen.

Nachdem der Rab Waschung und Gebet vollzogen hatte, kam er zu mir hinter den Karren. Er hob die Plane an, betrachtete Sahnun. Der lag gekrümmt auf seiner Decke und schlief, sein Mund stand ein wenig offen. Wie die den Mann zugerichtet hatten! Sahnun war nur noch ein Schatten seiner selbst. Und diese blauen Hände mit den eingerissenen Fingernägeln! Ich schluckte.

Der Rab sah mich an. »Wir bringen ihn schon durch, kleine Nokrit«, sagte er tröstend. »Der Junge ist von innen her gesund und kräftig. Denk daran, wie rasch seine Kopfwunde verheilt war. Du wirst sehen, in zwei, drei Tagen läuft er wieder mit dir hinter dem Karren.«

»Können wir hier am Bach einen Augenblick länger rasten?« bat ich. »So dreckig, wie ich bin, halte ich's einfach nicht länger aus. Ich möchte mich waschen und den Kittel wechseln.«

»Gedulde dich ein wenig«, sagte der Rab. Er prüfte den Sonnenstand und erklärte mir: »In einer Stunde sind wir an unserem Tagesziel. Wir bleiben in der Villa eines Senators. Der Mann ist ein Freund von Herzog Eudo. Er ist ein Nokri wie du, ein gottesfürchtiger Mann, der sogar die Regeln des Schabbat auf sich nimmt. Sidonius wird uns *aschel* gewähren, Essen, Trinken, Unterkunft und Schutz. Du findest also bei ihm alles, was du brauchst, auch ein *lautron*, ein Bad, für dich und Sahnun.«

Oh, ein heißes Bad, mich abschrubben, die Flöhe ertränken, meine Kleider waschen – so viel Gutes auf einmal, das war beinah nicht zu fassen. Nur eine Stunde noch! Die Aussicht auf diese Wohltaten beflügelte mich, und die Welt sah gleich ganz anders aus.

Beim Weiterfahren begleitete ich vorn unser Gespann und fragte den Rab: »Du hast noch den Beutel für die Seidenwurmbäume?«

Der Alte warf mir über die Hälse der Tiere einen erheiterten

Blick zu. »So gefällst du mir, kleine Nokrit«, sagte er, mir zulächelnd. »Du schaust wieder nach vorn. Ja, unser Beutel hängt sicher unter dem Wagendach.«

»Ich erinnerte mich auch, daß du ihn an dich genommen hattest«, berichtete ich. »Aber dann war ich mit einem Mal nicht mehr so sicher.«

Und ich erzählte ihm von meinem Schock in Limoric. Als Sahnun plötzlich verschwunden war. Erzählte von meinem tapferen Lupo, der versucht hatte zu helfen. Ja, ich erzählte und erzählte, daß ich darüber fast der Flöhe nicht mehr achtete, die mich bei lebendigem Leib auffraßen. Ich vergaß auch die Kastanien nicht. Meinen leeren Bauch, der für das ganze Unglück verantwortlich gewesen war.

»Bevor ein Mensch nicht gegessen hat, hat er zwei Herzen«, meinte der Rab. »Und was war mit dem Überfall? Als ihr gefesselt im Karren gesessen habt? Hast du Stimmen gehört? Ist dir etwas besonders aufgefallen?«

»Nicht daß ich wüßte«, antwortete ich. »Wir sind einfach dagesessen, haben die Luft angehalten. Ich dachte, du wärst mit Leuten von der Stadtwache gekommen, um uns herauszuhauen. Ja, ich erinnere mich jetzt, daß ich irgendwann glaubte, deine Stimme zu hören. Es war wohl jemand dabei, der so ähnlich sprach wie du.« Ich streifte den Alten mit einem neugierigen Blick. »Warum fragst du?« erkundigte ich mich.

Der Rab kam nicht zu einer Antwort. Herabgefallenes Gestein blockierte den Weg. Wir mußten anhalten, den Weg freiräumen. Die scharfen Brocken taten meinen aufgerissenen Händen weh. Almodis, Saura, die Zwillinge sind in diesem Augenblick wieder im Flachs, dachte ich. Und wer weiß, vielleicht hat sich der Cul die beiden Kleinen doch noch geholt.

»Conchie«, sagte ich laut und meinte nicht den Stein, an dem ich mir grad wieder neu den Daumen aufgerissen hatte.

»Scheiße«, wiederholte ich, lutschte das Blut aus und dachte dabei an den Cul, die Zwillinge.

Die Maultiere setzten sich wieder in Bewegung. Der Rab warf mir einen scharfen Blick zu. »Es war nicht leicht, euch zu finden«, erklärte er mir, während die Räder über die letzten Steine holperten. »Ich hatte mich unter unseren Leuten umgehört. Aber die Hinweise waren ungenau, manche irreführend. Brüder rieten mir, die ganze Sache auf sich beruhen zu lassen. Besser zwei Sklaven verlieren als sich eine Menge Ärger auf den Hals zu ziehen, wurde mir gesagt. Nachdem du mir von dem Überfall erzählt hast, bin ich beinah sicher, daß der eine oder andere von unseren Leuten mit in diese Geschäfte verwickelt ist.« Der Alte seufzte, schnickte mit den Fingern. »Ich habe mich in diesen Tagen nicht gerade beliebt gemacht in der Stadt, weißt du. Besonders nicht, weil ich mich zu guter Letzt an den Stadtgrafen um Hilfe gewandt habe.«

»Der ist aber zuständig«, sagte ich böse. »Der müßte doch was unternehmen. Ist nicht ein Stadtgraf für die Sicherheit innerhalb der Mauern verantwortlich? Wenn am hellichten Tag eine ganze Ladung voll Menschen entführt wird?«

Ich sah, wie der Rab vielsagend die Schultern hob. »Der Graf hat mir ja auch ein paar Männer von der Stadtwache mitgegeben«, berichtete er. »Die lagen ein Stück entfernt im Versteck, während ich hinter dem Zaun mit dem Plagiator verhandelte. Möglicherweise haben die Männer das Nest inzwischen ausgehoben.«

Oh, wie ich den Rab bewunderte! Der hatte wirklich an alles gedacht. Ich stellte mir den Cul vor, wie er, die Hände auf den Rücken geschnürt, hinter den Pferden der Stadtwache herlief!

»Warum tust du das alles?« platzte ich schließlich heraus. »Für Sahnun? Warum? Und warum für mich? Wir machen dir nur einen Berg von Schwierigkeiten.«

»Das ist schnell beantwortet«, sagte der Rab. »Für jeden von euch beiden gibt es einen Schriftvers. Für Sahnun heißt es dort: ›Verflucht sei, wer einem Blinden ein Hindernis in den Weg legt!‹ Und was dich angeht, kleine Nokrit, so steht geschrieben: ›Den Sklaven, der zu dir flieht, sollst du nicht seinem Herrn ausliefern!‹ – An diese Stellen jedenfalls habe ich in Limoric gedacht, als einige Brüder mir rieten, das Ganze auf sich beruhen zu lassen.«

»Eine Sklavin bin ich nicht«, protestierte ich schwach.

»Aber du bist weggelaufen«, erwiderte der Rab. »Nein, du bist keine Sklavin. Du bist noch übler dran. Du gehörst nämlich zu niemand mehr, oder?«

»Trotzdem, nach den Buchstaben –«, sagte ich.

»Dummes Zeug«, entfuhr es dem Alten. »Das Gesetz ist entweder Herzenssache oder ein totes Ding. Also, kleine Nokrit, reden wir nicht länger über Buchstaben!«

Diesmal widersprach ich nicht. Mein Rab, der Colon manchmal zärtlich *kulo leb* nannte, ein Geschöpf mit viel Herz, war selbst seinem Hund eben darin verwandt, und ich liebte ihn dafür.

Schließlich war meine rechtliche Situation höchst schwierig, und das bedeutete, Boggis konnte das Recht zu seinen Gunsten auslegen. Klar, mein Mann besaß nach seiner Heirat mit Sunhar nicht mehr direkte Ehegewalt über mich. Doch konnte er als Gefolgsmann des Princeps, als dessen Rechtsvertreter also, mich zu der Ehe mit dem gräßlichen Gozlin zwingen. Vor allen Dingen, wenn Sichelmus, Catalons Priester, ihn dabei deckte. Und außerdem war da noch die ungeklärte Sache mit meiner Dos. Sicher konnte Boggis die Sache so drehen, daß mein Griff in sein Geldversteck wie dreister Diebstahl aussah. Alles in allem, der Rab würde in große Schwierigkeiten geraten, wenn mein Mann mich in seiner Gesellschaft entdeckte. Und so flehte ich täglich, der heilige Martin möge verhüten, daß uns Boggis noch mal in die Quere kam. Ja, hoffentlich war der mit den Männern des Princeps inzwischen weitab im Süden!

Mit solchen Gedanken und Ängsten schlug ich mich ständig herum. Ich konnte nur hoffen, daß ich es irgendwie doch schaffen würde, mich bei Tante Momas in Sicherheit zu bringen. Und wenn der Weg nach Bigorra sich auch noch so endlos dahinzog.

Von der nächsten Berglehne aus sahen wir die Villa des Sidonius unter uns liegen. Die Novemberluft war gläsern klar, und ich konnte selbst aus dieser Entfernung den ummauerten Herrensitz mit dem Haupthaus und den einzelnen Wirtschaftsgebäuden unterscheiden. Ja, irgendwo befand sich da auch das Badehaus! Im Halbkreis um den Herrensitz lagen die riedgedeckten Dorfhäuser. Der Wind war im Lauf des Vormittags eingeschlafen, aus den Giebelluken stieg dünner Herdrauch steilauf in den Nachmittagshimmel. Wasser, viel heißes Wasser und Seife warteten da unten auf mich und meine Kleider! Wie hatte ich es in dem Unrat hinter den Palisaden nur aushalten können!

Die Villa rückte schnell näher. Über die Brachfelder zogen Ochsengespanne, die dunkelrote, frisch gepflügte Erde glänzte naß, im Grasland um den Dorfweiher hüteten Schäfer auf hohen Stelzen ihre Schafe. Es sah jedesmal ein wenig unwirklich aus, wenn sich die schmalen hohen Gestalten wieder in Bewegung setzten, geruhsam stakend die Herde durchschritten, oder wenn beide Stelzenläufer, auf ihre Stöcke gestützt, zusammenstanden und mit der freien Hand gestikulierten.

Das erste Stelzenpaar meiner Kinderzeit fiel mir ein, das übermütige Gefühl, so hoch über dem Boden zu schweben, Vieh, Zäune, Hecken und vor allen Dingen die Erwachsenen um Kopfeslängen zu überragen. Vater hatte mir kunstfertig die

Stelzengriffe geschnitzt, und Sunhar hatte mit mir das Laufen geübt. So endlos lang war das her und doch mir in der Erinnerung so nah, als wäre das alles erst gestern gewesen. Also, in Bigorra würde ich mich mal wieder auf Stelzen stellen. Vielleicht sollte ich mir sogar eine Schafherde zulegen?

Quietschend zog unser Karren die Dorfstraße entlang. Unbedingt mußte ich an Wagenfett denken, hielt ich mich an und musterte zugleich neugierig die Lehm- und Fachwerkhütten. In der Villa des Sidonius hielt man auf Reinlichkeit, auf Ordnung, das war auf den ersten Blick deutlich. Die meisten Gefache waren hell getüncht, einige sogar bemalt, nirgends bröckelte der Putz. Auch die Dächer waren für den nahenden Winter frisch mit neuem Ried ausgebessert, drei, vier, sechs verlassene Storchennester zählte ich auf unserem Weg.

Als wir den Dorfweiher entlangrumpelten, blieben meine Augen an einem riesigen Holzrad hängen, das sich, an einem steingemauerten Gebäude befestigt, langsam in einem Wassergraben drehte. Aus dem Inneren des Hauses drangen schabende, mahlende Geräusche, wie wenn Mühlsteine übereinander liefen.

Ich warf dem Rab einen fragenden Blick zu.

»Ein Mühlrad ist das«, erklärte er mir. »Das Wasser treibt die Mühlsteine hinter der Mauer. Es tut die Arbeit, mit der sich sonst Esel oder Menschen plagen.«

Zunächst dachte ich, der Alte wolle seinen Spaß mit mir treiben. Eine Eselsmühle ohne Esel, wie sollte denn das funktionieren? Ich wenigstens hatte noch nie von einer Wassermühle gehört, geschweige denn ein Mühlrad gesehen. Aber die Geräusche waren unverkennbar. Und neben dem Haus entdeckte ich im Vorbeigehen dann auch einen Karren, den ein Mann gerade mit Säcken belud. Die Schultern des Mannes waren weiß von Mehl. Der Rab mußte recht haben.

»Und wer denkt sich so was aus?« rief ich.

»Die Mühle gehört Sidonius, dem Herrn«, antwortete der Rab. »Die Leute bezahlen mit einem Teil ihres Mahlguts. Weiter im Süden sind solche Mühlen gar nicht so selten, der Senator wird die Konstruktion von dort mitgebracht haben.«

Gedankenverloren folgte ich dem Karren weiter durchs Dorf. Wenn du weißt, wie viele Frauen sich bei uns mit den schweren steinernen Handmühlen plagen, Tag für Tag, Jahr für Jahr, jeden Morgen sich über ihre Mühlen bücken, die Kurbel drehen, dann denkst du, die Frauen im Süden können ihr halbes Leben müßig in der Sonne sitzen. Ja, und dann fragst du dich weiter, warum es hierzulande nicht mehr Leute wie den Senator gibt, die sich etwas einfallen lassen, um ihren Leuten das Leben zu erleichtern, in diesem Fall besonders den Frauen! Von den Eseln und den Sklaven an den großen Trichtermühlen ganz zu schweigen.

Weiß Gott, es gibt so viel zu lernen auf der Welt und so wenig Leute, die das wirklich tun. Lernen hilft der Welt, in Frieden zu leben, hatte der Rab neulich beiläufig gesagt. Ich hatte nicht groß darauf geachtet. Schließlich konnte ich mir ja unmöglich die tausenderlei Dinge merken, von denen der Rab im Lauf des Tages redete. Jetzt aber fiel mir seine Bemerkung wieder ein: Lernen hilft der Welt, in Frieden zu leben! Und nun glaubte ich zu verstehen, was er damit meinte. Das Mühlrad des Senators überzeugte mich, daß der Rab recht hatte.

Als wir auf den Hof des Herrensitzes rollten, war ich fast ebenso neugierig, den Senator zu sehen, wie ich begierig war, mich ins heiße Wasser zu setzen.

Geschäftiges Treiben empfing uns. Hin- und hereilende Mägde schleppten an der Jochstange Wasser in die Ställe, aus denen das Muhen von Kühen drang, Sklaven arbeiteten mit hallenden Hammerschlägen an einem Pfluggestell, zwei kleine Mädchen trieben stockschwingend Gänse in den Pferch, und auf der Brunnenbank saßen zwei alte Frauen in der Herbstsonne und ließen Wolle über ihre Spindeln laufen. Sieh da, dachte ich, wäre nicht die Mühle da unten, hockten die beiden jetzt vielleicht an der Handmühle und mühten ihre Arme an den Mahlsteinen ab. Süße Gottesmutter, was hatten die Leute für ein gutes Leben!

Ich hätte was darum gegeben, wenn Vater das alles hätte sehen können. Besonders natürlich das Wasserrad! Er hätte bestimmt versucht, so etwas auch in Glanfeuil einzurichten. Am Liger hatten wir doch Wasser genug. Ja, ich hatte Glück gehabt, großes Glück, an den Rab zu geraten. Erst ein paar kurze Wochen war das her. Seitdem aber hatte die Welt für mich ein ganz neues Gesicht bekommen.

Der Wagen hielt, und kurz darauf bewegte sich die Plane. Sahnun streckte den Kopf hervor; die Augen weit offen, den Hals vorwärts geneigt, horchte er hinaus in den Hoflärm.

»Hier bin ich«, rief ich ihm zu. »Willst du meine Hand?«

»Kulaiba«, sagte er und faßte meine Finger. »Wo ist ich?«

»Wir sind in einer Villa«, antwortete ich, glücklich, daß er ein paar Worte in meiner Sprache versuchte. Die Tage beim Cul, natürlich, da war ihm gar nichts anderes übriggeblieben! »Ich helfe dir herunter«, sagte ich. »Die Leute sind freundlich. Wir sind ihre Gäste.«

Heilige Engel, dachte ich, nachdem Sahnun es geschafft hatte, mit der Hand an dem Karren sich auf seinen Beinen zu halten – heiliger Herr Jesus, wie sieht der Mann aus! Die frische Luft hatte ihn ein wenig vom jauchigen Gestank befreit, aber ich erschrak jedesmal wieder, wenn ich Sahnuns Zustand sah. Wie oft mochte er in den letzten Tagen hingeschlagen sein, weil er niemandem die Hand auf die Schulter legen konnte. Ein Wunder, daß keins seiner Glieder gebrochen war! Aber seine Haut war übersät mit Striemen und Blutergüssen, die Folge von Stürzen, sicher auch von Fußtritten und Hieben. Es wurde höchste Zeit, daß der Rab sich um ihn kümmerte. Sahnun mußte ja auch Hunger, mußte Durst haben nach dem langen Schlaf, und dann hatte er sicher dringend seine Notdurft zu verrichten.

Während ich Sahnun zum Rab führte, steuerte ein hochgewachsener, glattrasierter Mann auf uns zu.

»Jakob *ha-tajjar*, der reisende Herr Jakob«, rief er erfreut, verhielt im Lauf, wich einen Schritt zurück und verbeugte sich. »Eure Ankunft, Herr, sei in Frieden!«

»*Schalom*, Gedeon«, grüßte der Rab zurück. »Baruch atta adonai elohenu, unser Gott ist gut und bewirkt Gutes! Ist Sidonius, dein Herr, im Haus oder in der Nähe?«

»Leider weder noch«, bedauerte Gedeon. »Der Senator ist in der Provensa, nach Arlait unterwegs. Er wird untröstlich sein, wenn er bei seiner Rückkehr erfährt, daß er Euch nicht in eigener Person Gastfreundschaft erweisen konnte.«

Der Rab zog ein bekümmertes Gesicht. »Schade«, sagte er. »Wir hatten wichtige Dinge zu verhandeln. Das werden dann wir beide besprechen.«

»Verfügt nach Belieben über mich, Herr«, antwortete Gedeon und verbeugte sich nochmals.

»Zuerst brauche ich für mich und meine Leute ein Bad«, sagte der Alte und wies mit einer Kopfbewegung auf uns. »Die beiden sind in die Hände von Plagiatoren gefallen. Du siehst, in welchem Zustand sie sind. Heute früh habe ich die beiden südlich von Limoric ausgelöst.«

Der Verwalter streifte uns mit einem teilnehmenden Blick. »Alles steht zu Euren Diensten, Herr«, sagte er. »Unser ganzes Haus.« Dann klatschte er in die Hände, befahl den herbeieilenden Leuten, den Karren beiseite zu fahren, die Maultiere zu versorgen und das Badehaus zu heizen.

Inzwischen hatte der Alte Colon vom Wagen losgemacht und drückte mir die Lederleine in die Hand. »Ich nehme mir Sahnun vor«, sagte er. »Danach kannst du ins Bad. Kümmere dich derweil um Colon.«

Die Hand an Colons Halseisen, überquerte ich den Hof und begab mich mit ihm in den Schatten der Mauer. Respektvolle Blicke folgten uns, nein, der Riesendogge des Alten. Ich mußte lächeln. Wie ein Ungetüm aus einer anderen Welt war Colon auch mir zuerst erschienen. Wie war ich damals erschrocken, als der Kerl am Uferrand plötzlich über mir stand! Mittlerweile ging ich so furchtlos mit der Dogge um, als sei sie, wie ehedem Lupo, unter meiner Hand aufgewachsen. Bei aller Furchtlosigkeit war mir jedoch der tiefe Respekt vor ihr nicht abhanden gekommen. War Lupo ein Princeps gewesen, so war Colon ein König unter seinesgleichen. So majestätisch war sein bedächtiger Schritt, so ehrfuchtgebietend wirkte sein rundlicher hoher Kopf, die gewölbte Stirn.

Ich setzte mich, die Mauer im Rücken, Colon legte sich vor meine Füße. Ach nein, er legte sich nicht, er nahm Platz. Beanspruchte das Stück Erde, auf dem er sich niederließ, mit dem ganzen Gewicht seiner Persönlichkeit. Leise kraulte ich ihn zwischen den breiten Ohren, in denen das bräunliche Fell federweich in feine schwarze Haare auslief.

»Schön bist du, mein Großer«, sagte ich ihm. »Ich mag es, wenn du mich ansiehst. Aber dir zu tief in die Augen zu schauen, lasse ich besser bleiben. Lupo konnte das auch nicht leiden. Und du bist doch ein König. Vor dir muß man die Augen senken. Vermißt du Lupo, deinen Freund? Ihr beide hattet euch gleich so gut verstanden«, erinnerte ich Colon und streichelte ihn zärtlich unterm Kinn. Erzählte ihm, wie traurig ich war, wie sehr ich Lupo vermißte. »Der Kerl mit dem Prügel hat ihn regelrecht gegen die Mauer geknallt«, schilderte ich ihm. »Ich weiß nicht, ob sie ihn danach ganz tot gemacht haben. Und ich konnte ihm nicht mehr helfen. Mich hatten die nämlich auf den Kopf gehauen und in einen Karren gesteckt.«

Ja, ich redete lange mit Colon, erzählte ihm alles. Auch wie ich Lupo als Welpe mit dem Milchhorn aufgezogen hatte. Aber ich redete mit ihm nicht so, wie ich's mit Lupo getan hatte. Bei aller Vertraulichkeit blieb ein respektvoller Abstand. Und Colon antwortete mir auch nicht wie Lupo, der auf jedes Gefühl von mir eingegangen war, mich mit der Schnauze angestoßen hatte, mir mit der Zunge ins Gesicht gefahren war oder, den Hals schräg gelegt, mich einfach mit seinen lieben Augen verständnisvoll angeschaut hatte. Nein, so reagierte Colon nicht. Er gewährte mir eine Audienz, gestattete mir keine Intimitäten. Das genügte mir jedoch, und ich fühlte mich wohl, geborgen und angenommen in seiner Gegenwart.

Auch den Rab hatte ich noch nie in einem Zwiegespräch mit Colon erlebt. Es wirkte auf mich wie eine stumme Absprache zwischen den beiden, der Persönlichkeit des anderen nicht zu nahe zu treten. *Kulo leb* zu sagen war schon das Äußerste an Zärtlichkeit, was der Rab sich Colon gegenüber erlaubte, ein Spiel mit dem Wort *keleb*, das in der Sprache der *giu* »Hund« bedeutete. Natürlich hätte ich nicht gewagt, Colon mit seinem Kosenamen anzusprechen. Aber ich war dankbar, daß er meine Gegenwart nicht bloß duldete, sondern auch ein wenig vom Glanz seiner majestätischen Persönlichkeit auf mich fallen ließ.

Kinder des Hofgutes hatten inzwischen in gebührendem Abstand einen kleinen Halbkreis um uns beide gebildet. Ihre weit aufgerissenen Augen musterten bald Colon, bald mich.

»Kommt ruhig näher«, rief ich ihnen zu. »Colon tut Kindern nichts.«

Die Kinder sahen sich stumm um, die ersten traten schon den Rückzug an.

Ich versuchte es noch mal. »Er beißt wirklich nicht«, beteuerte ich. »Ihr möchtet ihn doch vielleicht mal anfassen, oder nicht?«

Heftiges Kopfschütteln war die einzige Reaktion. Bis ein dünnes Stimmchen fragte: »Ist das ein Himmelshund? Jagt er mit Diana auch durch die Wolken?« Die anderen Kinder murmelten und tuschelten leise durcheinander.

Ich unterdrückte ein Lachen. Auf was für Gedanken Kinder kommen! »Aber nein, was denkst denn du?« antwortete ich. »Colon ist nicht vom Himmel gefallen, er kommt aus einem anderen Land.«

»Wie du«, rief ein kleiner Junge. »Du kannst ja noch gar nicht richtig sprechen!«

Ich antwortete nicht. Natürlich, ich sprach einen anderen Dialekt als die Leute mitten in Gallien. Die Kinder hatten mich trotzdem verstanden, aber meine ungewohnte Aussprache genügte dem Kleinen, mich auszuätschen. Mit einem Mal fühlte ich mich zwischen den Kindern fremd, nicht zugehörig und fehl am Platz. Beinah wie in Brittany, wo alle Fremden, wenn überhaupt, als Menschen zweiter Klasse zählen. Und irgendwie stimmte es ja sogar. Ich, Itta von Glanfeuil, hatte kein Zuhause, hockte hier verdreckt, von Flöhen gebissen, heruntergekommen, den Bauch voll Bauchweh an einer Mauer, die ebensogut auch auf dem Mond stehen könnte. Es wäre für mich kein großer Unterschied gewesen. Ich gehörte nirgends mehr hin.

Die Augen niedergeschlagen, wartete ich, daß die Kinder sich verzogen.

Colons röhrende Stimme ließ mich zusammenfahren. An die sonnenwarme Mauer gelehnt, mußte ich eingenickt sein.

Der Rab stand neben mir und tätschelte Colons Kopf. »Ich habe Sahnun geholfen und verarztet«, sagte er. »Das Bad steht dir zur Verfügung. Beim Essen sehen wir uns dann.«

Ich kam langsam zu mir, nickte und trottete hinter dem Alten zum Badehaus.

Kichernd empfingen mich zwei jüngere Frauen. Die eine war schwanger. Sie halfen mir beim Entkleiden, eine steckte meine Anziehsachen umgehend in einen dampfenden Laugenbottich, die andere setzte mich in eine Holzwanne und begann mir den Kopf zu waschen. Dazwischen unterhielten sie sich in einer fremden Sprache, von der ich kein Wort wiedererkannte. Die Badefrau redete zu mir in einem lustigen Gemisch aus fränkischen und romanischen Wortbrocken, die sie frei aneinanderreihte, hieß mich aufstehen und bearbeitete mich energisch mit Seife und einem dicken Leinenhandschuh, daß meine Haut rundherum glühte. Darauf hieß sie mich lachend aussteigen. In weiches Tuch gehüllt sah ich zu, wie die Holzwanne entleert, eimerweise mit neuem Wasser wieder aufgefüllt wurde. Eine Sitzgelegenheit mit durchlöcherter Platte kam über die Kufe, Kräuter wurden ins Wasser gestreut, glühende Steine zischend, brodelnd hineinversenkt, und zu guter Letzt setzte mich meine Badefrau auf den Sitz und breitete ein riesiges Laken über mich. Unter dem aufsteigenden Kräuterdampf brach ich augenblicklich in Schweiß aus. Es quoll mir aus allen Poren, daß ich glaubte, an meinem eigenen Schweiß zu ertrinken. Neue Steine plumpsten rauschend ins Wasser, Kräuterdüfte benebelten mich, Schweiß strömte, doch ich genoß jeden Augenblick. Als ich, vom Laken befreit, schnaufend, prustend den Schwitzsitz verlassen hatte, bekam ich zum Schluß noch eimerweise kaltes Wasser übergeschüttet. Von vier Händen wurde ich endlich mit einem derartigen Kraftaufwand trockengerieben, wie meiner Haut im Leben noch nicht zugesetzt worden war.

Hatte ich anfangs, vor Befangenheit stumm, alle Prozeduren wortlos über mich ergehen lassen, kauderwelschte ich jetzt ausgelassen mit den beiden, daß von unserem Lachen die

Wände widerhallten. Wie gut es mir ging! Und erst, nachdem ich auch noch eingeölt und in reine Kleider gesteckt worden war. Die Flöhe hatten keine Chance mehr, allen Heiligen, meinen Badefrauen sei Dank!

Mein Haar allerdings machte ihnen Kummer. Sogar sehr. Es war längst nicht genug nachgewachsen, um damit was Vernünftiges anfangen zu können. Beide Frauen versuchten sich immer von neuem daran, schienen darüber sogar halbwegs in Streit zu geraten. Schließlich kämmte mir die eine kurzentschlossen eine breite Strähne übers linke Ohr und befestigte sie mit einer Holzspange aus ihrem eigenen Haar. Zuletzt wurde ich kritisch gemustert, dann klatschten beide in die Hände und riefen *paisenc, paisenc*, schön, wunderschön.

Ich umarmte sie lachend, freute mich und fühlte mich nun auch als Frau richtig und gut, rundherum glücklich in meiner Haut. Und jetzt erwartete mich sogar noch ein warmes Essen!

Vermutlich hatte der Rab veranlaßt, daß Sahnun und ich mit im Herrenhaus am Tisch sitzen sollten. Denn ich wurde nach dem Dampfbad gleich dorthin geleitet, von der Frau des Verwalters begrüßt und bekam zur Linken des Rab meinen Platz zugewiesen.

Bobila, die Verwaltersfrau, trug eigenhändig auf. Stapel von frischen dünnen Brotfladen, für Sahnun eine eigene, für uns gemeinsam eine große Schüssel mit dicker Fischsuppe, dampfenden Würzwein, süßes Nußgebäck. Wasserschalen und Leinentücher für unsere Hände vervollständigten die Tafel.

»Du hast uns reichlich Speise zugedacht«, sagte der Rab zu Bobila, die neben seinem Stuhl stehengeblieben war.

»Reisende Leute haben einen großen Magen«, erklärte sie lachend. »Ich weiß, Herr, wie schwierig es für Euch ist, mit Andersgläubigen zu essen«, fuhr Bobila höflich fort. »Deshalb habe ich Fisch angerichtet, denn keiner auf unserem Hof versteht nach den Regeln der *giu* ein Tier zu schlachten. Alle

Fische haben Flossen, Schuppen, und ich selbst habe sie gesäubert und angerichtet. Die Messer, das übrige Speisegerät, Töpfe und Schüsseln habe ich zuvor ausgeglüht und in kochendes Wasser getaucht, so daß keine Berührung mit Fleischigem oder Milchigem stattfinden konnte. Und der Wein ist mit Gewürzen und Honig aufgekocht, so daß Ihr ihm ohne Bedenken zusprechen könnt. So hoffe ich, es ist alles recht geschehen, und wünsche Euch, Herr, eine gesegnete Mahlzeit.«

Gedeon, der mir gegenübersaß, nickte Bobila beifällig zu. Er war offensichtlich stolz auf seine Frau. Mit Recht. Ich beispielsweise hatte nicht die geringste Ahnung von den besonderen Eßvorschriften des Rab. Alles, was er mir unterwegs aus seinem Speisekorb angeboten hatte, war überaus wohlschmeckend gewesen, hatte jedenfalls keinen fremdartigen Eindruck auf mich gemacht. Bobila dagegen kannte sich aus. Sicher, weil der Senator den Rab schon mehrfach in seinem Haus beherbergt hatte.

Ich sah, wie der Alte Gedeons Frau einen freundlichen Blick zuwarf. »Danke, Bobila«, sagte er. »Du hast dir viele Umstände gemacht. Nirgends bin ich so gern Gast wie unter deinem Dach.«

Bobila errötete. »Und ich, Herr, habe Eure Geschenke nicht vergessen. Wenn Ihr bei Euren Waren noch mehr von den feinen weichen Tüchern habt, würde ich gern einige für meine Schwester erwerben.«

»Ich werde daran denken«, versprach der Rab. »Nun wollen wir dein köstliches Essen nicht länger warten lassen.«

Damit erhob er sich und sprach mit ausgestreckten Händen einen Segen über die Tafel: »*Baruch atta*, gelobt seist du, Ewiger, unser Gott, König der Welt, durch dessen Wort alles geworden ist.«

»*Bismillahir – rahmanir – rahim*«, respondierte Sahnun. »Im Namen Gottes, des Gnädigen, des Allbarmherzigen.«

»Amen«, antworteten Gedeon und ich und schlugen das Kreuz über uns.

Mit unserem Fladenbrot langten wir in das mit Kräutern, Gemüse und Gerstengraupen angereicherte Fischgericht. Mehrmals verbrannte ich mir die Zunge, so entwöhnt war ich der warmen Nahrung. Ich hatte sie nicht vermißt. Jetzt nach dem Dampfbad allerdings war es ein wunderbares Gefühl, sich auch den Bauch mit warmem Essen vollzustopfen. Zwischendurch kümmerte sich der Alte um Sahnun zu seiner Rechten. Er schob ihm neue Brotfladen zu, hob ein Handtuch auf, rückte ihm die Wasserschale zurecht, damit Sahnun sich zwischen den einzelnen Bissen die Hände reinigen konnte. Von einer zur anderen Sprache wechselnd, unterhielt er sich gleichzeitig mit Gedeon und seinem Schützling. Ich gab mich ganz dem Genuß der leckeren Gerichte hin und würde gewiß noch dreimal soviel gegessen haben, hätte mir nicht der Würzwein zugesetzt. Plötzlich spürte ich meine Müdigkeit. Was für ein langer Tag war das gewesen! Heut früh hatte ich noch mit den anderen Frauen meine Finger in den Schrotbrei gesteckt.

Ich hörte, wie der Rab sich noch mal für die Umsicht von Gedeons Frau bedankte.

»Der reisende Herr Jakob ist doch ein gerngesehener und vertrauter Gast«, antwortete Gedeon lächelnd. »Der Senator würde mir nicht verzeihen, wenn wir nicht alles für Euer Wohlbefinden täten. Und selbstverständlich ehren wir die Speisevorschriften Eures Volkes.«

Ich hörte, wie der Rab seufzte. »Viele von unseren Leuten würden mich tadeln, wenn sie mich mit euch Nokrim und dem Sohn Ismaels an einem Tisch sähen«, sagte er ernst. »Ja, man weiß meinen Umgang mit Sidonius zu schätzen, weil sich der einflußreiche Senator viele Male als unser Fürsprecher bewährt hat. Aber mich als Mittelsmann sieht man mit kritischen Augen. Man läßt mich den Verdacht spüren, daß ich es mit den

Vorschriften und Geboten unseres Volkes vielleicht doch nicht so genau nehme.« Der Alte seufzte noch mal und schaute unter sich.

Meine Müdigkeit war verflogen, mir zog es im Magen. Irgend etwas bedrückte den Alten. So hatte ich ihn noch nie gesehen.

Gedeon warf ihm einen mitfühlenden Blick zu. Dann sagte er: »Ich wünschte, der Senator wäre da. Er fände bestimmt das rechte Wort für Euren Verdruß.«

Jakob blickte auf und sah Gedeon ins Gesicht. »Du bist sein Sekretär und Vertrauter«, erwiderte er. »Das ist mir genug. Du wirst ihm berichten. Da ist nämlich noch eine andere Angelegenheit, die ich dir anvertrauen muß. Sie betrifft Sahnun, unseren Sarazenen.« Der Rab hielt einen Augenblick inne, als müsse er noch mal mit sich zu Rate gehen, dann erklärte er dem Verwalter: »Ich habe nämlich eben im Bad den vollen Namen Sahnuns erfahren –«

»*Darir* jetzt Name von mir«, unterbrach ihn der. »*Darir*, kein *sahnun!*«

Ich beugte mich vor, um ihn zu sehen. Er hatte seine Hände zu Fäusten geballt, den Kopf in den Nacken geworfen.

»*Inna ila llahi ragibuna*«, antwortete ihm der Rab. Zu Gedeon gewandt, erklärte er: »In der Sprache Jischmaels bedeutet *sahnun* nämlich ›Falke‹ oder bezeichnet einen anderen scharfäugigen Vogel. Und so will er nicht mehr heißen, sondern *darir*, der ›Blinde‹.«

Sahnun nickte heftig.

»Man soll dem Ewigen aber nicht vorgreifen, habe ich ihm erklärt. *Im jirzeh ha-schem, inschallah*, so Gott will, wird Sahnun das Augenlicht wiedererlangen. Ich konnte bisher keine Verletzung an seinen Augäpfeln feststellen. Und wer weiß, wenn Sahnun wieder bei seinen Leuten ist, findet man vielleicht einen Arzt, der helfen kann.«

»Ihr nehmt ihn mit nach Narbo?« fragte Gedeon.

»Wenn alles gutgeht, ja«, bestätigte der Alte.

Wenn alles gutgeht, wiederholte ich bei mir. Das heißt, wenn Sahnun so lange durchhält. Ja, das Bad, die ärztliche Versorgung durch den Rab hatten ihm gutgetan, das war ihm anzusehen. Doch zwischen seinen Brauen entdeckte ich eine tief eingeschnittene Falte, die mir bislang nicht aufgefallen war. Die Tage hinter den Palisaden des Cul hatten ihn gezeichnet.

Während ich Sahnun betrachtete, meinen Gedanken nachhing, erzählte der Rab dem Verwalter, wie wir den jungen Sarazenen nach der Schlacht zwischen Turs und Peitiers aufgelesen hatten.

»Der Junge war in einer schrecklichen Verfassung«, sagte der Alte gerade. »An seiner Kleidung, seinem Schmuck erkannte ich jedoch, daß er einem vornehmen Geschlecht entstammt. Seine Gewänder hätten einen Fürsten geziert. Eben erst, hier im Bad, habe ich Sahnuns vollen Namen, seine Abstammung erfahren. Ja, der junge Mann ist tatsächlich ein *scharif*.«

Die Hand auf Sahnuns Arm gelegt, die Augen wie abwesend auf sein Gegenüber gerichtet, fuhr er fort: »Der Junge entstammt dem edelsten Geschlecht der Sarazenen. Sein voller Name lautet: *Sahnun ad-din Asra ibn Abi Jusuf asch-schatibi al-Haschim.* Schatibi ist die Stadt in Andalusien, wo er zu Hause ist, und sein Stamm sind die Haschim, das Haus ihres Propheten Muhammad. Man wird Sahnun in Narbo also mit aller gebotenen Ehrfurcht, ja, in Demut empfangen, weil in seinen Adern das Blut des Gottesgesandten fließt.«

Ich blickte zu Sahnun hinüber. Der hörte mit reglosem Gesicht zu. Doch war ich sicher, daß er alles oder doch das meiste von dem verstand, was der alte Jakob sagte.

Gedeon, uns gegenüber, zog scharf die Luft ein. »Da seid Ihr mit einem kostbaren Gut unterwegs, Herr«, sagte er langsam.

»Wüßten unsere Magnaten, Fürsten und Herren, wen Ihr da auf Eurem Karren mitführt, dann würden sie alles daransetzen, Euren Sarazenen in ihre Gewalt zu bringen. Und für den Herzog oder Princeps Carl wäre der junge Mann ein willkommenes Faustpfand, um den Sarazenen politische Zugeständnisse und ein gewaltiges Lösegeld abzupressen. Oder wie denkt Ihr?«

Der Rab nickte. »Und ich habe Sahnun heute früh für lumpige fünf Solidis ausgelöst«, sagte er mit einem Lachen. Dann wurde er unvermittelt wieder ernst und erkundigte sich bei Gedeon: »Hat man etwas von den Truppenbewegungen des Princeps gehört? Wo hält sich Carolus zur Zeit auf?«

Gedeon zuckte die Schultern. »Genaues weiß man nicht. Aber man sagt, er sei fern im Südwesten von Acutanien dabei, Wehrlager einzurichten.«

Boggis, durchfuhr es mich. Wenn der mit dem Princeps weitergezogen war, konnte ich jetzt aufatmen. Fern im Südwesten, das klang jedenfalls beruhigend.

»Und die Sarazenen?« erkundigte sich der alte Jakob weiter. »Man sagte mir in Peitiers, daß ihr Anführer Abd al-Rahman neulich in der Schlacht umgekommen sei.«

»Das mag sein«, erwiderte Gedeon. »Aber seine Herrschaft in Hispania war ohnehin nicht gefestigt. Dem Herrn Sidonius wurde gemeldet, daß Abd al-Malik, der Nachfolger des Erschlagenen, unterdessen nach Gothia am *mare mediterranum* eingefallen sei. Wer weiß, was da noch auf uns zukommt!«

Der Rab nickte nachdenklich, und die beiden Männer sprachen eine Weile stumm dem Fischgericht zu. Ich war mittlerweile schon beim Nußgebäck angekommen und knabberte gedankenverloren an einem süßen Hörnchen. So viel hatte ich begriffen, daß die Gefahren, die vor uns lagen, plötzlich ins Unermeßliche gewachsen waren.

»Herr Jakob, ich würde Euch gern helfen und Schutz anbieten«, unterbrach Gedeon das Schweigen. »Der Senator würde Euch nicht ungeschützt weiterziehen lassen. Gestattet, daß ich einige Berittene zu Eurer Begleitung abstelle. Was ist Euer nächstes Ziel?«

»Cadurc«, gab der Rab an. »Und danke, nein, Gedeon. Nun möchte ich erst recht kein Aufsehen erregen, und wir drei sind uns genug. Du weißt, es steht geschrieben: ›Einer kann überwältigt werden, zwei aber halten stand, und eine dreifache Schnur zerreißt nicht.‹ Also laß deine Sorgen fahren, mein Guter.«

Gedeon lächelte unsicher. Dann verneigte er sich im Sitzen. »Ich bewundere Euer Gottvertrauen.«

»Ach was«, reagierte der Rab fast unwillig. »Da gibt's nichts zu bewundern. Mein Volk hat eben keinen Schutz als den Einen.«

Und auch Sahnun schaltete sich ein. »*Wa-kana amru llahi mafulan*«, sagte er entschieden. »*Wa-annahu huwa amata wahaja!*«

»Und was heißt das?« fragte ich.

»Sahnun sagt: Was Gott befiehlt, wird ausgeführt, er ist es, der sterben läßt und lebendig macht!« übersetzte uns der Rab. »Ja, das ist ein gutes Wort, den Tag zu beschließen. Wir beide, Gedeon, wollen uns noch kurz zusammensetzen. Dann wird es auch für mich Zeit, den Schlaf zu suchen. Wir brechen mit dem ersten Tageslicht auf.«

Wir tauchten unsere Hände in die Wasserschalen und verließen den Tisch. Der Rab, indem er seine Hand auf Sahnuns Arm legte und ein paar Worte mit ihm wechselte. Danach richteten die beiden Männer ihr Gesicht auf die fernen heiligen Stätten ihrer Völker und sagten das Abendgebet. Gedeon und ich sprachen Schulter an Schulter mit ihnen das Vaterunser und bekreuzigten uns.

Im Stroh bei unseren Maultieren fand ich meinen Schlafplatz. Meine Gedanken aber waren schon wieder auf dem Weg. Cadurc, Tolosa, Bigorra. Mein Bündel hatte ich zurück. Und damit auch mein Geld, die vierzig Solidis. Ich konnte also wieder von meinem Weinberg träumen. Ob ich je seinen Wein trinken würde? Morgen würden wir drei wieder unterwegs sein. Sollte ich Sahnun nun mit *scharif* anreden? Wenn ich das recht verstanden hatte, war er ja fast so etwas wie ein heiliger Mann! Nein, beschloß ich. Für mich bleibt er der große Junge, den ich bei Peitiers aufgelesen habe.

Eine merkwürdige Gesellschaft waren wir drei allerdings. Jeder war unterwegs mit einem Geheimnis, jeder mußte fürchten, entdeckt zu werden. Ich war eine entlaufene Frau, die sich vor ihrem Mann verbergen mußte, Sahnun begleitete das Geheimnis seiner Herkunft, und der Rab führte heimlich in seinem Wagen den Beutel mit Seidenwurmfutter mit sich – ob das alles gutgehen konnte? Mir fiel ein Zauber ein, den mich mein Vater gelehrt hatte. Du steckst den Daumen der rechten Hand in die linke und den der linken Hand in die rechte und sprichst dabei: Ihr beiden, ihr und ich sind drei! Letztlich mußte ich mich doch ganz allein auf mich verlassen können. Und da war es gut, sich selbst die Daumen zu halten. So schlief ich ein.

# Der Bann

Gedeon und Bobila verabschiedeten uns in der Frühe. Man hatte unseren Karren abgeschmiert, die Eisenreifen auf den Felgen waren frisch vernagelt. Ja, und meine Wäsche, selbst das dicke Wollkleid, war über Nacht in dem Badehaus fast trocken geworden. Meine Hand an Sahnuns Ellbogen, sah ich, wie der Rab und die Verwaltersleute Geschenke wechselten, dann zogen die Maultiere an.

Es war beinah noch Nacht. Der fast volle Mond war aber schon bis nahe an seinen Untergangsort hinter den westlichen Hügeln gewandert. Irgendwo in den Wäldern nahm ein einzelner Wolf heulend Abschied von ihm. Unsere Maultiere waren nervös. Ich flüsterte der Bless beruhigende Worte zu, ging dann zurück ans Heck, wo Sahnun, den Strick in der Hand, dem Karren folgte. Er hatte sich geweigert aufzusitzen. Mir hatte schon auf der Zunge gelegen, ihm zu sagen: Aber im Dunkeln siehst du ja nicht, wohin du deine Füße setzt – Unsinn, für Sahnun war es nachts nicht dunkler als am Tag.

Auch den Mond konnte er nicht sehen. Den hätte ich mit meinem Bauch aber auch bei geschlossenen Augen gespürt. Den dicken, runden, den vollen Mond. Unter Umständen ist es für eine Frau noch schlimmer zu erblinden, überlegte ich und dachte dabei an das lästige Drum und Dran meiner Mondtage. Nein, der Mond war noch nicht ganz voll, vergewisserte ich mich mit einem Blick über die Schulter. Ein, zwei Tage hatte ich noch Zeit, wenn ich pünktlich war, und das war bei mir eigentlich die Regel.

Ob es am Mond lag oder an der Dunkelheit, mir fiel es schwerer, mit dem Karren Schritt zu halten, als Sahnun. Ich stolperte ein übers andere Mal, stieß mir die Zehen schmerzhaft an den Steinen, fluchte und stolperte schon wieder.

Neben mir hörte ich Sahnun lachen. »*Cauptiliousement*, Kulaiba!« sagte er. Da mußte auch ich lachen.

Wie gern hätte ich mich mit Sahnun in seiner Sprache unterhalten, wie der Rab es konnte. Ich aber hätte mir von Andalusien erzählen lassen, Sahnun nach seinen Leuten gefragt, ach, einfach nach tausend alltäglichen Sachen.

Wenigstens verstand Sahnun etwas von unserer Sprache. Und so erzählte ich ihm, während der Tag graute, von meinem Vater, der in Büchern gelesen hatte, ich erzählte ihm von den Biberburgen, in die ich früher hineingetaucht war, wenn mich niemand finden sollte, erzählte ihm von Mutters Heimat in Vasconia. Daß in Bigorra die Frauen den Männern völlig gleichgestellt waren, Frauen sogar ebensogut wie Männern die Leitung einer Sippe obliegen konnte, wenn sie nämlich das Erstgeburtsrecht besaßen, ja, und daß jede Frau in Vasconia mit ihrem persönlichen Vermögen, der Dos, schalten und walten konnte, wie sie wollte. Und wenn die Frau eine Erstgeborene, ihr Mann von Hause aus ein Nachgeborener war, so besaß die Frau auch die eheliche Gewalt über ihren Mann, berichtete ich Sahnun. Ob er die vielen fremden Worte in meiner Sprache verstand? O ja, das tat er offenbar, denn plötzlich fuhr er mir dazwischen.

»Nicht *helal* das, *haram*, Verbot!« erklärte er energisch. »*Arridschalu kauwamuna ala n-nisai.*«

»Was sagst du?« fragte ich.

Sahnun ließ den Strick los, tastete nach meiner Hand, legte seine rechte über meinen Handrücken. »Mann«, sagte er, stieß mit seinem Zeigefinger gegen meine untere Hand und erklärte mir: »Frau, Frau.«

Endlich glaubte ich zu verstehen. »Die Männer stehen über den Frauen, willst du das sagen?« fragte ich.

»Ja«, bestätigte er. »Du Kulaiba, ich *kafur*«, fügte er hinzu, zog einen imaginären Säbel aus der Scheide und teilte damit blitzschnell nach allen Seiten Schläge aus.

Ein Gegner, der einen das Fürchten lehren konnte, dachte ich. Doch wenn Sahnun wüßte, wie grotesk sich seine Kriegsspiele im ersten Tageslicht ausmachten, es hätte ihn vor lauter Scham umgebracht.

Als hätte er meine Gedanken erraten, hielt Sahnun plötzlich in seinen Bewegungen inne.

»*Darir*«, schluchzte er auf, schlug die Hände vors Gesicht.

Vor uns hielt der Wagen.

»Ich *darir*, kein *sahnun*«, wiederholte er tonlos. »*Hal jastawi l-ama wal-basiru?*«

Der Rab war neben mich getreten. »Er meint, daß der blinde und der sehende Sahnun zwei verschiedene Menschen sind, so habe ich's wenigstens verstanden«, erklärte er mir. Dann ging er zu dem jungen Mann, legte den Arm um ihn, redete ihm beruhigend zu und gab ihm den Strick in die Hand.

Ich folgte und machte mir Vorhaltungen, daß ich Sahnuns Gefühlsausbruch verursacht hatte. Ohne es zu wollen. Die Lust am Reden und Erzählen jedoch war mir vergangen. Stumm trottete ich neben Sahnun hinter unserem Wagen her. Nein, ich brachte einfach den Mund nicht mehr auf.

Denn mir gegenüber war Sahnun in einer doppelt mißlichen Situation. Für mich war er ja nicht nur blind, sondern auch noch stumm. Es mußte ein vernichtendes Gefühl für ihn sein, mit mir, seinem gesichtslosen Gegenüber, nicht mal sprachlich gleichziehen zu können. Ach nein, das war kein guter Tagesanfang gewesen. Und hätte ich protestieren sollen, als Sahnun mir seine männliche Überheblichkeit so handgreiflich vor Augen führte? Als wäre ich wie die andalusische Kulaiba tatsächlich sein Hündchen. Gottes Wunden! fluchte ich stumm vor mich hin, warum mußte zwischen Mann und Frau alles so schwierig sein!

Statt weiter mit Sahnun zu reden, konzentrierte ich mich auf meine Umgebung. Ein wenig Oktoberwärme hatte sich in den November herübergerettet, wenigstens etwas, worüber ich mich freuen konnte. Die Luft war so lau, daß man hätte glauben können, es sei Frühling statt Herbst. An den Sommereichen trieben sogar kräftige neue Blätter nach. So entschädigte uns der warme Herbst für einen nassen und viel zu kühlen Sommer, in dem das Heu verdarb, die Flüsse über die Ufer getreten waren und die Saaten fortgeschwemmt hatten. Ja, Sanct Martin sei's gedankt, daß an diesem Tag, wo es mir in die Seele regnete, wenigstens von außen die Sonne mich erwärmte.

Die Vormittagsstunden dehnten sich endlos. Als wir endlich rasten wollten, gerade die Maultiere ausgeschirrt hatten, näherte sich eiliges Hufegetrappel. Ich warf dem Rab einen Blick zu und verschwand im nächsten Gebüsch.

Bald darauf erschienen drei Bewaffnete, steuerten geradewegs unseren Rastplatz an und zügelten neben dem Alten ihre Pferde. »Du bist Jakob *ha-tajjar?*« fragte der vorderste Reiter den Rab.

»Monet!« rief der überrascht. »Du hier –? Und wieso hast du meinen Namen vergessen? Wir haben im *bet ha-knesset*, im Gemeindehaus von Limoric, nebeneinander gebetet! Und sind das nicht Vives und Bendit? Was soll der förmliche Umstand?«

»Dies ist eine amtliche Sache«, erklärte der Mann, den der Rab mit Monet angesprochen hatte. Dann zeigte er auf Sahnun, der noch immer mit der Hand am Strick unbeweglich hinter dem Wagen stand. »Wer ist das?«

»Mein Sklave«, erklärte der Rab. »Er ist blind. Und er versteht die Landessprache nicht. Ihr könnt also frei reden.«

Monet glitt vom Pferderücken und blieb im Abstand von einigen Ellen vor dem Alten stehen. Die beiden anderen Männer verharrten im Sitz auf ihren Pferden.

Irgendwas Schlimmes bahnt sich da an, sagte mir mein Gefühl. Und ich sah, daß der Rab es auch spürte. Er stand sehr gerade da, saugte den Bart in den Mund und hob das Kinn. Mir wurden die Hände naß vor Schweiß.

»Jakob, der Reisende, wie man dich nennt«, setzte Monet, der anscheinend der Sprecher dieser Leute war, erneut an, »ich stehe hier, um in Anwesenheit dieser beiden dir bekannten Zeugen den Bann, den *cherem*, über dich auszusprechen.«

»Einen Bann –? Über mich?« fragte der Rab ungläubig. Er neigte den Kopf zur linken Schulter und faßte Monet stirnrunzelnd ins Auge. »Wer will mich in den Bann tun?«

»Unser Vorstand, die *parnassim* der Gemeinde von Limoric«, antwortete Monet. »In ihrem Auftrag stehe ich vor dir. Vorerst ist es ein bedingter Bann. Du wirst des Religionsfrevels bezichtigt. Gelingt es dir, vor mir und diesen beiden Zeugen diesen Vorwurf zu entkräften, bist du frei.«

»Also sprich«, forderte der Rab den Sprecher auf. »Was wird mir zur Last gelegt?«

Inzwischen war Colon aufgesprungen, zerrte stumm an seiner Leine. Auch er spürte, daß sich da etwas Bedrohliches anbahnte.

Monet wich einen Schritt zurück, beruhigte sein tänzelndes Pferd und legte die Hand an den Schwertknauf.

Der Alte faßte Colon am Halseisen. »Sitz«, befahl er.

Ach, ich verstand Colon! Ich biß mir auf die Finger und hatte das Gefühl, das Herz wolle mir platzen. Den Rab bannen wollten die? Was, guter Martin, konnte das bedeuten? Waren die Leute verrückt, unseren Jakob des Religionsfrevels zu bezichtigen? Ausgerechnet ihn?

»Zwei Brüder aus Lion haben den Anstoß zu dem Verfahren gegeben«, wandte sich Monet erneut an den Rab. »Die beiden trafen einen Tag nach deiner Abreise in Limoric ein. Als dein Name fiel, beschuldigten sie dich vor der Knesset dreier Vergehen. Erstens: Du sollst geäußert haben, die Weisungen der Tora verdienten Gehorsam, die Weisungen der Weisen aber nur Respekt. Damit würdest du leugnen, daß die schriftliche und die mündliche Tora eins sind. Zweitens: Es werden dir Äußerungen zur Last gelegt, die dem Ansehen unseres geistlichen Oberhauptes abträglich sind. Ich rede von dem ehrwürdigen Natronai ben Nehemia in Pumbedita, jenseits des Meeres, der im Hinblick auf die Lehrautorität der Schulhäupter Jisraels festgestellt hat: ›Derjenige, der es wagt, irgendeine ihrer Weisungen anzuzweifeln, gleicht demjenigen, der sich gegen den Ewigen und seine Tora empört.‹ Du hast nach dem Zeugnis der beiden Brüder von Lion diesen Entscheid des ehrwürdigen Natronai eine Gotteslästerung genannt. – Dies sind die ersten zwei Punkte der Anklage. Du kannst dich jetzt vor uns dazu erklären. Hast du also tatsächlich diese oder ähnliche Äußerungen getan?«

»Das habe ich«, antwortete der Rab. »Und ich stehe dazu. Die Bücher unserer Weisen sind gut und nützlich zu studieren, Gehorsam aber sind wir allein den Büchern unseres Lehrers Mosche schuldig. – Welches ist der dritte Anklagepunkt?«

Ich sah, wie die drei Männer sich flüsternd berieten, dann ergriff Monet von neuem das Wort.

»Als die Brüder aus Lion diese Beschuldigungen der Knesset vortrugen, bestätigten andere aus unserer Mitte, du habest auch in Limoric versucht, mit solchen Ansichten Gefolgschaft zu finden. Eben deswegen mußten unsere *parnassim* in deiner Sache tätig werden. Und zwar besonders vor dem Hintergrund der dritten Beschuldigung, welche die reisenden Brüder gegen dich, Jakob, vorbrachten.«

Colon duckte sich, stieß einen hohen, winselnden Laut aus. Einen Angstlaut, was anders? Der Herkules in Hundegestalt spürte, daß etwas Böses in der Luft lag, das seinen Herrn bedrohte. Ein Zittern überlief seine Haut. Der Rab strich ihm stumm über den Kopf.

Ohne Colon aus den Augen zu lassen, fuhr Monet unterdessen hastig fort. »Die Leute aus Lion behaupten nämlich, du stündest mit Leuten eines gewissen Serenus in Verbindung, der vor einiger Zeit als Aufrührer gefoltert und hingerichtet worden ist. Dieser Serenus soll sich als der Vorläufer des Messias ausgegeben haben. Und es wird berichtet, diesem Mann, der Aufstände gegen den Kaiser angezettelt hat, seien neben manchen Jischmaeliten und Nokrim auch viele Menschen unseres Volkes zugefallen. Und dies wieder sei der Grund, warum der griechische Kaiser die Gemeinden Jisraels so hart mit Zwangstaufen bedränge. Die Frage an dich also lautet: Bist du ein Gefolgsmann dieses Serenus und Komplize seiner aufrührerischen Machenschaften?«

»Das bin ich nicht«, antwortete der Rab. »Ich habe diesen Serenus persönlich gekannt, das ist wahr. Doch ich hatte nie etwas mit ihm oder mit seinen Leuten zu schaffen. Wenn man mir nachsagt, ich hätte unsere Leute dazu gebracht, gegen den Kaiser die Waffen zu erheben, dann sind das verleumderische Anschuldigungen.«

»Du wärest auch bereit, das zu beeiden?« fragte Monet.

»Mit jedem Schwur«, bestätigte der Rab.

Was begriff ich in meinem Versteck von den Vorwürfen gegen den alten Jakob? Nichts, gar nichts. Doch als plötzlich die Rede auf den griechischen Kaiser kam, horchte ich auf. Hatte ich richtig verstanden, dann wollte man dem Rab oder diesem Serenus die Schuld dafür geben, daß der griechische Kaiser den *giu* das Leben schwermachte. Doch hatte der Alte nicht von einer kommenden Auswanderung aus Griechenland gesprochen und daß er seinen Leuten helfen wolle, als Seiden-arbeiter bei uns in Gallien Fuß zu fassen? Ich verstand die Zusammenhänge nicht. Doch natürlich glaubte ich dem Rab und nicht diesen bösartigen Zuträgern aus Lion, die es darauf abgesehen hatten, seinen Ruf zu untergraben.

Behutsam schob ich das Laub zur Seite. Die beiden anderen Reiter waren abgestiegen und mit ihrem Sprecher beiseite ge-gangen. Sie berieten sich.

Dann kehrte Monet zu dem wartenden Rab zurück. »Der Bann gegen dich, Jakob *ha-tajjar*, tritt hiermit in Kraft«, ver-kündete Monet mit lauter Stimme. »Du hast dich in den beiden ersten Punkten zu deinen frevlerischen Äußerungen bekannt. Wir fordern dich auf, freiwillig und aus eigenen Stücken nach Limoric umzukehren, um dort die fällige Buße abzuleisten. Man wird dich vor den Augen der Knesset fesseln, schlagen, dir die Haare ausraufen und dich öffentlich in einen Käfig sperren, um dich den Verwünschungen der Gemeinde preis-zugeben. Danach wirst du dreißig Tage in Trauer sitzen. Niemand soll sich dir bis auf vier Ellen nahen. Kein Scher-messer darf dein Haupt berühren, du sollst deine Kleider nicht wechseln und hast mit bloßen Füßen, verhülltem Haupts ein-herzugehen, bis man dir sagt: Dir sei vergeben! Wenn du aber den Bann mißachtest, vielleicht gar als Gebannter stirbst, wird das Gericht dir einen Stein auf die Bahre legen, um anzuzei-gen, daß du, Jakob *ha-tajjar*, den Tod durch die Steinigung verdient hattest. So wird dein Name auch auf Kind- und Kin-deskind entehrt bleiben.«

Damit schwang sich Monet mit seinen Leuten auf die Pferde. Im Sattel griff Monet hinter sich, holte ein Horn hervor, blies mit aller Macht hinein, daß es in den Hügeln und Wäldern widerhallte. Ich begriff. Damit war der Bann in Kraft gesetzt. Unser Rab war von nun an für seine Leute ein geächteter Mann. Was für eine schreckliche Drohung! Wie betäubt schaute ich den Davonreitenden nach, merkte, wie ich mit einem Mal anfing, unbeherrscht zu zittern, und konnte doch nicht glauben, was sich da vor meinen eigenen Augen und Ohren zugetragen hatte.

Sahnun hatte sich neben den Karren gesetzt. Der Rab drehte sich nach seinem Schützling um. Ich sah, wie er zu ihm ging, hörte, wie er mit Sahnun redete. Verschiedentlich fragte Sahnun zurück: *»Hurma f-asch?«* Die Wörter kannte ich mittlerweile, weil Sahnun sie so oft gebrauchte: Wieso? Aus welchem Grund? Und dazwischen unterbrach er den Alten mehrmals mit einem *ja-ala!* Was immer das heißen mochte.

Mir hatte es die Sprache verschlagen. Jedenfalls fühlte ich mich im Augenblick nicht fähig, den Rab nach weiteren Erklärungen zu fragen, so verstört, wie ich war. Ich saß noch immer mit angstvoll angezogenen Beinen und Armen in meinem Versteck, um den Nabel wieder dieses scheußliche Ziehen, das mich verrückt machte. Mit Gewalt brachte ich mich endlich dazu aufzustehen. Und weil mir nichts Besseres einfiel, begann ich die Umgebung nach Eßbarem abzusuchen. Walnüsse und Sanddornbeeren fand ich, beide bitter im Geschmack, und das entsprach genau meiner Stimmung.

Mit nußgebräunten Fingern kehrte ich endlich zu unserem Karren zurück. Die beiden Männer standen nebeneinander und beteten, Sahnun, indem er seine Ohrläppchen berührte, während der Rab unter seinem Fransentuch den Oberkörper hin und zurück schwang. Mein Paternoster konnte ich nicht aus dem Mund kriegen. Mir war speiübel, und die Beeren waren dafür nicht gerade gut gewesen. Meinen Rab wollten die *giu* in einen Käfig sperren, ihm die Haare ausreißen! Ich schlug stumm drei Kreuze über mich.

Als der Rab an den Wagen kam, flog ich ihm an die Brust und weinte. Ja, ich habe nah ans Wasser gebaut und löse mich leicht in Tränen auf. Warum auch nicht, wenn mir danach zumute ist!

Wenigstens schafft es mir für ein paar Augenblicke Erleichterung, und hinterher kann ich besser denken. So aber war es diesmal nicht. Das Weinen brachte mir weder Erleichterung, noch spülte es meinen Kopf klar. Ich heulte aus lauter Verzweiflung, wollte mich auch nicht trösten lassen. Selbst als der Rab mir den Rücken streichelte, mir begütigend zumurmelte. Sogar der heilige Martin hätte mir in diesem Augenblick nicht helfen können. Was war das für eine Welt, in der es so viel Ungerechtigkeit gab!

Der Rab jedoch hatte Geduld, große Geduld mit mir. Er ließ mich ausweinen. Und dann spürte ich Sahnuns Hand in meinem Gesicht. Sahnuns unsichere Hand, die versuchte, meine Tränen wegzuwischen. »Kulaiba, Kulaiba –«, sagte er ein übers andere Mal. Sonst nichts. Und allmählich gingen meine Tränen in trockenes Schluchzen über.

Der Rab holte Decken, brachte mich dazu, mich zu setzen.

»Es ist alles nicht so schlimm, wie du denkst«, sagte er und nahm meine Hände in die seinen. »In Narbo werde ich vor unseren *parnassim* Einspruch erheben.«

»Du läßt dich nicht in den Käfig sperren?« fragte ich schluchzend.

Die Hände des Rab drückten meine, und das tat gut. Er hat so gute Hände, dachte ich dankbar. Und diesen Mann wollen die demütigen, ihn sogar anspucken!

»Nein, wir fahren weiter, kleine Nokrit«, versicherte der Rab. »Wie sollst du sonst nach Bigorra kommen? Um den Bann schere ich mich nicht, nicht um diesen. Viel schlimmer sind diese böswilligen Leute, die ich im Rücken habe. Weißt du, ich habe nämlich in Limoric kein Sterbenswörtchen von all diesen Dingen verlauten lassen, deren man mich hier beschuldigt. Falsche Zeugen sind gegen mich aufgestanden, die sich mit den beiden Männern aus Lion zusammengetan haben. Die wollen mir ans Leben.«

»Sogar das –«, rief ich fassungslos.

»Ich vermute, in Limoric sind das genau die Leute, die mit den Plagiatoren unter einer Decke stecken«, meinte der Rab. »Ich habe ihr Versteck auffliegen lassen, den Stadtgrafen auf sie gehetzt.«

»Und die Leute aus Lion –?« fragte ich.

»Die beiden müssen was anderes gegen mich haben«, meinte der Rab. »Ich weiß es einfach nicht.«

»Hat es etwa mit deinen Seidenwürmern zu tun?« fragte ich.

Der Rab ließ meine Hände los. »Daran wage ich gar nicht zu denken«, sagte er nach einer Weile. »Das wäre nun wirklich schlimm.«

Das begriff auch ich. Denn dann hätte jemand die Mission des Rab verraten. Mich überlief es.

»Ja, bei Seide geht es um viel Geld, und wer weiß, vielleicht haben Hintermänner aus Griechenland ihre Finger im Spiel«, überlegte der Rab halblaut. »Leute, die irgendwie Wind davon bekommen haben, daß jemand mir Samen für die *tut*-Bäume besorgt hat.« Der Alte nickte. »Ja, das würde vieles erklären. Diese griechischen Hintermänner haben möglicherweise die beiden Brüder aus Lion auf meine Spur gesetzt.«

Ich mußte meinen Blick von dem alten Mann abwenden. Tiefe Sorgenfalten standen plötzlich in seinem Gesicht, und seine Augen hatten einen brütenden Ausdruck angenommen. Mich überlief es von neuem, und über meine Backen rollten Tränen, die ich nicht zurückhalten konnte.

Als der Alte später seinen Essenskorb öffnete, wehrte ich wortlos ab. Es half auch nichts, daß ich mir verstohlen die Daumen hielt und mir Mut zusprach: Ihr beiden, ihr und ich sind drei! Vielleicht hätte der Rab doch Gedeons Angebot eines bewaffneten Geleitschutzes annehmen sollen, sagte ich mir jetzt. Denn mit den Leuten eines Senators legt sich so schnell keiner an. Wer aber hätte gestern abend ahnen können, was der heutige Tag brachte?

Vor der Weiterfahrt nahm mich der Rab an die Seite. »Der Mond wird rund, kommst du in die *fleurs*?« erkundigte er sich.

Mir schoß das Blut zu Kopf. »Ja, morgen oder vielleicht übermorgen«, antwortete ich.

»Du bist pünktlich«, sagte der Alte. »Das ist gut. Man merkt dir's an, daß du bald fällig bist. Das ist sicher nicht einfach, jetzt, wo du unterwegs bist.«

»Nein«, sagte ich.

Auf dem Weg nach Catalon hatte ich mich auch mit den *fleurs* plagen müssen. Unterwegs fehlt es dir an allem, das hatte ich gemerkt. Der Jungfrau sei gedankt, wenigstens an Wasser war kein Mangel. Damals allerdings war ich allein gewesen, die beiden Männer jetzt machten alles noch schwieriger. Aber was verstanden die schon davon?

»Ihr Männer könnt nicht wissen, wie das ist«, stieß ich hervor und wollte mich abwenden.

»Warte«, sagte der Rab. »Ich kann dir ein wenig helfen. Steig in den Wagen und schau nach dem Korb mit dem blauen Deckel. Aber bitte *cauptiliousement*, daß nichts im Wagen zerbricht!«

Das hätte er mir nicht erst sagen müssen. Das Unglück mit dem flüssigen Feuer war mir noch in frischer Erinnerung. Und wer weiß, was der Rab sonst noch an bösen Überraschungen auf der Ladefläche versteckt hielt? Den blauen Deckelkorb hatte ich bald entdeckt. Es war einer von den überraschend leichten Körben. Als der Rab ihn öffnete, sah ich, daß er darin helle Stofflagen gestapelt hatte, und auf den zweiten Blick wußte ich natürlich, worum es sich handelte.

Mit den Fingerspitzen nahm er vier Binden und legte sie mir in die nußgebräunten Hände. »Du wirst merken, das macht's dir etwas leichter«, sagte er.

Das konnte ich mir wohl vorstellen. Denn der Stoff fühlte sich so unglaublich weich und flauschig an, wie ich noch nie etwas auf der Haut getragen hatte. Trotzdem, eigentlich mochte ich nicht.

»Ich habe schon welche«, wehrte ich ab. »Sunhar hat mich versorgt.«

Der Rab schniefte. »Du mußt mir nichts erzählen, ich kenne diese harten, holzigen Dinger«, sagte er. »Du kannst das nicht vergleichen mit dem hier. Damit beliefere ich die Herrschaftshäuser entlang meiner Reisewege. Und die Frauen sind mir ewig dankbar für die Wohltat.«

»Ja, also, danke dann«, stammelte ich. »Und Geld kann ich dir auch dafür geben.«

»Ach was«, sagte der Rab lachend. »Spar's für den Weinberg.«

Er schlug den Deckel zu, und ich verstaute die Binden in meinem Bündel. Heiliger Martin, dachte ich – aber der war ja auch ein Mann! Also, die süße Jungfrau wird's mir nachfühlen, wenn in diesem Augenblick der Gedanke an den Vollmond wenigstens etwas von seinem Unbehagen verlor.

»Und was ist das für ein Stoff?« erkundigte ich mich, als ich wieder beim Wagen war.

»*Kuten*, so nennen ihn die Sarazenen«, sagte der Rab. »Diese Stoffe werden aus den Samenhaaren eines Strauchs gesponnen, der in heißen Ländern wächst. Etwas Ähnliches wie die Flugsamen von Weidenröschen oder Weißpappeln hier in Gallien, die du ja kennst. Du könntest also auch ›Baumwolle‹ dazu sagen.«

»Baumwolle«, sprach ich dem Rab nach. »Das hört sich an, wie wenn Schafe auf den Bäumen wachsen.«

Der Rab lachte, wurde dann wieder ernst und ermahnte mich:

»Wenn du in den *fleurs* bist, halte Abstand zu uns Männern. Wir haben schon darüber gesprochen.«

Ich hielt einen Augenblick die Luft an. Dann platzte ich verärgert heraus: »Weil ich für euch beide unrein bin –? Soll ich etwa auch auf vier Ellen Abstand zu euch bleiben?«

»Genau, kleine Nokrit«, bestätigte der Alte. »Unsere beiden Religionen nehmen es sehr ernst mit den Reinheitsgeboten.«

Jetzt war's um mich geschehen. »Das ist doch verrückt!« schrie ich den Rab an.

Sein Gesicht erstarrte. Ich sah, wie seine Kaumuskeln zuckten. »Sag das nie wieder!« entgegnete er tonlos.

»*Conchie*«, sagte ich ihm ins Gesicht, »dann löse ich mich ja am besten gleich in Luft auf!«

Er legte seine Hand auf meinen Arm.

»Laß das!« fauchte ich ihn an. »Jeden Augenblick kann's bei mir losgehen. Und dann bist du ein unreiner Mann.«

»Itta –«, versuchte er einzulenken.

Auf weitere Erklärungen hatte ich aber keine Lust. Ich fiel ihm ins Wort: »Und was soll aus Sahnun werden, wenn ich in meinen Tagen bin?« fragte ich spitz. »Willst du ihn etwa die ganze Zeit an die Hand nehmen? Wie denkst du dir das alles überhaupt?«

Wie vom Schlag gerührt starrte mich der Alte an. »Daran habe ich nicht gedacht«, murmelte er. »Laß mir Zeit, darüber muß ich nachdenken!«

»Viel Zeit bleibt aber nicht«, antwortete ich gereizt. »Der Mond wartet nicht auf dich!«

Wortlos wandte sich der Rab um, ging zu Sahnun, der bei den Maultieren stand, führte ihn zum Wagen und ließ ihn aufsitzen. Er drehte sich nicht nach mir um. Und ich ließ ihn die Maultiere allein anspannen. Am Ende werden die ja auch noch unrein durch die unreine Frau, dachte ich böse. *Conchie*, es war wirklich hart, ein Mensch mit dem Körper einer Frau zu sein!

In wütendem inneren Zwiegespräch mit dem Rab trottete ich hinter dem Karren her. Im Ernst, was soll nun werden, fragte ich mich, während ich unlustig einen Fuß vor den anderen setzte. Gut, ich konnte mich auch allein nach Bigorra durchschlagen, wenn es sein mußte. Ich traute mir's zu. Selbst ohne Lupo. Und den Beutel mit dem Seidenwurmfraß konnte ich einfach vergessen, die Sache ging mich schließlich nichts an. Der Rab brauchte mich nicht, der war ja bisher auch ganz gut ohne mich zurechtgekommen. Nur, da war Sahnun. Und das schaffte der Alte nicht allein, wollte er den Jungen nicht ständig im Karren einsperren. Auf die Dauer aber ging das doch nicht. Also, was sollte ich tun? Ich wußte es nicht, wartete, daß der Rab nach mir rief. Aber das tat er nicht.

Es wurde später Nachmittag, bis er sich nach mir umdrehte. Wie erlöst lief ich zu ihm. Schließlich mußten wir einen Weg finden. Heiliger Martin, was für Schwierigkeiten hat sich der Rab mit uns eingehandelt, sagte ich mir und faßte vorn beim Gespann die Bless am Halfter.

Ich merkte, wie sich der Rab schwertat. Er brauchte lange, um die Worte zu finden. Schließlich seufzte er, warf mir einen langen Blick zu und sagte: »Ich habe über die *nidda*, so nennen wir die *fleurs*, nachgedacht. Alle Stellen unserer Tora, die sich mit dieser Sache befassen, bin ich noch mal durchgegangen, dreimal, viermal. Und ich habe im Geist die Bücher unserer Weisen aufgeschlagen, habe darin gelesen, Wort für Wort. Schließlich geht es hier um eine grundsätzliche Entscheidung. Also, in der Tora heißt es: ›Jeder Mann, der eine Frau, wenn sie flüssig ist, anrührt, wird unrein bis zum Abend.‹ Und die Weisungen unserer Gelehrten in dieser Sache sind sogar noch strenger. Und worum geht es dabei? Das steht in einem anderen Vers: ›Weil sie sonst meine Wohnstätte entweihen.‹ Das heißt, habe ich mir überlegt, unsere ganzen Reinheitsgebote sind auf das Heiligtum, auf den Tempel zugeschnitten. Auf seine heiligen Gegenstände, auf die Priester, die dem Ewigen unsere Opfer darbringen. Nun liegt das heilige Haus, der Tempel, seit über siebenhundert Jahren zerstört am Boden, die Römer haben ihn damals in Flammen aufgehen lassen. Seitdem sind wir ein Volk ohne Opferdienst. So gesehen machen alle unsere Reinheitsgebote eigentlich keinen Sinn mehr. Wir befolgen sie aber deshalb bis heute, weil wir den Ewigen damit erinnern, daß wir sein Heiligtum nicht vergessen haben. Ja, wir tun so, als gäbe es den Tempel immer noch. Denn unser Volk wartet darauf, daß der Messias uns wieder in sein Land bringe, um dort das heilige Haus wiederherzustellen. Damit wir dem Ewigen wieder darin dienen wie zur Zeit der Väter. – Also, das sind meine Gedanken zu unserem Problem.«

»Ich verstehe nicht«, sagte ich. »Das alles hört sich für mich sehr umständlich an. Und was hat es mit den *fleurs* zu tun? Ich sehe da keinen Zusammenhang.«

»Doch, den gibt es«, erwiderte der Rab vorsichtig. »Wenn meine Überlegungen richtig sind, dann verpflichtet uns in dieser tempellosen Zeit kein Gebot zur Einhaltung der Reinheitsbestimmungen. Daß wir uns weiter daran halten, als gäbe es den Tempel noch, ist allein unsere Entscheidung. Deswegen sind wir auch frei, unseren eigenen Kopf zu gebrauchen. Auf unser Gewissen zu hören. Und damit ist die Sache für mich entschieden. Es heißt doch: ›Verflucht, wer dem Blinden ein Hindernis in den Weg legt.‹ Das aber wäre der Fall, wenn Sahnun ohne deine Hilfe auskommen müßte.«

Oh, wie schwer sich's der Rab machte! Aber ich wollte es jetzt genau wissen und fragte: »Also bleibt alles, wie es ist? Ich muß mich nicht ellenweit von euch Männern entfernt halten, auch wenn ich in meinen Tagen bin? Du wirst also weiter beten wie bisher?«

Der Rab schluckte hart. »Ja«, entschied er dann. »Auch wenn du mich dann berührst.«

»So gesehen sind wir jetzt alle rein«, sagte ich fröhlich.

»Nein«, widersprach der Alte. »So gesehen sind wir dann alle unrein. Aber du kannst keinem, der im Dreck sitzt, aufhelfen, wenn du selbst dabei sauber bleiben willst.«

»Und was ist mit Sahnun?« fragte ich. »Untersagt ihm nicht auch sein heiliges Buch den Umgang mit mir in den *fleurs*?«

»Vermutlich«, meinte er. »Ich weiß es nicht so genau. Du mußt es ihm ja auch nicht sagen. Bestimmt wird er überhaupt nichts merken, wenn du dich reinlich hältst.«

»Das mußt du mir nicht erst sagen«, gab ich gereizt zurück. »Aber mit dem Jungen machst du's dir jetzt wirklich leicht!«

»Ich weiß«, räumte der Rab ein. »Aber ich habe die Welt nicht gemacht, wie sie ist.«

Für den Rest des Tages mußten wir uns auf der zerklüfteten, von unzähligen Bach- und Flußläufen durchschnittenen Wegstrecke übel plagen. Immerfort mußten Sahnun und ich unseren Maultieren helfen, den Karren aus dem Dreck zu holen. Entweder, indem wir uns mit den Schultern gegen's Wagenheck stemmten, oder indem wir mit unseren Händen in die Räder griffen. Völlig zerschlagen suchten wir uns einen Rastplatz zur Nacht, schoben den Karren in den Windschatten einer dichten Lorbeerhecke. Nach der gemeinsamen Abendmahlzeit wickelte ich mich fest in Mutters Decke und schlief, umfächelt von strengem Lorbeerduft, sofort ein.

Am darauffolgenden Freitag wurde die Strecke noch unwegsamer. Und wie es das Unglück wollte, löste sich vormittags über uns ein Steinschlag. Ich konnte gerade noch Sahnun mit mir fortreißen. Eng an die Felswand gepreßt, sah ich, wie das Gestein rüttelnd über uns hinweg in die Tiefe sprang, Staub und rieselnder Schutt hüllten uns ein. Ich mußte unaufhörlich niesen und schrie nach dem Rab. Als der Staub sich legte, bemerkte ich ihn ein paar Schritt voraus. Er hatte sich ebenfalls in Sicherheit bringen können, und auch Colon war nichts zugestoßen. Doch eins von den Maultieren war getroffen worden und nahm panisch mit dem Karren Reißaus, bis ein letzter Steinbrocken das linke Hinterrad zerschmetterte. Der Wagen kippte halb zur Seite, Colon machte einen Satz und erhängte sich fast an seinem Halseisen.

Ich erklärte Sahnun hastig, was geschehen war, führte ihn aus der Nähe der Wand und rannte zu Colon, zu dem Karren.

Der Rab war vor mir zur Stelle. Er band Colon los, ich beruhigte das Maultier. Soviel ich sehen konnte, war ihm nichts Ernstliches passiert. Das arme Tier schien mit einer Prellung davongekommen zu sein.

Mit dem Wagenrad sah es schlimmer aus. Ein Stück der Felge war mitsamt den Speichen herausgebrochen und zersplittert. Es war genau jenes böse Rad, das immer am meisten geknarrt hatte, genau wie's in dem Sprichwort heißt. Ich erwischte mich dabei, daß ich schadenfroh dachte, geschieht dem Ding ganz recht! Doch an Weiterfahrt war nicht mehr zu denken.

Ich blickte den Alten fragend an und beäugte zugleich argwöhnisch die Wand über uns, aus der sich jeden Augenblick neue Steine lösen konnten.

»Es gibt ein Dorf in der Nähe, ein oder zwei Wegstunden entfernt«, sagte der Rab nach eingehender Begutachtung des Schadens. »Wir nehmen das Rad ab, und ich reite mit den Maultieren hinüber. Hol Sahnun, er muß helfen, daß wir den Wagen aufbocken.«

»Sahnun bleibt weg von hier«, widersprach ich. »Du und ich, wir schaffen das allein.«

Tatsächlich, wir schafften es. Aber daß mir dabei nicht alle

Muskeln rissen, war schon ein kleines Wunder. Der Rab packte aus den Körben ein paar Sachen zu einem Bündel zusammen. Dann schnürten wir der Bless das zerschlagene Rad auf den Rücken, der Alte stieg auf das andere Tier und verschwand hinter der Wegkehre. Ich nahm Decken, den Eßkorb vom Wagen. Jetzt erst meldete sich der Schock. Mit zitternden Knien setzte ich mich zu Sahnun.

Zum ersten Mal seit Peitiers würde ich für längere Zeit allein mit ihm sein. Und zu meiner Überraschung zeigte sich bald, daß Sahnun durchaus fähig war, sich, wenn auch holprig, in unserer Sprache mitzuteilen. Natürlich, sein Kindermädchen war diese fränkische Sklavin gewesen. Dann hatte Sahnun auch wohl einiges von den Gesprächen zwischen dem Rab und mir mitbekommen. Und nicht zu vergessen, die böse Zeit hinter den Palisaden! Jedenfalls reichte sein fränkisch-sarazenisches Kauderwelsch für eine Unterhaltung aus. Und ich war sehr froh darüber. Denn so konnte ich mir doch endlich ein Bild von Sahnuns bisherigen Lebensumständen machen.

Sahnun, erfuhr ich, war der älteste einer großen Kinderschar, die der Vater Jusuf mit seinen Frauen gezeugt hatte. Von seiner Mutter, der Hauptfrau, schien Sahnun nur ein undeutliches Bild bewahrt zu haben. Um so deutlicher war seine Erinnerung an das Kindermädchen, jene fränkische Kulaiba. Sie sei etwa von meiner Körpergröße gewesen, berichtete Sahnun und legte mir dabei die Hand auf den Scheitel. Es war aber sein Vater Jusuf, dessen Gestalt Sahnuns Erzählungen völlig beherrschte. Der sei unter den allererersten gewesen, die vor über zwanzig Jahren an der Seite des ruhmreichen Feldherrn Tarik den Goten die Halbinsel al-Andalus entrissen hätten. Die Goten hätten ihr Land nicht verteidigen können, weil sie hoffnungslos zerstritten gewesen seien, erklärte mir Sahnun. Und wertvolle Bundesgenossen hätte Tarik in den *jahud*, den *banu Israel* gefunden. Diese nämlich hätten, nachdem sie durch meine Glaubensgenossen, die *nasara*, jahrzehntelang drangsaliert worden seien, dem Feldherrn der Muslime Tor und Tür geöffnet, ja sie hätten sogar Seite an Seite mit Tarik gegen die Goten gekämpft.

Ich, seine Zuhörerin, hatte Mühe, Sahnun zu folgen. Er fiel streckenweise ganz in seine Sprache, dann suchte er nach Worten, und ich mußte ihn nach dem Sinn von Ausdrücken fragen, mit denen ich nichts anfangen konnte. Aber aufs Ganze gesehen, kam ich doch ganz gut zurecht, und was ich von Sahnuns Worten nicht verstand, ergänzte ich durch meine Phantasie. Was ich schließlich von seiner Geschichte herausbekam, war dies:

In der Stadt Schatibi sei er, Sahnun, in einem Palast aufgewachsen, zwischen Springbrunnen und Gärten, in Seide gekleidet, von einer riesigen Dienerschaft umsorgt. Natürlich habe er früh das Waffenhandwerk erlernt, sei darin auch tüchtig gewesen. Mehr als zwanzig Gegner habe er bisher im Zweikampf bezwungen, und an der Hüfte, wohin Sahnun meine Hand führte, könne ich noch die tiefe Spur einer alten Wunde ertasten. Seine stärkste Kindheitserinnerung war die Fahrt auf einem von hundert Sklaven geruderten Schiff, das ihn und den Vater Jusuf mit purpurnen Segeln übers Meer getragen hatte. In dem syrischen Land, das vormals im Besitz des griechischen Kaisers gewesen wäre, sei er an der Seite des Vaters zum Hof des Beherrschers aller Gläubigen, Hischam, aufgebrochen, der in tausend Palästen residiere und dem die ganze Welt zu Füßen liege. Und der *amir al-muminim*, Kalif Hischam, habe den Vater Jusuf umarmt, geküßt und ihn an seiner Rechten sitzen lassen. Ihm aber, Sahnun, habe der Kalif ein überaus kostbares Schwert verehrt, dessen Griff und Scheide von Gold, Edelsteinen und Perlen glänze. Danach sei der Vater Jusuf mit ihm durch viele ferne Länder gereist. Zuerst nach Mekka, der Geburtsstadt des Propheten, Friede sei mit ihm, dessen Blut auch er, Sahnun, in seinen Adern trage. In Mekka habe er die berühmte Koranschule des Dahhak, möge Allah mit ihm zufrieden sein, besucht. Dieser habe dreitausend Jungen unterrichtet und sei zwischen den Schülern auf einem Esel herumgeritten. Bei dem geehrten Dahhak habe er, Sahnun, alles gelernt, was er als Muslim brauche, um dereinst in die Gärten des Paradieses einzugehen. Nach zweijähriger Reise sei Vater Jusuf mit ihm nach al-Andalus heimgekehrt, diesmal auf dem Landweg. Während ihrer Abwesenheit aber hätten sich die Muslime in al-Andalus zerstritten, sein Vater sei bei ihrer Rückkehr von bösen Menschen ergriffen worden. Die hätten seinen Vater mit ledernen Peitschen geschlagen, ihm den Kopf kahlgeschoren, ihn mit Ketten beladen rückwärts auf einen Esel gesetzt und unter dem Gespött der Menge am hellichten Tag durch Schatibi getrieben. Alle seine Güter habe man eingezogen, und er, Sahnun, habe monatelang mit seiner Kulaiba bei Freunden im Versteck leben müssen, weil Jusufs Feinde seiner ganzen Familie nach dem Leben trachteten. Erst ein Machtwort des Kalifen habe dem Vater zu seinem Recht verholfen. Und der neue Statthalter von al-Andalus, Abd al-Rahman ben Abd Allah al-Gafiki, mit dem Sahnun später ins Land der Franken aufgebrochen sei, habe den Vater Jusuf tausendfach für alles erlittene Unrecht entschädigt, so daß seine Familie jetzt den obersten Rang unter den Obersten von al-Andalus einnehme.

Es war eine unwirkliche Welt, in die Sahnun mich entführte, die seine Hände herbeizauberten. Ich sah Feuerschlucker, schwarze Tänzerinnen, jene riesigen Rüsseltiere mit langen weißen Stoßzähnen, welche die Römer Elefanten nennen; Sahnun schilderte Basare, Palmen, Baumwollfelder, so daß mir schließlich von all den fremdartigen Dingen und Namen schwindelig war. Wie eng und klein erschien mir plötzlich meine eigene Welt. Die war nicht mehr als ein Hühnerstall.

Und wieviel mehr erst mußte der Rab in seinem langen Leben von der Welt gesehen haben. Kein Wunder, wenn ich mir in seiner Gegenwart manchmal so unbedarft vorkam. Nein, ich neidete Sahnun sein Leben nicht. Aber es war doch bitter zu denken, wie ungerecht es war, daß die einen ihr Leben wie eingepfercht im Hühnerstall verbringen mußten, während andere von hundert Sklaven unter purpurnen Segeln übers Meer gerudert wurden. Darüber hätte ich gern auch mit Sahnun gesprochen, aber dazu reichten unsere Verständigungsmöglichkeiten dann doch nicht.

Der Rab ließ auf sich warten. Zwischendurch führte ich Colon an den Bach, ließ ihn trinken, sprach ein wenig mit ihm, traute mich jedoch nicht, die Dogge loszulassen, damit sie sich im Wald ihre Mittagsmahlzeit holen konnte. Statt dessen gab ich ihr ein paar Happen aus dem Vorratskorb und begab mich wieder zu Sahnun.

Als ich ihm sagte, der Rab werde wohl alles daransetzen, bis zum Beginn seines Schabbat abends zurück zu sein, wurde Sahnun unruhig. Dann sei heute doch *aruba*, Freitag, und diesen Tag vor allem habe der Prophet, Friede sei mit ihm, den Gläubigen zum Gebetsdienst bestimmt. Ich möge ihn also zur Waschung ans Wasser führen und sein Gesicht zu den heiligen Stätten im östlichen Süden ausrichten. Ich bot Sahnun meine Schulter, sah zu, wie er Gesicht, dann die Hände bis zu den Ellbogen wusch, mit nassen Händen sich noch mal durchs Gesicht fuhr und zu guter Letzt die Füße bis zu den Knöcheln ins Wasser steckte. Ja, seine Schürfungen und Prellungen waren schon dabei zu verheilen!

Als ich ihn nach dem Gebet zu unserem Platz zurückgeleitete, begann Sahnun von seiner Zukunft zu reden. Er dachte also nicht mehr daran, sterben zu wollen, das machte mich glücklich.

Sein künftiges Leben, erklärte er mir, wolle er ganz der Gelehrsamkeit widmen. Schließlich habe er gelernt, alle Suren des Korans in einem Zug aufzusagen, und dazu benötige man einen vollen Tag, angefangen von der ersten bis zur letzten Tagesgebetszeit. Als Gelehrter würde er auch für seine Familie große Ehre einlegen, Vater Jusuf würde stolz auf ihn sein. Denn ein Gelehrter sei ein Geehrter, mehr noch als ein *faris* oder Ritter. Er, Sahnun, habe in der Residenz des Beherrschers aller Gläubigen gesehen, wie die Gelehrten unter seidenen Baldachinen in goldenen Sänften durch die Stadt getragen wurden.

Ja doch, Sahnun schien seinen Lebensmut zurückgewonnen zu haben. Und das war wichtig. Denn nur mit einem Ziel vor Augen würde er die weiteren Strapazen und Gefahren dieser langen Reise bewältigen können. Genauso ging's ja doch mir selbst. Tagtäglich dachte ich an Bigorra. Und wenn ich beim Einschlafen Schafe zählte, dann war das meine eigene Herde, waren es meine Wollschafe, unter denen ich auf Stelzen herumlief. Wenn in Bigorra kein Wein gedieh, mußte ich meine Solidis eben anders anlegen. Vor allem aber sah ich bei dem Gedanken an mein Ziel Tante Momas vor mir. Hoffentlich lebte die überhaupt noch! Aber natürlich, sagte ich mir, wieso eigentlich nicht? Mutter war ja kaum vierzig Jahre alt gewesen, als die Bretonen sie verschleppten, dann konnte Tante Momas, Mutters ältere Schwester, nicht so schrecklich alt sein. Sie würde mir beim Wollezupfen Geschichten erzählen. Feengeschichten hoffentlich, schöne Geschichten, wie die von der schönen Melusine.

Eigentlich habe ihn Vater Jusuf nach seiner Rückkehr von Abd al-Rahmans Feldzug gegen die *ifrandi* mit einem Mädchen aus dem Haus des Propheten, Friede sei mit ihm, verehelichen wollen, berichtete Sahnun weiter. Nein, er habe das Mädchen noch nicht zu Gesicht bekommen, doch man habe ihm versichert, Hafsa fände nicht ihresgleichen an Schönheit, Lieblich-keit und Ebenmäßigkeit der Gestalt.

Armer Sahnun, sagte ich mir. Er würde seine Hafsa wohl nie-mals sehen. Nicht ihr Gesicht, nicht das kleinste Fitzelchen ihrer Haut. Und würde nicht auch die junge Frau sich danach sehnen, von ihrem geliebten Mann gesehen zu werden? Zum Beispiel, wenn sie sich schön gemacht hatte? Aber wie macht man sich für einen Blinden schön? Und umgekehrt, war es für Sahnun überhaupt möglich, einen unsichtbaren Menschen, wie es ja auch Hafsa für ihn sein würde, wirklich liebzuhaben? Die Frage erschreckte mich.

Natürlich, auch wir sehen zum Beispiel unsere Heiligen, die Gottesmutter nicht. Sie sind für uns unsichtbar, und ich liebe sie doch. Besonders den heiligen Martin. Bei der Liebe zwi-schen Frau und Mann war aber noch etwas anderes, die *féminité*, mit im Spiel. Wie war das für einen Blinden, für Sahnun? Gab es das wirklich – blinde Liebe? Aber selbst wenn wir keine Verständigungsschwierigkeiten gehabt hätten, würde ich mich nicht getraut haben, Sahnun danach zu fra-gen.

Denn ich, Itta von Glanfeuil, wußte von der Liebe nichts. So gut wie nichts. Bei Boggis, meinem Mann, hatte ich nichts davon gespürt. Wir hatten aber auch wohl keine Chance ge-habt. Gerade nur ein Jahr waren wir zusammengewesen, und das war vielleicht zu kurz, um sich lieben zu lernen. Ja, in diesem Augenblick, wo ich bei Sahnun saß, wünschte ich mir, ich hätte jemand gehabt, mit dem ich über das alles hätte reden können. Zum Beispiel meine Mutter. Doch die lag vielleicht längst in Brittany unter den Toten. Ich schlug ein Kreuz zu ihrem Gedächtnis und fühlte mich plötzlich sehr verlassen und allein. Deshalb lief ich zu Colon hinüber und redete mit ihm. Dabei konnte ich wenigstens an Lupo denken, obwohl mich das nur noch trauriger machte.

So war ich nach den langen Gesprächen mit Sahnun doch wieder bei mir selbst gelandet. Bei meinen Fragen, für die ich keine Antwort hatte. Trotzdem war es gut gewesen, daß wir beieinander gesessen hatten. Ich sah Sahnun jetzt doch mit anderen Augen, ein wenig mit seinen eigenen, mit seinen inneren Augen. Und ich hatte gespürt, daß es auch ihm gutgetan hatte, so ausführlich von sich zu berichten. Nachträglich ging mir auf, daß er sich dabei immer flüssiger unserer Sprache bedient hatte. Und das mochte ihm helfen, auch mich besser zu sehen. Wer weiß, am Ende lernte er noch, mich Itta zu nennen.

Colon bemerkte das Kommen unseres Rab zuerst. Er wurde am Nachmittag mit einem Mal unruhig, spitzte die Ohren, schaute sich auffordernd nach mir um. Mit ihm ging ich den Maultieren entgegen. Der Rab schien zufrieden zu sein, denn er winkte mir schon von weitem zu. Ich ließ Colon von der Leine. Der wischte sofort in den Wald, er hatte seinen mittäglichen Auslauf nachzuholen.

Der Stellmacher hatte einen Teil der Radfelge ausgewechselt und rundum neue Speichen eingezogen. Die Arbeit sah solide aus. Vielleicht knarrt das Rad jetzt auch nicht mehr so durchdringend, dachte ich, als wir gemeinsam die Nabe auf die Achse setzten. Bis wir den Wagen wieder fahrbereit hatten, war später Nachmittag geworden. Noch viel weiter zu fahren lohnte heute nicht mehr. Also zogen wir gemächlich dahin, um einen Rastplatz zu finden, wo wir den Dies Sabbati verbringen konnten.

Noch während der Rab seine Schabbatvorbereitungen traf, wickelte ich mich in meine Decke. Eine Weile lag ich mit offenen Augen, sah den vollen Mond über die Wipfel steigen, lauschte den Nachtgeräuschen aus dem Wald und ging noch einmal den Tag durch, der nach dem Schreck mit dem Steinschlag am Morgen jetzt so friedlich ausgeklungen war. Selbst das linke Hinterrad knarrte nicht mehr.

Frühmorgens nahm ich mir vor, heute in gebührendem Abstand von den Männern zu bleiben. Denn meine *fleurs* hatten eingesetzt, und wenigstens am Schabbat wollte ich den Rab nicht mit dem Problem meiner Anwesenheit belasten. Ich durchstreifte also auf eigene Faust unsere nähere Umgebung.

Im nahegelegenen Bachlauf entdeckte ich eine Menge Fische. Und erinnerte mich plötzlich, hatte es wie gestern vor Augen, wie ich in meiner Kindheit mit Vater Fischreusen angefertigt und in den Nebenarmen des Liger versenkt hatte. Und dieser Bach hier stand voll mit Fischen. Unter manchen mir unbekannten Arten entdeckte ich Rotfedern, Schleie, viele Forellen, Barsche und natürlich Muscheln und Krebse. Aber aus Krebsen habe ich mir nie etwas gemacht. Die sind mir immer ein wenig unheimlich gewesen. Vater und Sunhar dagegen waren verrückt darauf. Nicht auf den kleinen Steinkrebs mit seinen weißlichen Füßen, aber auf den dicken, schweren Flußkrebs. Ja, den gab es auch hier. Gerade da vorn, neben dem Froschkrautbüschel sah ich, wie so ein blaugrün gepanzerter Kerl ein zappelndes Fischlein zwischen seinen Scheren hielt. Ah, ich würde mir ein leckeres Essen zusammenfischen. Das Wasser lief mir schon beim bloßen Gedanken im Mund zusammen. Also begab ich mich zu meinem Bündel, bewaffnete mich mit meinem Messer und begann, am Bachsaum Ruten zu schneiden.

Ich rief mir die Konstruktion von Vaters Reusen in Erinnerung. Einiges sah ich deutlich vor mir, anderes blieb unscharf. Ach was, sagte ich mir, du setzt dich hin und fängst einfach an.

Es brauchte eine geraume Zeit, bis die fertige Reuse vor mir lag. Die Sonne war inzwischen fast schon bis zum Mittagspunkt vorgerückt. Das Ding war mir reichlich unförmig geraten. Meine Finger waren zu ungeschickt oder zu aufgedunsen, um saubere Arbeit zu leisten. Dennoch, das Ergebnis stellte mich zufrieden: ein langer, weiter Trichter mit geschlossenem Ende und einer engen Öffnung, die ins Innere führte; der Rückweg war den Fischen durch scharfe Stacheln verwehrt, die am Eingang des Korbes ihre Spitzen nach innen kehrten. Vater hätte mich gelobt, selbst wenn er's besser gekonnt hätte. Eine Handvoll Würmer pulte ich mit dem Messer aus dem Boden, Köderspeise für meine Fische. Ich brachte die Reuse ein paar Schritt bachaufwärts, beschwerte sie mit Steinen und befestigte sie zusätzlich mit Binsenseilen zwischen den Ufern.

Auf die Fersen gekauert, nahm ich Platz. Fische gab's genug, jetzt mußte ich mich nur noch mit Geduld wappnen. Eine verspätete leuchtend blaue Libelle zitterte über dem strudelnden Wasser, schnellte hin und her, Rohrsänger hüpften auf den Steinen, nippten von dem Naß, und über dem allen lag das murmelnde, glucksende Geräusch des Bachs, der sich durch den engen Wiesengrund wand. Ich hätte hier stundenlang vor mich hin dösen mögen, jetzt aber wartete ich, wartete und wartete.

Die Fische schienen sich für meine Reuse nicht zu interessieren. Vielleicht roch sie nach meinen Händen? Können Fische riechen? Ich wußte es nicht. Dann jedoch hatte eine Forelle den Weg ins Innere gefunden, endlich. Sie schnappte nach meinen Köderwürmern, wendete blitzschnell und war wieder draußen. Mit einem zweiten Fisch ging's nicht anders. Und dabei hatte ich mir so große Mühe gegeben! Fast heulte ich vor Wut und Enttäuschung. Irgendwas hatte ich vielleicht doch verkehrt gemacht.

Meine Fische aber wollte ich haben, unbedingt, denn allmählich hing mir schon der Magen schief – dauernd hatte ich den Geschmack des warmen, zart zergehenden Fleisches auf der Zunge. Ich beschloß, es mit den Händen zu versuchen. Behutsam stieg ich in den Bach, watete langsam gegen die

Strömung, tastete jede Uferhöhlung ab, griff unter die Steine. Zweimal glitschte mir ein Fisch im letzten Moment zwischen den Fingern hindurch, dann aber hatte ich Glück, bekam eine fette Rotfeder zu fassen und warf sie in hohem Bogen ans Ufer. Mit einem Satz stieg ich hinterher, packte das zappelnde Flossentier und hieb seinen Kopf zwei-, dreimal gegen ein Birkenstämmchen. Ein häßliches Gefühl ist das, es setzt sich in deinem Bauch fest und macht ihn hart. Auch früher war ich nur ungern den Fischen ans Leben gegangen, meistens war es Vaters Sache gewesen, die Reuse auszuräumen. Jetzt setzte mir das klatschende Geräusch so zu, daß ich den toten Fisch beinah weggeworfen hätte. Ich hatte wohl in der Zwischenzeit zu viel Gewalt am eigenen Leib erlebt und war dadurch doppelt empfindlich gegen alles geworden, was weh tat.

Als ich zu meiner Reuse zurückging, befanden sich zwei Fische darin. Noch mal eine Rotfeder und eine Schleie, beides kräftige Tiere. Einen Moment zögerte ich. Dann biß ich mir auf die Lippen, schnitt die Binsenseile durch und hob die Reuse aus dem Wasser. Die Tiere schlugen um sich, japsten, ich riß das Weidengestänge auseinander, griff nach ihnen und erschlug sie. Mit zittrigen Händen packte ich meinen Fang und kraxelte den Hang hinauf, hinter dem unser Karren stand.

Die beiden Männer saßen einen Steinwurf entfernt in der warmen Sonne. Der Wind trug ihre Stimmen mit sich fort, ich vernahm nur gedämpft ein paar Gesprächsfetzen. Doch wie gebannt blieb ich stehen. Ich konnte meine Augen nicht von Sahnuns Händen lösen, die sich beim Reden wie zwei selbständige Lebewesen bewegten. So war es auch gestern gewesen. Sahnuns Augen, die manchmal für mich einen verträumten Ausdruck hatten, und seine festen, feingliedrigen Hände, die seine Worte in der Luft nachzuformen schienen – sie bildeten einen merkwürdigen Gegensatz, der mich unwiderstehlich in seinen Bann zog.

Ich riß mich los und stapfte zu meinem Bündel. Was für schwierige Gefühle das waren, die ich mit einem Mal mit Sahnun in Verbindung brachte, Empfindungen, die dieser Mann in mir auslöste. Ja, schwierige Gefühle – und das tagtäglich stärker, gestand ich mir widerwillig ein. Du mußt auf dich aufpassen, sagte ich mir. Da geschieht etwas mit dir, was du gar nicht willst. Was du nicht zulassen darfst. Neina, du bist auf dem Hühnerhof geboren, und dabei wird es auch bleiben. *Conchie*, aber so war es nun mal.

Unten am Bach hatte ich mich entschieden, die Fische nicht am offenen Feuer, sondern in einer Erdgrube zu garen. Mit dem Eisenring aus Catalon schlug ich Funken, bald brannte ein tüchtiges Feuer. Für das Dünsten in der Erdgrube brauchte ich eine Menge Glutasche, und so heizte ich ordentlich ein. Auch meinen Füßen tat die Hitze gut, die waren vom kalten Bachwasser durch und durch ausgekühlt.

Colon warf ich die abgeschnittenen Fischköpfe zu, drei winzige Häppchen für so ein großes Maul! Dann nahm ich die Fische aus, legte sie mit der offenen Bauchseite auf einen flachen Stein und drückte kräftig auf die Mittelgräte, so hatte Mutter mir's gezeigt. Da lösten sich die Gräten aus dem Fleisch. Zu guter Letzt entfernte ich den Schwanz und halbierte die Tiere. Salz aus dem Wagen des Rab, eine Handvoll Kräuter vom Bach, und dann ließ ich meine Mahlzeit in der Erdgrube garen.

In der Zwischenzeit ging ich noch mal ans Wasser, wusch mich, packte mich neu ein, ja, und ich war dem Rab dankbar. Die nächsten Tage würden so etwas leichter sein. Wenn nur die Sonne weiter so warm schien, daß meine nassen Sachen immer wieder trocknen konnten.

Später beim Essen war ich sehr stolz auf mich. Das tat mir noch wohler als das warme Fleisch in meinem Bauch. Ja, die Fische schmeckten köstlich, waren schön locker durchgegart und gut gewürzt. Neben dem heruntergebrannten Feuer streckte ich mich nach der Mahlzeit zufrieden auf Mutters Decke aus und blickte schläfrig in die goldgeränderten Wolkenzüge über dem silbernen Kraushaar der abgeblühten Weidenröschen. Was für eine gute Einrichtung der Schabbat war! Besonders hier und heute für mich. Daß ich mich nicht am Anfang der *fleurs* bergauf, bergab plagen mußte, sondern mir Ruhe gönnen konnte. Der Rab tat gewiß recht, wenn er mit den Geboten seines Volkes so gewissenhaft umging. Wie konnten die Leute von Limoric ausgerechnet ihn des Religionsfrevels verdächtigen? Das fragte ich mich in diesem Augenblick aufs neue. Den Alten schien die Ächtung wenig anzufechten, oder hatte er sich so in der Gewalt, daß ich ihm keine Furcht anmerken konnte? Mir jedenfalls machte es angst, daß sich Leute gegen ihn verschworen hatten, Männer, die ihm vielleicht sogar ans Leben wollten.

# Cadurc

Vier anstrengende Tage lagen hinter uns, als wir endlich die Bischofsstadt Cadurc, in einer Schleife der wilden Wasser des Lot gelegen, erreichten.

Desiderius, den die Christen hier als Stadtheiligen verehrten, sei einer der ersten Bischöfe von Cadurc gewesen, erklärte mir der Rab. Ihm verdanke man das Kastell, die Befestigungen und Mauern. Das Geschlecht des Desiderius sei noch heute in der Nähe von Narbo ansässig, deswegen bestünden seit Generationen feste Handelsbeziehungen zwischen den beiden Städten. Er wolle in Cadurc alten Freunden die Aufwartung machen.

Mir war nicht wohl, als unser Wagen durch das schwer befestigte Tor rumpelte. In Peitiers hatte man Sahnun auf offener Straße angegriffen, vor Limoric hätte mich Boggis um ein Haar entdeckt, und in der Stadt waren später falsche Zeugen gegen den Rab aufgetreten. Nein, die Städte boten uns keine Zuflucht. Die waren sogar besonders gefährlich. Schließlich waren Sahnun und ich in diesem elenden Limoric von den Plagiatoren entführt worden.

Möglicherweise war es dieses Unbehagen, das mich trotz meines erschöpften Zustands die Augen offenhalten ließ. Anders wären mir die beiden Männer mit ihren bewaffneten Begleitern, die auf dem Markt verstohlen unseren Wagen beobachteten, überhaupt nicht aufgefallen.

»Rab, *cauptiliousement*!« schrie ich. Und mein erster Gedanke war: Jetzt hat es Boggis doch noch geschafft! Boggis, den ich in weiter Ferne vermutet hatte.

Da stürmten auch schon die Bewaffneten herbei.

»Lauf ins Castrum, schnell, Tabita, zum Stadtgrafen!« rief der Rab zurück.

Ich rannte los. Tabita hatte er mich gerufen, ein Versehen? Und wo war überhaupt dieses Castrum?

»Stehenbleiben!« brüllte es hinter mir. »Du hast keine Chance, ich kriege dich doch. Bleib sofort stehen!«

Meine Gedanken rasten beim Laufen. Wer sind diese Leute? Hat Boggis die angeheuert? Diese verfluchten zehn Solidis, die der Mann auf meine Ergreifung ausgesetzt hat! Jedenfalls erst mal vom Markt weg, drängte ich mich. Um die nächste Ecke, in die nächste Gasse. Ich kenne mich hier nicht aus, aber ich bin schneller als der Mann hinter mir. Egal, wohin ich renne, den muß ich erst mal loswerden. Das Castrum, der Graf, die kommen später. Nur weg!

»Stehenbleiben!« brüllte es wieder hinter mir, keuchend jetzt schon. Und dann zischte ein Stein mir am Kopf vorbei. Ein zweiter traf meine Schulter. Verdammt, das tat gemein weh, aber besser als ein Treffer am Knie! Wieder eine Mauer entlang, Efeu rankte daran. Der blühte jetzt, fast schon im Winter, in gelbgrünen Rispen. Ob ich die Mauer schaffe?

Ja, in den Efeu hinein. Ein weiterer Stein. Haarscharf am Kopf vorbei. Wenn ich den abbekommen hätte! Das Ohr hat's aufgerissen, es blutet. Blut auf meinen Händen. Macht nichts, drängte ich mich weiter, besser als der Schädel.

Und dann hatte ich die Mauer geschafft, blickte hastig über die Schulter unter mich. Wo war der Kerl?

*Conchie*, schon unterhalb der Mauer, ein Schwarm von schreienden, johlenden Rangen bei ihm, die bereits mir nach in den Efeu stiegen. Schaffe ich den Sprung?

Ja, ich mußte, aber der Aufschlag war hart. Nichts gebrochen, nur das linke Sprunggelenk schmerzt. Also weiter. An einem klobigen Steinbau vorbei. Das Castrum? Soldaten stehen davor, Wachen. Die rufen, brüllen jetzt auch noch. Und die

Kinder, diese verdammten Rangen mit ihren durchdringenden Stimmen! Die zielen gut. Steine prasseln um mich.

Und da war ich in eine Sackgasse geraten. Mit dem letzten bißchen Vorsprung.

Ein Hof, eine riesige dicke Frau, die ihre Hühner füttert.

»Mutter«, keuchte ich. »Da sind Männer, versteckt mich!«

Die kleinen Augen überflogen mich, dann flüsterte sie: »Hinter die Tür! *Isnel*, schnell, ins Haus!«

Ich japste, mein Gesicht zitterte vor Schmerz.

Und da war die ganze Meute auf dem Hof.

»Wo ist sie –?« schnaufte der Mann.

Die Kinder jauchzten. »Ins Haus, die Tür steht auf!« kreischte eine Mädchenstimme.

»Ruhe, Ruhe da!« donnerte die dicke Frau dazwischen. »Was ist los? Was sucht ihr auf unserem Hof?«

»Eine Frau. Die ist flüchtig. Ich gehöre zu den Leuten des Bischofs!« japste der Mann. »Die ist hier herein, ich hab's gesehen.«

»Ist sie«, bestätigte die Hausfrau. »Und fort war sie, da vorn über die Mauer.«

»Diese Mauer –?« schrie mein Verfolger.

»Ja, genau, wie eine Katze«, sagte die Frau. »Nun packt euch, die ganze Bande, fort vom Hof, ihr vertut bloß eure Zeit!«

»Aber die Mauer –«, setzte der Mann noch mal zum Sprechen an.

»Wenn ich's sage«, fuhr ihm die Frau dazwischen. »Mein Mann ist im Magistrat, der ehrenwerte Herr Boso, wenn dir der Name was sagt. Ich werde euch verklagen, wenn ihr nicht mitsamt diesen Blagen augenblicklich verschwindet. Alle meine Hühner habt ihr aufgescheucht! Eins sitzt schon auf dem Dach.«

Füße scharrten, dann knirschte das Hoftor. Das einzige Geräusch, das ich noch hörte, war mein rasender Herzschlag.

Nach einer Weile betrat die Frau das Haus. Sie zog mich in den Kochraum, brachte von irgendwo einen Lappen zum Vorschein, tauchte ihn in Wasser und betupfte schweigend mein blutendes Ohr. Es brannte wie Feuer.

»Halb so schlimm«, sagte die Frau. »Und wer bist du also?«

»Tabita«, antwortete ich ohne Zögern.

»Und ich bin Matilde, die Ehefrau des Herrn Boso«, stellte sie sich vor. »Hoffentlich hast du eine gute Erklärung.«

In meinem Kopf arbeitete es bereits. Zeit für meine lange Geschichte hatte ich sowieso nicht. Ich mußte ins Castrum. Zum Stadtgrafen.

»Ich bin eine freie Frau«, erzählte ich Matilde. »Plagiatoren hatten mich geraubt. Und der Kaufmann Jakob hat mich befreit. Hier in der Stadt haben sie uns mit Bewaffneten aufgelauert. Der Kaufmann rief, ich solle zum Stadtgrafen fliehen. Da will ich jetzt hin.«

»Gleich zum Grafen persönlich?« fragte Matilde. »Und du denkst, der gibt sich mit Kleinkram ab?«

»Die Leute haben den Herrn Jakob aber doch entführt, und da steckt vielleicht der Bischof dahinter«, versuchte ich ihr zu erklären. »Ich weiß es wirklich nicht. Und der Herr Jakob besitzt einen Schutzbrief des Herzogs!«

»Das ist etwas anderes«, sagte Matilde. »Ich hoffe, die Sache mit dem Schutzbrief hast du dir nicht aus den Fingern gesogen!«

»Der Herr Jakob hat mehrmals davon gesprochen«, erklärte ich. »Und wenn er mich zu dem Stadtgrafen schickt –«

»Gut, dann mag die Sache wohl ihre Richtigkeit haben«, sagte Matilde. »Die Plagiatoren sind wirklich eine Pest. Man muß ihnen das Handwerk legen. Weißt du was, Kleines, ich bringe dich selbst ins Castrum. Ich ziehe mir nur was über.«

»Danke, danke«, stammelte ich.

»Schon gut«, sagte Matilde. »Ich hatte eine Tochter, fast so alt wie du. Seit zehn Jahren ist das Kind verschwunden. Glaubst du, daß sie noch lebt?«

Ich senkte den Blick. Dachte an Brittany, an die Zwillinge, an den Cul. Ich hätte lügen müssen, um Matilde zu trösten. Darum schwieg ich. Und das war auch eine Antwort.

Matilde untersuchte derweil mein Ohr. »Du hast gesundes Blut, Kind«, meinte sie. »Es hört schon auf zu tropfen. Laß den Lappen weg. Das beste ist frische Luft.«

Bald war Matilde zurück, hatte einen Umhang übergeworfen und steckte mich in ein riesiges Tuch, das mich von Kopf bis Fuß verhüllte.

»Gut so«, sagte sie, als sie mich in Augenschein genommen hatte. »Das Castrum ist nicht weit. Halte dich einen halben Schritt hinter mir.«

Im Hof scharrten die Hühner. Die waren meine Rettung gewesen, sonst – ja, sonst, wer weiß?

Matilde wies eine doppelt mannshohe Mauer hinauf.

»Wie eine Katze«, sagte ich grinsend. »Ob der Kerl das wirklich geglaubt hat?«

»Blieb ihm kaum etwas anderes übrig«, sagte Matilde achselzuckend und öffnete uns das Hoftor.

Bis zum Castrum waren's tatsächlich nur wenige Schritte. Die Wachposten erkannten Matilde, ließen sie mit mir im Gefolge passieren. Einer von ihnen führte uns in den Raum des Grafen.

Es war warm, übermäßig warm in dem mit mehreren Kohlenbecken beheizten, teppichbehangenen Saal. Ich wickelte mich aus meinem Umhang. Hinter einem Pult stand ein schreibender Mann, während der Graf in großen Schritten den Raum durchmaß. Sein Waffengehänge klirrte. Bei unserem Eintritt unterdrückte er einen ärgerlichen Ausruf, stutzte und kam dann geradewegs auf uns zu.

»Matilde –«, sagte er überrascht. »Was bringt dich zu mir?«

»Dies Mädchen hier«, antwortete sie und wies mit dem Daumen auf mich. »Den Rest soll sie dir selber sagen.«

»Nun, was also ist geschehen?« fragte mich der Graf, steckte die Daumen ins Wehrgehänge und wippte mit dem Fuß.

»Mein Herr, der Kaufmann Jakob, ist auf dem Markt entführt worden«, berichtete ich hastig. »Ihr müßt sofort etwas unternehmen!«

Der Graf lächelte belustigt.

»Matilde«, wandte er sich an meine Retterin, »und deswegen bemühst du dich zu mir?«

»Du hast das Kind nicht aussprechen lassen«, wies ihn Matilde zurecht. »Mir hat sie gesagt, daß dieser Kaufmann einen Schutzbrief des Herzogs bei sich trägt. Und irgendwie steckt sogar der Bischof mit in dieser Sache.«

»Der hochwürdige Herr Salvian ist gar nicht in der Stadt«, sagte der Stadtgraf.

»Dann sind es eben seine Leute«, erklärte Matilde ungeduldig.

»Und das stimmt mit dem Schutzbrief? Ausgefertigt vom Herzog persönlich?«

»Ja, ja, Herr«, bestätigte ich. »Ein Schutzbrief des Herzogs Eudo. Und mein Herr, der Kaufmann, hat mich deswegen zu Euch geschickt. Daß Ihr ihm Recht verschafft.«

Der Graf drehte sich um und klatschte in die Hände. »Mein Helm, das Schwert, die Eskorte«, befahl er.

»Danke«, sagte ich zu Matilde. Vor Erleichterung liefen mir die Tränen aus den Augen, ich wischte sie nicht fort.

»Laß gut sein«, sagte sie und trocknete mir das Gesicht mit ihrem Ärmel. »Und den Umhang kannst du gleich behalten.

Sprich ein Gebet für meine Tochter. Dida heißt sie. Vielleicht hört der heilige Desiderius auf dich, mein Kind.«

»Ich verspreche es, Mutter«, sagte ich und umarmte sie.

Matilde küßte mir das feuchte Gesicht und sagte: »Geh mit Gott, Kleines. Und achte auf dich.« Damit verschwand sie.

Im Hof waren vier Mann als Eskorte angetreten. Der Graf schwang sich auf sein Pferd und befahl: »Zum Bischofssitz!« Dann wandte er sich im Sattel nach mir um. »Du kannst hinterherlaufen!«

Eine Menge Glück hatte ich gehabt, sagte ich mir, als ich hinter den benagelten Soldatensandalen und den klappernden Pferdehufen durch die Stadt lief. Neina, den Namen Dida würde ich nicht vergessen, mein Lebtag nicht! Vielleicht ließ sich der Heilige ja doch noch erweichen, schließlich war auch ich durch ein Wunder freigekommen. Aber hatte Boggis sich wirklich an das Bischofsamt gewandt? Oder galt der Überfall gar nicht mir, sondern dem Rab? Ging es um Sahnun? Oder um den Bann? Das bestimmt nicht. Die Sache mit dem Bann war eine Angelegenheit zwischen Jakob und seinen Leuten, den *giu*. Jedenfalls, mein Gefühl hatte mich nicht umsonst gewarnt. Und ich hatte auch kein gutes Gefühl, als ich jetzt hinter dem Grafen und seiner Eskorte durch die Stadt marschierte. Ein Bischof, das ist ein mächtiger, ja, sogar ein sehr mächtiger Herr.

Mir wurde gleich leichter, als ich Colon von weitem erspähte. Wenn sie der Dogge nichts angetan hatten, dann war doch vielleicht kein Blut geflossen. Colon würde seinen Herrn bis zum letzten Atemzug verteidigt haben. Von Sahnun dagegen entdeckte ich keine Spur. Colon allein wachte über den Karren. Ich rannte, den Umhang gerafft, der Eskorte voraus und warf einen Blick unter die Plane. Alles schien an seinem Platz. Und der fleckige Beutel mit Seidenwurmfutter hing neben anderen Säckchen und meiner Trockenwäsche unter dem Dach. Gut, soweit war also alles in Ordnung.

Der Graf sprang ab und winkte mir zu folgen.

»Herr, dies ist der Wagen des Kaufmanns«, rief ich ihm zu. »Keiner bewacht ihn. Mein Herr wird sehr zornig sein, wenn ihm etwas entwendet wird.«

»Zwei Mann bleiben bei dem Karren«, befahl der Graf seiner Eskorte. »Ihr beiden haftet persönlich dafür, daß sich kein Unbefugter daran zu schaffen macht!«

Auf der Treppe des Bischofssitzes eilten dem Grafen zwei Priester entgegen.

»Exzellenz!« begrüßten sie ihn und verneigten sich.

Ich sah, daß der Graf keinen großen Respekt vor den beiden zu haben schien. Denn er hob kaum die Hand zum Gruß, sondern befahl: »Führt mich zu diesem Kaufmann Jakob.«

»Exzellenz«, murmelten die beiden und geleiteten den Grafen und mich durch mehrere Gänge in eine riesige Halle.

Nein, einen Königssaal hatte ich noch nie gesehen, aber ich stellte ihn mir so ähnlich vor. Mit Thron und Heiligenbildern, Wandbehängen, vielen Leuchtern und einem glänzenden Mosaikfußboden. Und das Ganze in so einer Ausdehnung, daß die Halle unserer Villa in Glanfeuil mehrmals hineingepaßt hätte. Der Herrschersitz allerdings war leer. Auf einem Prunkstuhl daneben thronte jedoch in farbiger Gewandung ein Priester, dessen beringte Finger mit einem goldglitzernden Brustkreuz spielten.

Verloren, völlig verloren mitten im Raum, dem herausgeputzten Priester gegenüber, stand der Rab, und auf einer Bank im Hintergrund konnte ich Sahnun erkennen. Mein Herz flog den beiden zu. Also lebten sie wirklich noch. Und von Boggis keine Spur!

Ich erwies dem Priester und seinen Mitbrüdern im Raum den schuldigen Knicks und bekreuzigte mich.

»Ehrwürden, edler Herr Eligius«, begrüßte der Graf den Priester, neigte ein Knie und schlug ebenfalls das Kreuz über sich.

»Exzellenz, edler Amandus«, erwiderte der Priester den Gruß und zeichnete mit drei Fingern der Rechten das Kreuz über uns. »Und wer ist das Mädchen oder diese junge Frau in Eurem Gefolge?«

»Sie hat mich als Grafen der Stadt von diesem Überfall in Kenntnis gesetzt, die Frau ist eine Augenzeugin«, antwortete der Stadtgraf.

Der Priester neigte den Kopf. »Gut, das genügt vorerst«, sagte er. »Exzellenz, bitte nehmt in der Nähe des Beklagten Platz.«

Meine Augen und die des Rab begegneten sich kurz. Ein Lächeln lag in seinem Blick. Er ist froh, daß ich's geschafft habe, sagte ich mir und schlich auf den Zehenspitzen zu Sahnun.

»Ich bin's, Kulaiba«, flüsterte ich ihm zu.

Sahnun nickte und hob die Hand. Ein Zeichen, daß er zuhören und nicht gestört sein wollte. Lautlos setzte ich mich zu ihm.

Es wurde still im Raum, und Eligius wandte sich an den Stadtgrafen.

»Exzellenz, in Vertretung seiner Heiligkeit, des hochwürdigen Bischofs Salvian, führe ich diese Verhandlung gegen den beklagten, hier gegenwärtigen Hebräer Jakob.« Der Priester dachte kurz nach und fuhr dann fort: »Einige Glaubensbrüder des Beklagten haben dem Bischofsamt die vertrauliche Mitteilung zukommen lassen, dieser Hebräer Jakob sei ein Gefolgsmann des vor Jahren wegen Hochverrats und Aufruhrs hingerichteten Serenus. Wie gesagt, jener Aufrührer ist tot. Doch sein gefährliches Gedankengut lebt offenbar in den Köpfen seiner Anhänger weiter. Und einer dieser Verschwörer, so wurde uns durch jene Gewährsleute mitgeteilt, sei dieser Hebräer Jakob. Die griechische Strafverfolgungsbehörde, das Demosion, fahnde nach ihm.«

Mit einem Mal begriff ich. Endlich. Nicht Boggis steckte hinter dem Überfall, sondern vermutlich die Männer aus Lion, die den Rab in ihre Gewalt bringen wollten. Ich stieß so laut die Luft aus, daß Sahnun den Kopf wandte und nach meiner Hand tastete. Die Erleichterung aber währte nicht lange. Denn gleich darauf wurde mir schlagartig bewußt, daß Sahnun und ich vielleicht auch noch verhört werden sollten. Und was dann? Wenn ich da vorn allein vor dem Prunkstuhl des Priesters stand? O heiliger Martin, hilf, flüsterte ich und hielt mich an Sahnuns Arm fest.

»Verstehe ich richtig, dann geht es um Anklage wegen Hochverrat«, hatte sich der Graf inzwischen eingeschaltet. »Dann ist das Stadtgericht, nicht das Bischofsamt in dieser Sache zuständig.«

»Ein wenig Geduld, edler Herr«, widersprach ihm der Bischofsvertreter. »Ihr habt die Eröffnung des Verfahrens versäumt. Es bleibt nachzutragen, daß jener Serenus, der wie eine Brandfackel durch die Lande des Kaisers zog, ein Hebräer war. Und die Menschen, die ihm nachliefen, mordeten und plünderten, das waren Hebräer, Sarazenen und Christen, ohne Unterschied der Religion. Serenus soll sich nämlich als Vorläufer des Messias ausgegeben haben. Wir hätten es demnach hier mit dem Tatbestand der Einführung einer neuen Religion zu tun, mit einem Religionsfrevel also. Es ist zu besorgen, daß daraus auch der heiligen Kirche hierzulande Schaden erwächst. Und eben darum ist zunächst das Bischofsamt zuständig.«

Graf Amandus schüttelte den Kopf. »Warum wenden sich denn seine Leute an den Bischof, statt die Sache unter sich zu bereinigen? Die Gemeinde der *giu* von Cadurc hat einen Vorstand, ihre *parnassim* sollen nach den Gesetzen ihres Volkes mit dem Störenfried verfahren.«

»Das ist geschehen«, klärte der Priester den Stadtgrafen auf. »Dieser Hebräer Jakob wurde von seinem Volk in Limoric bereits in Acht und Bann getan. Und weiter reicht die Strafhoheit der Hebräer nicht, wie Ihr wißt. Sie dürfen keine Inhaftierung vornehmen, geschweige denn eine Verbannung oder etwa die Todesstrafe aussprechen. Der Beklagte schert sich auch nicht um den Bann, sondern verbreitet weiter seine umstürzlerischen Parolen, so wurden wir unterrichtet. Zum Prozeßgang, edler Graf, erlaubt folgende Bemerkung: Wenn der Beklagte vor dem Bischofsgericht des Religionsfrevels überführt werden sollte, wird er dem Stadtgericht, also Euch, zur weiteren Veranlassung überstellt werden. Ihr kennt den entsprechenden Passus im römischen Recht: *qui novas religiones inducunt –*, als Mindeststrafe wird dafür Ausweisung und Deportation angedroht.«

»Nun gut, ich bin mit der Verfahrensregelung einverstanden«, sagte der Graf. »Hat der Beklagte inzwischen gestanden?«

»Noch nicht«, sagte der Bischofsvertreter. »Ihr kamt gerade, edler Herr.« Damit wandte er sich an den Rab. »Beklagter, du hast vernommen, daß man dich eines doppelten Vergehens beschuldigt. Des Religionsfrevels und dazu des Majestätsverbrechens. Äußere dich dazu.«

»Ich bin in keinem Punkt schuldig«, erklärte der Rab. »Es ist richtig, und das habe ich auch gegenüber meinen Glaubensbrüdern festgestellt, daß ich diesem Serenus vor Jahren begegnet bin. Doch weder mit ihm noch mit seinen Anhängern habe ich je gemeinsame Sache gemacht. Ich bin bereit, dies auf die Bücher unserer Tora zu beeiden. Überdies habe ich niemals versucht, für die Sache des Serenus in Gallien zu werben. Die Männer, die mich jener Verbrechen beschuldigen, mögen hier vortreten, damit ich mich öffentlich vor ihnen verantworten kann.«

Gut, dachte ich hinten auf meiner Bank. Unser Rab läßt sich nicht einschüchtern. Ob er damit durchkommt? Oh, es kribbelte mir in den Handflächen vor ängstlicher Erwartung. Denn das war mir deutlich, der herausgeputzte Priester hätte Jakob nur allzu gern etwas am Zeug geflickt.

»Die Einlassung des Beschuldigten ist gerechtfertigt«, befand der Graf. »Wo also sind jene Leute, die dem Bischofsamt diesen Mann zur Anzeige gebracht haben?«

Priester Eligius beriet sich flüsternd mit seinen Kollegen. Dann erklärte er laut: »Es sind, wie gesagt, Glaubensbrüder des Beklagten, Hebräer wie er. Sie möchten ungenannt bleiben. Denn es ist bekannt, daß es nach den Gesetzen der Hebräer nicht statthaft ist, innere Gemeindeangelegenheiten vor christliche Gerichte zu bringen.«

Amandus schlug sich auf die Schenkel, daß es knallte. »Ich erhebe Einspruch«, rief er. »Wie soll diesem Mann Gerechtigkeit widerfahren, wenn er sich nicht einmal verteidigen kann? – Ehrwürden, ich möchte warnen. Wir lassen uns hier in Dinge hineinziehen, für deren Klärung die *parnassim* der *giu* zuständig sind, nicht wir!«

»Das wird sich erweisen, edler Herr«, erwiderte der Bischofsvertreter kühl. »Ich stelle hier Vorermittlungen an. Die Hauptverhandlung wird zweifellos seine Heiligkeit, der Bischof selbst, führen wollen.«

»Ich möchte dennoch warnen«, wiederholte der Stadtgraf. »Wie ich höre, reist der Kaufmann mit einem Schutzbrief des Herzogs Eudo. Kann das Schreiben vorgelegt werden?«

Der Rab zog aus der Gürteltasche eine Pergamentrolle, die er dem Schreiber am Pult übergab.

»Lies!« forderte der Graf den Mann auf.

Der Schreiber ging in die Nähe eines Lichtständers, überflog murmelnd die Zeilen und trug danach laut vor: »Es sei mitgeteilt, daß wir, Eudo, Dux und Princeps von Acutanien, den Hebräer Jakob ha-Tajjar unter unseren Schutz genommen haben. Deshalb gebieten wir, daß niemand sich herausnehme, diesen unter irgendeinem Vorwand zu beunruhigen, zu schmähen oder an seinem rechtmäßigen Eigentum zu kränken. Des weiteren soll niemand irgendeine Art Zollgebühr von dem Genannten erheben. Gleicherweise haben wir ihm erlaubt, mit seinem Eigentum Handel zu treiben und sein Eigentum nach Belieben zu verkaufen. Jeder, der zur Tötung des genannten Hebräers rät oder ihn gar tötet, soll unserem Hof zehn Goldpfund entrichten. Schließlich untersagen wir, besagten Hebräer der Folter oder einem sonstigen peinlichen Verfahren zu unterziehen.« Der Schreiber blickte auf, sah den Bischofsvertreter fragend an.

»Eine Verlesung reicht«, sagte Eligius. »Gib ihm das Schreiben zurück!«

Der Rab trat vor, nahm das Pergament entgegen, rollte es sorgsam ein und versenkte es in eine Kapsel.

Ich war beeindruckt. Mehr noch, ich war unglaublich erleichtert. Mit einem solchen Schutz im Rücken – wer konnte dem Rab da noch etwas anhaben können? Ja, nun verstand ich auch, warum Gedeon, der Verwalter des Senators, dem Rab so ehrerbietig entgegengekommen war. Wer Herzog Eudo zum persönlichen Schutzherrn hatte, der durfte den Kopf hochtragen. Am liebsten wäre ich aufgesprungen und hätte den Rab in aller Öffentlichkeit umarmt. Der Prozeß war zu Ende, noch ehe er recht begonnen hatte.

Eligius, der Bischofsvertreter, schien allerdings anderer Meinung zu sein. Er tat der geflüsterten Unterhaltung seiner Mitbrüder Einhalt, indem er seine beringte Hand hob und sagte: »Wir werden sehen, was dieser Schutzbrief wert ist. Zwei Tage nach den Iden des November wird der hochedle

Bischof Salvian zum Gedächtnistag des heiligen Desiderius zurückerwartet. Er wird in dieser Sache entscheiden. Bis dahin bleibt der Hebräer in Haft.«

Oh, dieser gemeine Kerl, dachte ich böse und bekreuzigte mich dann erschrocken. Doch ich bemerkte, wie auch der Graf unruhig auf seinem Sitz hin- und herrutschte. Dann winkte er mit der Hand.

»Herr Vicarius«, sagte er mit bedächtiger Stimme, »vergeßt nicht, daß wir keine konkrete Handhabe gegen diesen Mann haben. Alles, was gegen ihn vorgebracht wurde, beruht auf bloßem Hörensagen. Das römische Prozeßrecht stellt aber eindeutig fest, daß ein Beklagter nur mittels schriftlicher Einlassungen oder durch Zeugen überführt werden kann. Beides ist bisher nicht geschehen. Überdies bürgt unser Dux und Princeps selbst für den guten Leumund des Beklagten. Ich schlage darum vor, den Kaufmann Jakob ha-Tajjar bis zur Verhandlung seiner Sache vor dem Bischof gegen Hinterlegung einer Kaution auf freien Fuß zu lassen.«

»Kein Einspruch«, sagte der Priester verdrossen. »Vorausgesetzt, die Kaution wird beim Bischofsamt hinterlegt. Ich denke an einen Betrag von 200 Solidis oder 2400 Silberdenaren. Diese Summe halte ich angesichts der schweren Beschuldigung für angemessen. Ich sehe, der ehrenwerte Amandus erhebt nicht Widerspruch. – Also, Hebräer, kannst du den genannten Betrag hinterlegen?«

»Teils in Münzen, teils in Waren«, antwortete der Rab.

»Einverstanden«, sagte der Priester. »Den Warenwert wird der Gerichtsschreiber festsetzen.«

Der Priester wartete, bis die Vereinbarung zu Protokoll genommen war, ließ sie verlesen, blickte in die Runde und stellte fest: »Keine Einwände.« Dann fuhr er fort: »Wir kommen nun zu der Personenstandsaufnahme dieser beiden Leute, die der Beklagte mit sich führt. Zuerst jener Mann dahinten.«

»Das ist Darir, mein Sklave«, gab der Rab zu Protokoll. »Der Mann ist blind und unserer Sprache nicht mächtig.«

»Dein Sklave? Ist er beschnitten?« wollte der Priester wissen.

»Ja, das ist er«, sagte der Rab.

Eligius fuhr auf. »Dir ist bekannt, daß es keinem von euch Hebräern gestattet ist, seinen Sklaven zu beschneiden und damit seiner Religion zuzuführen«, stellte er mit schneidender Stimme fest. »Das römische Recht hat seit dem seligen Kaiser Konstantin, alle Synoden der Kirche seither haben es eurem Volk untersagt, Sklaven zu eurem verderblichen Aberglauben zu bekehren! Und du wagst es, dich diesen Bestimmungen zu widersetzen? Die Strafe dürfte dir bekannt sein. Du verlierst diesen Sklaven Darir an den Fiskus. Bezüglich aller weiteren Auflagen wird dir ein Gerichtsbescheid zugestellt.«

»Ich war es aber doch nicht, der diesen Mann beschnitten hat!« protestierte der Rab.

»Wer war es denn?« wollte Eligius wissen.

»Ich nehme an, seine Eltern«, sagte der Alte achselzuckend.

»Du willst sagen, daß dein Sklave von Geburt an ein Hebräer ist?« fragte Eligius zurück.

»Nein, der Mann ist ein Sarazene«, erklärte der Rab.

Der Priester blickte verwirrt um sich. »Auch die Ungläubigen beschneiden ihre Söhne –?« fragte er verwundert. Er faßte Sahnun ins Auge und schüttelte den Kopf. Dann kräuselten sich seine Lippen zu einem Lächeln. »*Per dreit* ist es der Kirche erlaubt, Sklaven der Hebräer zwangsweise auszulösen. Wenn dieser Sarazene willens ist, sich anschließend taufen zu lassen, schenke ich ihm die Freiheit. – Mein Sohn, hörst du?« rief der Priester Sahnun neben mir zu. »Ich löse dich bei diesem Hebräer aus, wenn du dich taufen läßt. Bist du bereit, das Sakrament der heiligen Taufe zu empfangen?«

»Der Mann versteht Euch nicht«, erinnerte der Rab den Priester.

»Richtig«, sagte der. »Ist jemand anwesend, der dem guten Mann meine Worte erklärt?«

Er schaute in die Runde. Niemand meldete sich, und ich glaubte zu sehen, wie der Alte unmerklich lächelte. Der treibt ein Katz- und Mausspiel, und der Bischofsmann merkt's nicht, dachte ich. Das sollte der Rab lieber bleibenlassen, er bringt den Priester noch mehr gegen sich auf. – Und gleich bin ich an der Reihe, ging's mir plötzlich wie mit einem Schock auf. Heiliger Martin, hilf! Wenn der Priester da vorn meine Geschichte hört – was um Gottes willen passiert dann mit mir?

»Also, ich sehe, wir müssen uns in Cadurc nach einem Dolmetscher umsehen«, stellte der Priester fest. »Notiere das«, wies er den Schreiber an. »Und nun zu der Personenfeststellung der Frau neben diesem Sarazenen.«

»Ihr Name ist Tabita«, sagte der Rab. »Und ich habe diese Frau adoptiert, an Tochters Stelle angenommen.«

Der Alte schaute sich nach mir um.

Ich wurde nicht klug aus seinem Gesicht. Und seine Behauptung, er habe mich adoptiert, die war so plötzlich gekommen, daß sich einen Augenblick alles vor meinen Augen drehte. Was machte der Alte da mit mir?

Ich hörte Eligius sagen: »Sie hat nicht das Aussehen einer hebräischen Frau, ich meine das kurze rötliche Haar und die hellen Augen – Also, wo hast du sie her?«

»Tabita ist eine Frau aus dem Volk der Franken, und sie ist eine freigeborene Frau«, antwortete der Rab. »Fragt sie selbst.«

Der Priester winkte mich ungeduldig vor seinen Stuhl. Neben dem Rab blieb ich stehen. Meine Knie bebten.

»Was blickst du so ängstlich?« fragte der Bischofsvertreter nicht unfreundlich. Und ich war überrascht, wie jung dieser

Priester war. Seine befehlsgewohnte Stimme hatte ihn älter erscheinen lassen.

Ich knickste wortlos.

»Also, meine Tochter, du hast nichts zu befürchten«, redete Eligius mir zu. »Es sei denn, du wolltest dem Gericht etwas verbergen. Dieser Hebräer gibt an, er habe dich an Tochters Stelle angenommen. Stimmt das?«

»Ja, Herr«, hauchte ich.

Eligius sah mich schweigend an, ich senkte die Augen.

»Und dieser Hebräer, der vorgibt, dein jetziger Vater zu sein, sagt, du seiest eine fränkische, eine freie Frau. Trifft auch das zu?«

Ich nickte.

»Tu den Mund auf, wenn ich mit dir rede«, fuhr mich Eligius jetzt an.

Ich versuchte meinen Hals frei zu bekommen und wisperte: »Es stimmt, was mein Herr Jakob sagt.«

»Also gut«, fuhr Eligius jetzt wieder sanft fort. »Du bist eine freie fränkische Frau, dann bist du vielleicht auch getauft?«

»Aber gewiß doch, Herr«, antwortete ich überrascht.

»Und wie kommst du als Christenfrau in die Gesellschaft dieses hebräischen Händlers?« wollte Eligius wissen.

»Ich hatte mich in seinen Schutz begeben«, erklärte ich leise. »Zwei Jahre war ich in Brittany verschleppt. Dann konnte ich fliehen, traf auf den Herrn Jakob hier und bat ihn um Schutz.«

»Und dir ist nicht bekannt, daß es Christen untersagt und verboten ist, Gemeinschaft mit den Hebräern zu haben? Daß es weder gestattet ist, sich in deren Wohnungen aufzuhalten, noch zulässig, mit jenen verderbten Menschen zu essen und zu trinken? Weißt du das alles nicht?«

»Neina«, sagte ich. »Ich höre es jetzt zum ersten Mal.«

»Gehst du denn in keine Kirche?« fuhr mich der Priester jetzt wieder an. »Die Priester predigen darüber. Diese Hebräer sind die Feinde des gesamten Menschengeschlechts. Sie haben den Erlöser gekreuzigt. Darum ist uns Christen jeder gesellige Umgang mit ihnen untersagt. Und du behauptest, du weißt davon nichts?«

»Aber ich war jahrelang in keiner Kirche«, erklärte ich ihm. »Bei den Bretonen arbeiten Sklaven jeden Tag, auch am Herrentag. Keiner von ihnen kommt je in eine Kirche.«

Eligius schlug mit seinen beringten Fingern ein Kreuz über sich und seufzte. »Armes Kind, in so traurigen Umständen hast du leben müssen. Das erklärt deine Unwissenheit. Und jetzt hast du also Tischgemeinschaft mit diesem Hebräer. Spricht er mit dir auch über seine Religion?«

»Ja, oft tut er das«, erklärte ich fröhlich. »Er hat mich das Paternoster gelehrt, und ich lerne auch seine Gebete.«

Der Bischofsvertreter starrte mich mit entblößten Zähnen an, die Augen weit, die Mundwinkel zurückgezogen. Er verlor regelrecht die Fassung, sprang von seinem Seidenstuhl auf, wandte sich seinen Mitbrüdern zu und fragte entgeistert: »Habt ihr das gehört? Dieser schmutzige Hebräer nimmt die Worte unseres Erlösers, das Vaterunser, in seinen gottlosen Mund! Und er lehrt das arme Kind seine abergläubischen Gebete! Und das alles geschieht hier mitten unter uns, im edlen Gallien, dem Schutzland des heiligen Martinus!« Dann faßte er sich, ging mit steifen Schritten auf den Rab zu. »Für diesen Frevel wirst du büßen«, sagte er mit einem Sprung in der Stimme. »Da rettet dich auch der Herzog nicht. Wie kommst du dazu, eine Christenfrau mit deinen Gebeten zu vergiften?«

»Aber Tabita ist meine Tochter, Herr«, antwortete der Rab ungerührt. »Und es ist die Pflicht jedes Hausvaters, seine Kinder in der Religion zu unterrichten. Genau das tue ich.«

»Hört euch das an, Brüder!« rief Eligius mit schriller Stimme und streckte dem Rab beschwörend sein Halskreuz entgegen. »Der Mann muß vom Teufel besessen sein!«

Schwer atmend begab er sich wieder zu seinem Seidenstuhl und ließ sich schaudernd in die Polster fallen.

»Da adoptiert der Hebräer einen Christenmenschen und schwatzt ihm seine Religion auf. Wie ist denn so was möglich –?« rief er dem Stadtgrafen zu. »Dürfen Hebräer denn überhaupt Christenmenschen adoptieren?«

»Es ist den *giu* von Gesetzes wegen untersagt, christliche Sklaven zu besitzen«, sagte Amandus. »Gegen eine Adoption allerdings spricht nichts. Unser Gesetz definiert die Annahme an Kindes Statt mit folgenden Worten: *Adoptio naturae similitudo est, ut aliquis filium habere possit, quem non generavit*, es heißt ausdrücklich *aliquis*, also ›irgend jemand‹ beziehungsweise ›jeder beliebige Mensch‹ kann nach dem Vorbild der Natur ein Kind haben, das er nicht gezeugt hat. Von einer einschränkenden Bestimmung zuungunsten der *giu* ist mir nichts bekannt.«

»Aber das ist ja ungeheuerlich!« entsetzte sich der Bischofsmann. »Dann könnte jeder Hebräer hingehen und sich christliche Kinder aneignen und ginge dabei noch straffrei aus? Da ist doch offensichtlich eine Lücke im Gesetz. Mir ist unbegreiflich, wie unsere Rechtsgelehrten das übersehen konnten!«

Eligius musterte mich ungläubig, dann erhob er sich abermals und trat vor mich. »Meine Tochter«, sagte er und hob mahnend den Finger. »Du wirst gegen diese Adoption Einspruch erheben, und unsere Gelehrten werden dir dabei Rechtsbeistand leisten.«

»Neina«, widersprach ich. »Warum soll ich gegen meinen Vater gerichtlich vorgehen? Ich bin froh, daß er mich an Kindes Statt angenommen hat.«

»Du meinst wirklich, was du da sagst –?« entfuhr es Eligius erschrocken. »Du willst weiter mit diesem Hebräer essen, trinken, Gemeinschaft haben, du willst dir weiter seine abergläubischen Reden gefallen lassen?«

»Ich bin seine Tochter«, sagte ich.

»Nun gut«, sagte Eligius langsam, als müsse er jedes Wort zählen. »Wenn du dabei bleibst, wird der Bischof dich exkommunizieren: Du bist dann von allen Sakramenten ausgeschlossen, kein Christ soll sich unterstehen, weiterhin mit dir zu verkehren. Das Kainsmal wirst du tragen, unstet wirst du sein, flüchtig bis an den Tod. Und keinem Priester sei es gestattet, dir die letzte Wegzehrung zu gewähren. – Du bist noch sehr jung, Tabita, entscheiden aber mußt du dich! Du mußt wählen zwischen deiner Kirche und diesem Hebräer.«

»Ich weiß nicht, Herr«, stammelte ich, denn die Drohungen des Priesters erfüllten mich mit blankem Entsetzen.

Nein, ich wußte es wirklich nicht. Wie sollte ich mich auch entscheiden können, bevor ich nicht darüber nachgedacht hatte? Mein Vater fiel mir ein, Sunhar, der heilige Martin. Ich suchte verzweifelt nach den Augen des Rab. Doch der schaute auf seine Schuhe. Ich war ganz allein auf mich gestellt, heilige Mutter Gottes, aber wie sollte ich entscheiden?

Ich holte Luft, blickte auf das goldglitzernde Kreuz des Priesters und sagte mit der letzten Kraft, die mir geblieben war: »Herr, ich brauche Zeit!«

»Die sollst du haben«, sagte Eligius freundlich. »Bis unser Bischof eintrifft. Er wird dir den rechten Weg weisen, meine Tochter, fürchte dich nicht!« Er schlug ein Kreuz über mich.

Danach rief er dem Grafen zu: »Diese Frau Tabita bleibt in unserem Gewahrsam. Salvian, der hochehrwürdige Herr Bischof, wird bei seiner Rückkehr in beiden Sachen entscheiden. Die Verhandlung ist geschlossen.«

Ich zog verstohlen den Rab einen Schritt beiseite. »Mein Bündel!« hauchte ich ihm zu.

Natürlich brauchte ich das Ding. Wer weiß, wo die mich hier einsperrten. Aber vor allem wollte ich seine Augen noch mal sehen. Die Augen des Rab, die mich durch diese letzten Wochen geleitet hatten. Mein Mund war trocken, die Zunge geschwollen, und Angst kroch mir in die Knie. Aber seine Augen wollte ich sehen! Ja, und der Rab blickte mich an und nickte. Er hatte verstanden.

Und ich hatte gesehen, was ich wollte. Seine Augen waren mir begegnet wie immer. Ein wenig fragend, nachdenklich, ja, wie die Augen von einem ernsten Kind. Und ganz dahinter ein winziges Lächeln, ein Lächeln, das mir galt. Und ich hatte gefürchtet, der Rab würde mir keinen Blick mehr gönnen, so unsicher, gehemmt, wie ich mich angestellt hatte. Man sagt, daß Augen sprechen können. Bei unserem Rab war ich sicher, daß er mit den Augen auch hörte. Jedenfalls, was ich ihm zum Abschied sagen wollte. Daß ich nämlich gern wirklich seine Tochter gewesen wäre.

Ich schrak zusammen, als Eligius, der Bischofsvertreter, auf uns zutrat und sich zwischen uns drängte.

Den Rab spöttisch musternd, bemerkte er: »Deinen Schutzbrief, Hebräer, den verdankst du doch Immena, der Herzogsfrau, oder –? Es ist ja bekannt, daß ihr Hebräer unsere Frauen euch hörig macht. Und die Weiber lassen sich's in ihrem Unverstand gefallen. – Wie du, meine Tochter«, meinte der Priester mit einem Seitenblick auf mich. »Es ist deine Unwissenheit, deren sich dieser Anwalt des Teufels bedient. *Anathema sit*, Fluch sei ihm!«

Ich hatte fassungslos dabeigestanden, wartete, daß der Rab sich äußerte, irgend etwas sagte, diesem Mistkerl nicht die Antwort schuldig blieb. Doch der Alte wandte wortlos dem Priester seinen Rücken zu und folgte mit großen Schritten dem

Grafen, der unter Begleitung seiner Eskorte den Saal verließ.

»Und vergiß nicht die zweihundert Solidis, Alter«, rief Eligius dem Rab nach. »In Geld oder Waren, der Schreiber wird's aufrechnen. Wir sehen uns beim Bischof wieder. Da wird dir der Schutzbrief der Herzogsfrau nicht mehr helfen!« Mit diesen Worten stürmte Eligius seinen Mitbrüdern hinterher zu einer Seitentür der Halle hinaus.

Mir war's, als müsse ich platzen vor Wut. *Conchie*, es war schon für eine Frau nicht leicht, ein Mensch zu sein, aber für einen Hebräer auch nicht. Als mich einer der Priestergehilfen schließlich abführte, spürte ich jeden meiner Schritte, meine verschluckte Wut wog wie ein Stein.

Man brachte mich in eine Zelle, draußen fiel der Riegel vor. Noch benommen schaute ich mich in dem engen Raum um. Durch einen schmalen Lichtschacht sickerte ein wenig Tageslicht. Eine Pritsche, ein Hocker, ein Kübel, das war alles. Und an der Wand beim Lichtschacht ein aufgemaltes Kreuzzeichen. Ich bekreuzigte mich und beugte die Knie. Wenig später wurde mir Wasser und Brot gebracht, und noch später bekam ich auch mein Bündel ausgehändigt. Der Rab hatte mich nicht vergessen.

Nachdem ich ein paar Happen Brot mit Wasser heruntergespült hatte, wickelte ich mich in Mutters Decke und starrte ins Halbdunkel. Hier würde ich also die nächsten Tage verbringen. Und was dann? Der Rab hatte mich in eine schlimme Situation gebracht. Gewiß, er hatte uns, sich und mich, schützen wollen. Das hatte ich im Lauf der Verhandlung begriffen: Ein *giu* in Begleitung einer Christenfrau, das ging einfach nicht. Also hatte mich der Rab zu seiner Adoptivtochter gemacht. Die Lücke im Gesetz hatte ihn zumindest vorläufig gerettet, sonst hätte der Priester ihn am Ende doch noch festsetzen können. Nun aber saß ich dafür hier. Und sollte mich entscheiden: zwischen dem Priester und dem Rab. Konnte ich das?

Es war so einfach zwischen uns dreien gewesen, zwischen dem Rab und Sahnun und mir. Die beiden Männer hatten ihre Gebete gesprochen, ich meins. Es war doch derselbe Gott, zu dem jeder in seiner Sprache betete. Und alles sollte mit einem Mal Sünde gewesen sein? Möglicherweise war der Bischofsvertreter mir wohlgesinnt, seine Drohung aber war furchtbar.

Ich war getauft, und ich hatte mein ganzes Leben unter dem Blick der Heiligen verbracht, liebte die Gottesmutter, den heiligen Martin, ehrte den Gottessohn. Ja, ich hatte ohne nachzudenken mich immer zugehörig gefühlt, und das sollte mir genommen werden?

Neina, das war undenkbar. Daß ich das mit mir machen ließ. Oh, warum hatte mich der Rab in so eine schreckliche Lage gebracht? Klar, es war besser, ich saß als er: Was wäre anders aus Sahnun geworden? Martin, bitte hilf mir, flehte ich. Es war doch unmöglich, daß ich mich vom Rab und von Sahnun trennte, sie beide im Stich ließ, nur weil's der Priester so wollte. Aber von den lieben Heiligen, von meiner Taufe, von der Gottesmutter und meinem Helfer, dem heiligen Martin, wollte ich auch nicht abgeschnitten werden! Oh, guter Martin, hilf, flehte ich noch mal.

Ich stieg aus der Decke, lief im Dämmerlicht hin und her, kreuz und quer durch meine Zelle. Sechs Schritt in die Länge, dreieinhalb in die Breite. Diesmal half es jedenfalls nicht, mir beide Daumen zu halten: Ihr beiden, ihr und ich sind drei. Ach, und wer weiß, vor dem Bischof mußte ich zu guter Letzt vielleicht doch mit der ganzen Wahrheit herausrücken: Ich bin Itta von Glanfeuil, und mein gewesener Mann hat eine Belohnung von zehn Solidis auf meine Ergreifung ausgesetzt! Diese Demütigung, diese Schande, wenn man mich gar gewaltsam nach Catalon zurückbeförderte! Zermürbt warf ich mich wieder auf die Pritsche. Mittlerweile war es völlig dunkel in der Zelle. Wenigstens sollte ich meine Zeit nutzen, um zu schlafen, sagte ich mir. Vielleicht kam mir über Nacht die Erleuchtung.

Was hatte der Rab von der Seele, von ihren Träumen gesagt? Ach ja, etwas mit einer Heuschrecke: Die Seele gleicht einer geflügelten Heuschrecke, an deren Fuß ein Faden gebunden ist, der an der Wirbelsäule hängt, und während der Mensch schläft, entweicht seine Seele und flattert in der Welt umher, und das sind dann die Träume, die der Mensch sieht! – Ob der Rab das im Ernst glaubte? Tatsächlich fühlte ich meine Seele in mir baumeln, doch sie hing bei mir kopfüber nach unten.

Mit einem Gebet für Dida, die Tochter Matildes, schloß ich die Augen. Heiliger Desiderius, führe die Tochter wieder ihren Eltern zu, sagte ich ihm. Nimm dir ein Beispiel an dem heiligen Martin. Der hat mich bisher noch nie im Stich gelassen. Also kannst du auch was für Dida tun! Ihre Mutter ist eine gute Frau. Sie wird dir deine Hilfe nie vergessen.

Irgendwann erwachte ich mit einem heftigen Schreck und flüchtete mich in die äußerste Ecke meiner Pritsche. Ein anderer Mensch bewegte sich in meiner Zelle. Ich hörte ihn atmen.

»Psst«, hauchte eine Stimme. »Streck die Hand aus, dies schickt dir Rab Jakob.«

Vorsichtig streckte ich meine Hand in die Finsternis und hatte plötzlich weichen, flauschigen Stoff zwischen den Fingern. Ja, das konnte nur vom Rab sein!

»Komm hinter mir her«, flüsterte es kaum hörbar. »Und kein Wort!«

Wo war mein Bündel, wo meine Decke? Hastig verschnürte ich die Riemen. Hinter mir schloß die Zellentür mit einem unmerklichen Luftzug.

Ich legte die Hand auf die Schulter meines unsichtbaren Führers, und meine Füße tasteten sich vorwärts. So oft hatte ich mich inzwischen in Sahnuns Lage versetzt, daß es mir leichtfiel, zu folgen. Angst hatte ich jedenfalls keine, auch wenn mir das Herz bis in den Hals schlug. Den verhaltenen Geräuschen nach zu urteilen, ging es nach einer abschüssigen feuchten Steintreppe durch einen endlosen Mauergang, dann roch ich frische Luft, spürte eine sanfte Brise, die mich meine Umgebung in der lichtlosen Nacht erahnen ließ. Eine Häuserzeile, Bäume, große Gebäude rechts und links, Büsche, wieder Bäume. Weiter weg Stimmen aus einer Schenke, in der sich Männer zutranken. Und dann begegnete meinen Ohren unvermittelt ein himmelhohes Hindernis. Ich spürte es als Druck auf der Gesichtshaut. Eine Mauer, die Stadtmauer wahrscheinlich. Mein Führer schob mich sacht eine enge Stiege hinan. Die Stufen knarrten. Dann pfiff mir der Wind um die Ohren.

»Da ist ein Korb, fühl her«, raunte mein Begleiter. »Mit dem Seil geht's von der Mauer hinunter.«

»Danke«, wisperte ich.

Der Korb wurde angehoben, einen Augenblick später hing ich in der Luft. Dann vernahm ich das leise Schaben des Seiles an der Mauerkrone, versuchte den Korb von der Wand wegzuhalten, glitt tiefer und tiefer und landete mit einem Ruck auf dem Boden. Das Seil schlug herunter, streifte meinen Kopf, ich verhedderte mich. Dann spürte ich eine Hand, hörte den Rab mir zuflüstern. Wir rollten das Seil ein, legten es in den Korb, zehn Schritt weiter warteten die Maultiere.

Der Rab legte meine Hand an die Heckklappe.

»Wo ist Sahnun?« hauchte ich.

»Schläft mit Mohntropfen«, sagte der Rab. »Halte dich dicht hinterm Heck!«

Ich hörte die Maultiere prusten, vorn beim Rab eine zweite

Stimme, und der Wagen rollte an. Wie gut, daß dies verdammte Rad nicht mehr knarrte!

Wie schnell war alles gegangen. Ich war noch immer nicht ganz da. Tappte wie blind durch die rabenschwarze Finsternis, verlor bald jedes Zeitgefühl. Irgendwann tauchte über den Hügeln, halb verborgen von dünnen Wolkenschleiern, die Sichel des abnehmenden Mondes auf. Ich rechnete. Sechs Stunden nach Sonnenuntergang mußte es also sein. Und wir hatten die Iden des November, mithin war es kaum später als Mitternacht. Zeit genug, um vor Tagesanbruch aus der Reichweite von Cadurc zu sein.

Im gebrochenen Mondlicht konnte ich den Begleiter des Rab bei den Maultieren ausmachen. Eine Kapuze, ein Mann mit schwerem Gang. Die Männer wechselten hin und wieder geflüsterte Worte. Also waren dem Rab doch Freunde geblieben, dachte ich dankbar. Sie hatten ihm zur Flucht verholfen.

Dann erst ging mir auf, daß auch ich jetzt frei war. Nein, ich mußte mich nicht vor dem Bischof verantworten, brauchte keine Entscheidungen mehr zu treffen. Wir waren wieder auf dem Weg nach Süden, der Rab, der schlafende Sahnun und ich, Itta von Glanfeuil, die allem Unheil entronnen war. Ein durchdringendes Glücksgefühl überkam mich. Im Kopf spürte ich's, im Bauch, ja, auch meine *fleurs* waren vorbei! Dies war der sechste Tag, und ich fühlte mich wie immer danach unternehmungslustig und sehr stark. Es sollte nur keiner wagen, uns den Weg zu verlegen! Ich weinte fast vor Erleichterung, mußte mir wirklich Tränen von den Backen wischen. Obwohl mein Seelchen nicht mehr kopfüber nach unten hing, sondern wieder an seinem richtigen Platz saß, irgendwo zwischen Bauch und Brust, wo's mir vor Glücksgefühlen kribbelte. Es störte mich auch nicht, als Stunden später nieselnder Regen einsetzte. Solange ich in meine Decke verpackt war, konnte auch kein

Novemberregen mir was anhaben. Danke, Sunhar, danke, Mutter. Dies war die fröhlichste Nacht meines Lebens. Und als zögernd das erste Tageslicht erschien, der Regen nachließ, war mir, als sei die Zeit wie im Flug verstrichen.

Wir hatten uns auch nicht mehr so arg plagen müssen wie in den Tagen zuvor. Das Gelände fiel, und nur selten mußte ich ins Rad fassen. Unser Begleiter kannte sich selbst im Dunkeln mit den Wegen so gut aus, daß es schien, als kenne er auf Meilen jede Pfütze im Umkreis der Stadt.

Im Morgengrauen hielt der Wagen an. Die beiden Männer umarmten sich.

»*Lehitraot*«, sagte der Rab.

»*Leschalom*«, antwortete der andere. »Und grüße die Freunde in Tolosa.«

Im Nu war der Mann verschwunden.

Der Rab machte sich an den Zugleinen der Maultiere zu schaffen, dann kam er zu mir ans Heck.

»Schläft Sahnun noch?« erkundigte er sich und hob die Plane. »Ja«, gab er sich selbst die Antwort. »Und es sieht nicht so aus, als wolle er die nächste Stunde aufwachen.«

Dann wandte er sich um, musterte mich stumm.

»O Rab«, sagte ich glücklich, flog ihm um den Hals.

»Kleine Nokrit, meine große Tochter«, murmelte er und klopfte mir den Rücken. »Ich wußte, auf dich konnte ich mich verlassen!«

»Und ich brachte vor lauter Angst fast keinen Ton heraus«, gestand ich ihm verlegen.

»Alles war richtig, alles war gut«, antwortete er. »Du hast den Grafen herbeigebracht, und du hast sehr schnell begriffen, worum es dem *galach* ging. – Wir halten einen Augenblick, um zu frühstücken.«

»Wir vertun unsere Zeit«, sagte ich.

»Sechzig Männer erreichen nicht den Mann, der morgens sein

Brot gegessen hat«, sagte der Rab. »Das sagt man bei uns. Hol den Korb, damit wir essen, wenn ich gebetet habe.«

Ich erinnerte mich plötzlich, wie ich den Alten zum ersten Mal im Gebetstuch gesehen hatte, die Hände zum Himmel gehoben. Wie vertraut mir inzwischen der Anblick war. Halblaut sprach ich in seiner Sprache die ersten Morgengebetssätze mit: »Mein Gott, die Seele, die du mir unversehrt gegeben, du hast sie erschaffen, du hast sie gebildet, du hast sie mir eingehaucht, und du hütest sie mir –«

Nachdem der Alte das Fransentuch wieder gefaltet hatte, setzten wir uns um den Korb. Und ich aß. Nicht in kleinen Happen, sondern mit vollem Mund, so heißhungrig war ich. Wahrhaftig, ich hätte den halben Speisekorb leer essen können, all die leckeren Sachen, die man dem Rab in Cadurc eingepackt hatte. Und der Rab, der mich an den Hecken so oft mahnte: ›Gleiche nicht den Hühnern, die den ganzen Tag den Mist nach Futter absuchen!‹ – der Rab ließ mich heute gewähren.

Und als wir uns wieder auf den Weg machten, griffen meine Beine so stark aus, daß uns keiner hätte einholen können. Cadurc war ein Alptraum gewesen, und in den wollte ich nicht mehr zurück.

# Tolosa

Die Aussicht, in einigen Tagen Tolosa zu erreichen, machte mir wieder angst. Allerdings, der Rab konnte mich halbwegs beruhigen. Nein, nein, versicherte er mir, in Tolosa seien wir nicht Gefahren ausgesetzt wie in Peitiers, Limoric, Cadurc. In der Stadt, nur ein paar Tagereisen nördlich von Narbo gelegen, habe er mächtige Freunde und Gönner. Zu diesen zähle sogar der dortige Bischof. Ein gerechter Mann, stets um Ausgleich bemüht.

Schließlich seien auch die Bischöfe, die Kirchen der Nokrim insgesamt auf Händler wie ihn, den Jakob *ha-tajjar*, angewiesen. Ich möge nur an den Weihrauch in den Kirchen denken, der ausnahmslos über den Fernhandel ins Land der Franken käme. Ohne dessen Düfte sei das Meßopfer in den Kathedralen und Kirchen ja wohl nicht denkbar. Durch den Fernhandel kämen überdies auch die kostbaren Drogen, die man hierzulande zur Herstellung von Arzneien benötige, in die Hände der Ärzte: Kostwurz, Gewürznelken, Ingwer, Pfeffer und Lapdanum, der Saft des Schlafmohns. Ebenso die Seidenstoffe, mit denen sich Bischöfe und die großen Herrenhäuser schmückten. Darum könne die Kirche nicht auf die Dienstleistungen der Händler und Reisenden seines Volkes verzichten, und eben das sei dem Bischof von Tolosa bekannt. Darum lege dieser großen Wert auf gute Beziehungen zum Volk der *giu*, verabscheue Zwangstaufen und sonstige Schikanen, mit denen anderenorts Bischöfe und Priester seine Leute bedrückten.

Und was den Stadtgrafen von Tolosa angehe, so sei er, Jakob, mit dessen Haus seit Jahrzehnten befreundet. Es bestehe mithin kein Grund zur Unruhe. Den gefährlichsten Teil der langen Reise hätten wir in Tolosa endgültig hinter uns gebracht.

So redete der Rab mir zu. Und ich ließ mich schließlich überzeugen, blieb aber doch auf der Hut. Immerhin waren wir noch nicht in Tolosa, und ich war noch nicht in Bigorra, bei Tante Momas und in meinen Weinbergen. Und die Angst vor Boggis war immer noch riesengroß.

Über auslaufende Hügelketten erreichten wir nach mehreren Tagen und einem dazwischenliegenden Dies Sabbati die weiten Ebenen von Tolosa.

»Die Luft ist anders«, sagte Sahnun.

»Milder, linder«, bestätigte ich.

»Nein, wie in al-Andalus«, erklärte er mir. »Es riecht anders.«

Er mochte recht haben. Die riesigen Bergulmen, Eichen, Bergkiefern und die bunt gefärbten, schon fast entlaubten Wälder, die bisher unseren Weg begleitet hatten, traten langsam immer mehr zurück. An ihrer Stelle beherrschten immergrüne Sträucher, Bäume und Hecken das Bild der Landschaft, Pinien, Stechpalmen, Wacholder und Liguster in endlosen Lagen, an dessen Zweigen noch schwarzviolette Fruchtdolden prangten. Sahnuns Nase hatte diese Unterschiede eher wahrgenommen als meine Augen.

Überhaupt nahm er ständig stärkeren Anteil an seiner Umgebung, an unseren Gesprächen. Seine Gestalt hatte sich wieder gestrafft, und nur noch selten saß Sahnun unter der Plane. Sooft die Wegverhältnisse es erlaubten, ging er jetzt sogar am liebsten, die linke Hand am Halfter, neben der Bless. Auch die Zahl seiner fünf Pflichtgebete hielt er neuerdings gewissenhaft ein. Er war eben nicht nur der Krieger mit den kampferfahrenen Händen, sondern in seinen Adern floß Blut des Propheten. Ja, seine inneren Augen verliehen in zunehmendem Maß dem blinden Gesicht einen versonnenen, nachdenklichen Ausdruck. Und ich gestand es mir endlich ein: Sahnun hatte einen Platz in meinem Herzen gefunden. Der Abschied von ihm würde mir besonders weh tun. Das spürte ich schon jetzt.

Während eines der Nachmittagsgebete von Sahnun setzte sich der Rab überraschend zu mir.

»Unsere Wege trennen sich bald«, sagte er. »Tolosa ist nicht mehr weit.«

Ach, mir wäre es lieber gewesen, der Rab hätte nicht davon angefangen. Darüber jetzt bereits reden ging für mich schon gar nicht. Also nickte ich stumm, senkte die Augen.

»Du bist mir lieb geworden in diesen fünf Wochen, lieb wie eine Tochter«, fuhr der Rab fort. »Und ich möchte dir einen Vorschlag unterbreiten. Komm mit nach Narbo. Simon, mein Sohn, ist noch ledig. Ich würde dich gern als meine Schwiegertochter sehen.«

Von Simon hatte der Rab schon mehrmals gesprochen. Meist im Zusammenhang mit dem Beutel fürs Seidenwurmfutter. Dieser Vorschlag des Rab aber kam so völlig unerwartet, daß mir die Luft wegblieb. Ich starrte den alten Mann sprachlos an, ja, fragte mich einen Augenblick, ob er nicht plötzlich den Verstand verloren habe. Aber nein, seinem Gesicht war nichts Ungewöhnliches anzumerken, nur seine Augenbrauen zitterten. Doch mir war, als sähe ich gerade jetzt zum ersten Mal, wie alt der Rab eigentlich war. So tief hatten sich die Falten unter den buschigen Brauen, den schweren Oberlidern in seine Backen eingegraben.

Er schaute mich an, ohne meinen Blick zu erwidern. »Du mußt mir noch keine Antwort geben«, sagte er dann.

Aber ich platzte heraus: »Wie kann ich denn Simon heiraten, wo ich doch eine *nokrit* und Fremde bin, gar nicht zu eurem Volk gehöre? Da ist eine Heirat doch wohl ausgeschlossen.«

Der Rab wich meinen Augen aus. »Darum geht es ja gerade«, sagte er dann. »Ich muß es dir erklären. Es ist so, daß Simon ein *mamser* ist, wie man das bei uns nennt. Keine Frau aus unserem Volk dürfte sich mit Simon ehelich verbinden.«

»Und was ist das mit diesem *mamser*?« wollte ich wissen. »Ist Simon aussätzig? Hat er Verbrechen begangen? Oder ist dein Sohn vielleicht auch gebannt wie du?«

»Nein, nein«, wehrte der Alte ab. »Simon ist gesund, geachtet in Narbo, und er ist sogar ein schöner, stattlicher Mann, wenn ich das als Vater sagen darf.«

Ich wurde immer verwirrter. »Und warum darf er keine Frau aus eurem Volk zur Ehe nehmen?« wollte ich wissen. »Fehlt es ihm an Manneskraft?«

»Ach was«, sagte Simon. Er bedeckte sein Gesicht mit den Händen, rieb sich die Augen und hüstelte. Dann sah er mich mit einem Seitenblick an und fuhr fort: »Um all diese Dinge geht es überhaupt nicht. Nur darum, daß Simon eben ein *mamser* ist. Es gibt dafür kein Wort in eurer Sprache. Der Ausdruck ›Bastard‹ käme der Sache vielleicht noch am nächsten«, meinte er mit einer fast entschuldigenden Gebärde.

Ich lachte. »Wenn das alles ist. Man sagt, daß sogar Carl, der Princeps des Königs, ein Bastard sei. Das hindert ihn jedoch nicht daran, zu heiraten oder Kinder zu zeugen.«

Der Rab winkte ab. »Ich weiß, ich weiß«, sagte er achselzuckend. »Also, ich muß dir die Sache von Anfang an erklären, damit du verstehst. Simon entstammt meiner zweiten Ehe. Und Gomer, meine zweite Frau, ist eine Geschiedene. Ihr erster Mann war jener Rebellenführer gewesen, Serenus, von dem schon mehrfach die Rede war –«

»Und daraus dreht man dir jetzt den Strick?« unterbrach ich ihn. »Wegen deiner Frau bringt man dich in Zusammenhang mit den Aufständischen?«

»Ja, das auch«, sagte der Rab mit einer resignierenden Bewegung. »Aber das ist nicht Simons Problem. Laß mich weitererzählen, dann wirst du verstehen. Also, ich bereiste damals Syrien und hatte Gomer zur Frau genommen. Als ich nun später unseren Rechtsgelehrten ihren Scheidebrief vorlegte, da fand man Rechtsverstöße, Unklarheiten in dem Dokument: Gomer war nach ihrer Ansicht gar nicht rechtmäßig von Serenus geschieden, ich war demzufolge eine unzulässige Beziehung mit ihr eingegangen. Simon aber war damals schon auf der Welt. Und Kinder aus solchen unzulässigen Beziehungen heißen bei uns *mamserim*. Denen und deren Kindern und Kindeskindern ist nach unseren Gesetzen bei Strafe untersagt, sich mit einer Frau unseres Volkes ehelich zu verbinden. Verstehst du? Ich werde also niemals Enkel sehen. Denn meine erste Ehe war kinderlos geblieben.«

Langsam begriff ich. Und wenn ich den Rab ansah, dann merkte ich, wie ihm diese Sache zusetzte. Die schwere, muskelbeladene Gestalt war gespannt, auf seiner Stirn standen kleine Schweißperlen. Oh, mir war flau vor lauter Mitgefühl. Für die Familie des Rab würde es in Jisrael, seinem Volk, keine Zukunft geben, und an dessen Weiterleben lag ihm doch alles. Und Simon? Der arme Junge mußte sein Leben lang ertragen, daß er sich durch den Makel seiner Geburt nicht zugehörig fühlen konnte. Nach den Gesetzen seines Volkes wurde die Schuld des Vaters an ihm heimgesucht. Ja, ich begriff.

»Aber eine Frau wie mich, eine Christin, dürfte Simon heiraten?« erkundigte ich mich behutsam.

»Ja, das könnte er«, antwortete der Rab.

»Und die Kinder aus so einer Ehe wären aber auch wieder Bastarde, oder –?« fragte ich ihn.

»Nein, nein, das wären sie nicht«, widersprach mir der Rab fast ungeduldig. »Weil jemand wie du nicht zu unserem Volk gehört, wärest du sozusagen ein Niemand. Und eure Kinder wären ebenfalls Niemandskinder. Sie könnten später aber durch Tauchbad und Beschneidung zu unserem Volk hinzugezählt werden. Der Makel wäre damit ausgelöscht.«

Mein Kopf dröhnte. »Es ist sehr kompliziert«, sagte ich kleinlaut. »Und das alles wegen einer ungültigen Scheidung –«

»Allein deswegen«, stimmte der Rab mir zu. »Nun begreifst du vielleicht meinen Kummer.« Er hielt inne, mit einem düsteren, jammervollen Gesicht. »Es wird aber Zeit, daß Simon endlich heiratet«, fuhr er dann fort. »Bei uns sagt man: Ist ein Mann zwanzig geworden, und er hat sich noch immer nicht einer Frau verbunden, dann spricht der Ewige: Die Gebeine dieses Mannes mögen verderben! Denn die Tora spricht: Seid fruchtbar und mehret euch.«

»Das sagen unsere Priester auch«, erklärte ich ihm. »Die Kinder, die bei uns geboren werden, sollen das Paradies wieder mit Engeln auffüllen.«

Der Rab und ich blickten uns schweigend an, seine Augen klebten an meinem Gesicht. Doch ich hatte noch keine Antwort auf seinen Vorschlag.

»Wenn ich Simon heiraten würde, würde mich meine Kirche verstoßen«, sagte ich. »Du hast gehört, was der Priester in Cadurc gesagt hat. Dann gehörte ich nirgends mehr hin.«

»Wenn du wolltest, könntest du ja später unserem Glauben beitreten«, sagte der Rab. »Aber erst später, wenn du keine Kinder mehr bekommst. Sonst wären die wieder *mamserim*.«

Später – aber dann wäre ich eine alte Frau, dachte ich bei mir. Wenn ich's überhaupt erlebte. Und so lange würde ich zu niemand gehören. Nicht zur Kirche, auch nicht zu Simons Leuten. Wollte ich, könnte ich das überhaupt durchstehen? Ein Niemand zu sein, wie der Rab es ausdrückte, die Frau eines *mamser*, und dann nirgends hinzuzugehören?

»Oh, Jakob, warum ist das Leben so schwierig?« fragte ich verzweifelt.

»Ja, warum?« entgegnete der Rab. »Ich weiß es auch nicht.«

Wir saßen wortlos beieinander, jeder mit seinen Gedanken beschäftigt.

Als ich Sahnun mit tastenden Händen auf uns zukommen sah, sprang ich auf und lief ihm entgegen. »Sahnun, hier bin ich«, rief ich ihm zu.

»Und Rab Jakob?« fragte er.

»Wir sitzen und warten, daß es weitergeht«, sagte ich. »Und wir reden über Heiraten und Kinder.«

»Viele Kinder werde haben ich«, sagte Sahnun zuversichtlich. »Und für Kulaiba viele Söhne wünsche ich.«

Ich lachte verlegen.

Sahnun sprach ein paar Sätze in seiner Sprache, und der Rab übersetzte mir's: »›Gott ist König im Himmel und auf Erden. Er schafft, was ihm gefällt. Töchter beschert er und Söhne, wie er's will.‹ – Das ist sicher aus dem Koran.«

Sahnun bestätigte es nickend.

»Er hat das alles im Kopf«, sagte ich bewundernd.

»Ja«, sagte der Rab. »Die heiligen Schriften zu kennen ist ein großer Trost für den Menschen, wenn ihn das Glück verläßt.«

Armer alter Mann, dachte ich, als ich wieder hinter dem Wagen herlief. Soviel Unglück hat er nicht verdient. Einen *mamser* als Sohn, ohne Hoffnung auf Kindeskinder, die sein Geschlecht in Jisrael fortsetzen. Doch sollte ich ihm helfen, ich, Itta von Glanfeuil? War ich dazu auf die Welt gekommen? Neina, durch eine Heirat mit Simon käme ich mir wie benutzt vor. Auch wenn's der Rab bestimmt nicht so meinte. Denn das fühlte ich, er mochte mich wirklich, der alte Jakob hatte mich in sein Herz geschlossen.

Tolosa, am Rand großer Flußauen gelegen, ist eine volkreiche Stadt. Mit Kirchen und Kastellen, Vorstädten und Mäuerringen. Und ich merkte, daß der Rab hier in der Tat willkommen war. Die Stadtwachen am Tor grüßten ihn. Freundliche Rufe flogen hin und her. Ja, selbst Colon schien sich in Tolosas Straßen zu Hause zu fühlen, denn er wedelte mit seiner hochgestellten gebogenen Schwanzspitze.

War bereits auf den Zufahrtswegen der Stadt das Gedränge fast übergroß gewesen, war das Getümmel innerhalb der Mauerringe nahezu unbeschreiblich. Durchs Menschengewühl bahnten sich Sackträger Wege, in Marktständen priesen Händler lauthals ihre Waren an, aus den Schenken tönte Stimmengewirr, roch's nach Wein, Bier und Honigmet. Ein halbnacktes Bürschchen wischte so nah an Colon vorbei, daß die Dogge zurückfuhr und ihrem Ärger mit durchdringendem Donnergrollen Luft machte. Niemand schaute sich auch nur um. Die Frauen, Kinder und die Männer von Tolosa waren von ihren Angelegenheiten wie besinnungslos in Anspruch genommen. Alles schrie, redete durcheinander, an der nächsten Ecke gingen junge Männer aufeinander los, Messer blitzten, Leute der Stadtwache eilten herbei, aber keinem war der Vorfall auch nur eine Sekunde wert, stehenzubleiben.

Ich folgte an Sahnuns Seite dem Karren, warnte ihn vor herausstehenden Trittsteinen und achtete darauf, daß er sein Seil nicht aus den Fingern ließ. Ja, und ich erzählte ihm laut, was ich alles sah. Läden, vollgestopft mit Tuchballen, Kupferschmiede, die mit hallenden Schlägen Schalen und Schüsseln bearbeiteten, Gold- und Silberschmiede, Gaukler, die sich auf einem Seil in luftiger Höhe zwischen zwei Kirchtürmen produzierten. Ja, Tolosa war eine reiche, eine üppige Stadt! Ich warnte Sahnun vor den Packeseln, die unseren Weg kreuzten, mit ihrer Ladung an unseren Karren stießen. Jemand trieb seine Schweine direkt an unseren Füßen vorbei. Und Herrschaften ließen sich von Sklaven in Sänften, hoch über den Köpfen schwebend, zum Markt tragen. Mir fielen nach einer

Weile fremdartig gekleidete Männer auf. Mit Tunika, bauschiger Hose, sporenbewehrten Stiefeln machten sie auf mich einen seltsam ungewohnten Eindruck. Von denen hatte sicher keiner je einen Hackenstiel in der Hand gehabt. Ich bezweifle, ob Sahnun jedes meiner Worte verstand. Dafür war auch einfach der Lärm zu gewaltig. Aber in dem Getöse war es für ihn vielleicht beruhigend zu wissen, daß ich meine Augen aufhielt.

Mit unserem Gespann kamen wir nur schrittweise voran. Nicht bloß wegen des Gedränges, sondern weil der Rab hier und dort angehalten wurde, stehenblieb oder sich Zeit nahm, im Vorbeigehen gemächlich ein paar Worte mit Passanten zu wechseln.

Wir gelangten endlich an ein Steinhaus hinter der zweiten inneren Mauer. Der Rab hieß uns warten, öffnete, aus dem Wohnhaus zurückgekehrt, das Hoftor. Es war vermutlich der Wirtschaftshof des Hauses. Denn als wir den Wagen zwischen den Mauern stehen hatten, vernahm ich hinter den Pinien am Gartentor Kinderstimmen und Lachen. Wie schon in Peitiers wahrten auch hier die Freunde des Rab Abstand zu uns, den Fremden.

Nachdem die Maultiere eingestallt waren, ließ der Rab uns auf einer Bank vor der Efeumauer zurück. Sie brachte mir die Erinnerung an meine Flucht in Cadurc wieder ins Gedächtnis. Ich beschrieb Sahnun die resolute Matilde: Wie *li chas*, wie die Katz, hatte sie gerufen, und ich ahmte ihre aufgebrachte Stimme nach.

Sahnun lachte. »Kulaiba *li chas*«, zog er mich auf und suchte nach meiner Hand. Ich lachte mit, spürte die Berührung seiner Finger, den zärtlichen Händedruck und hätte am liebsten laut geweint.

Wir lachten noch immer, als der Rab mit dem Speisekorb erschien. Ich entzog Sahnun meine Hand und wiederholte für den Rab die Geschichte mit *li chas* noch einmal, und am Ende lachten wir alle drei.

Im Stroh neben unseren Maultieren fand ich lange keinen Schlaf. Ich erinnerte den heiligen Desiderius an Matildes Tochter, dachte an das Kleine in Sunhars Bauch, das in sechs, sieben Wochen zur Welt kommen sollte, ich sehnte mich nach Lupo, dachte an Sahnun, weinte ein bißchen. Und natürlich waren meine Gedanken im Hintergrund ständig mit dem Rab beschäftigt, mit seinem *mamser*-Sohn. Ich warf mich hin und her, verwühlte das Stroh, hörte die Maultiere in ihrem Verschlag, und als ich schließlich zur Ruhe kam, blieb mein Schlaf unstet und flach.

So war ich denn auch gleich hellwach, als die ersten Alarmrufe die Stadt aufschreckten, es »Brand und Feuer« gellte und danach ein vielstimmiger Schrei aufbrandete: »Die Sarazenen kommen!«

Sofort war ich auf den Beinen, hatte mich in fliegender Hast bekleidet, mir meine Decke umgeworfen und tastete mich aus dem Stall in den Hof. Ich mußte doch wohl länger geschlafen haben, als ich's im Gefühl hatte, denn die Morgenwende brachte schon das erste Frühlicht. Über den noch nachtdunklen Dächern stand roter Feuerschein, der Wind wehte mir ätzenden Brandgeruch in die Nase. Sahnun, war mein erster Gedanke. Sahnun, der im Wagenkasten schlief.

Der Rab war vor mir zur Stelle, half ihm herunter und sprach mit ihm. Dann warf er mir einen hastigen Blick zu und befahl: »Du bleibst bei dem Jungen. Was auch geschieht. Zuerst aber die Maultiere in den Hof. Ja, und dann kümmerst du dich um Sahnun! Ich bin mit Colon in der Stadt.«

Im Nu hatte ich die Maultiere draußen und band sie neben der Efeubank fest, wo Sahnun mich ungeduldig erwartete.

Bei meinem Kommen sprang er auf, streckte die Hände nach

mir aus und redete erregt auf mich ein. Ich hatte noch mit den unruhigen Maultieren zu tun und verstand ohnehin kein Wort. *»Aschhal, aschhal?«* fragte Sahnun ununterbrochen, was immer er damit meinte. Oh, warum war der Rab ausgerechnet jetzt in die Stadt gelaufen? Verdammt, ich konnte mich doch nicht um die nervösen Maultiere und um den aufgebrachten Mann da kümmern! Wo ich schließlich selbst fast vor Angst verging. Denn wenn's brennt, mußt du sein, wo's Feuer ist. Einen Eimer in der Hand, sehen, was los ist. Hoffen, daß es noch mal gutgeht.

Es gelang mir endlich, Sahnun auf die Bank zu ziehen. Ich rückte ihn an mich. Mit einem Mal lag er schwer und schlaff in meinen Armen, und ich hörte ihn ohnmächtig weinen und schluchzen. Ich zog seinen Kopf zwischen meine Brüste, fuhr ihm durchs Haar, küßte ihn auf die Stirn und flüsterte liebe Worte. Das Geschrei der Leute, die schnaubenden Maultiere, alles war plötzlich weit weg, und mein Herz pochte nicht mehr vor Angst, sondern krampfte sich zusammen vor Schmerz. Wie konnte das Leben bloß so grausam mit mir sein.

Hinter mir wurde die Gartenpforte aufgestoßen, eine junge Frau schoß an uns beiden vorbei, ein Kind im Tragetuch, ein anderes in ihren Armen. Neues Geschrei brandete auf: »Die Sarazenen sind in der unteren Stadt!« Aber die Stimmen klangen unwirklich wie im Traum. Sie berührten mich nicht. Oder doch. Jetzt kommen sie Sahnun holen, dachte ich. Gleich ist es soweit. Das hier ist das letzte Mal, daß du bei ihm bist!

Ich weiß nicht, wie lange ich mit Sahnun in meinen Armen, ihn liebkosend, ihn streichelnd, auf der Efeubank gesessen habe. Aber ich kam mit einem Schlag in die Gegenwart zurück, als plötzlich der Rab mit Colon vor uns stand. Den Bart gesträubt, die Augen zu engen Schlitzen zusammengezogen.

»Laß ihn«, befahl er mir leise. »Ich war beim Stadtgrafen. Wir gehen mit Sahnun hinaus zu den Söhnen Jischmaels!«

Wortlos, widerspruchslos nahm ich meine Arme von Sahnun, ließ ihn gegen die Rückenlehne der Bank gleiten und brachte mich auf die Füße. Sie waren wie Blei. Der Rab rüttelte an Sahnuns Schulter, sah mich fragend an, rieb ihm die Hände, schickte mich Wasser holen.

Zögernd schlug Sahnun die Augen auf, drehte verwirrt den Kopf, erkannte die Stimme des Rab und sprang auf die Füße. Seine Worte überschlugen sich. Der Alte ließ ihn ausreden, nickte, antwortete, nickte abermals und winkte mir.

»Laß den Jungen an deiner Schulter gehen«, sagte er, band Colon an die Bank und ging uns voraus aufs Hoftor zu.

Mit uns beiden dichtauf bahnte sich der Rab einen Weg durch die verstopften Straßen. Sahnuns Finger bohrten sich schmerzhaft in meine Schulter, seine Hand stieß mich vorwärts. Doch es ging nur langsam voran. Die Leute von Tolosa hatten Wassereimerketten gebildet, Männer der Stadtwache marschierten mit hallenden Stiefeln, an beiden Seiten mit ihren Schwertern gegürtet, Lanzen über den Schultern. Schaulustige standen herum und gafften. Der Rab hielt auf das östliche Stadttor zu. Jenseits der Mauern stieg der Sonnenball in den Himmel und überschüttete uns mit schmerzhaft blendendem Licht.

Die Torwachen waren anscheinend informiert. Man winkte uns in einen Torturm. Durch ein winziges Pförtchen verließen wir geduckt den Mauerring und standen dann in der verlassenen, brennenden Vorstadt. Rauchschwaden trieben auf uns zu, meine Augen tränten noch mehr. Der Rab jedoch fand seinen Weg. Über glosende Balken hinweg, an aufflammenden Hütten und Schuppen vorbei, durch Funkenregen hindurch. Dann tauchten die ersten Sarazenen vor uns auf.

Pfeile schwirrten über unsere Köpfe, der Rab schwenkte ein grünes Tuch, hielt es hoch zwischen seinen Armen.

»*Nahnu ansaru llahi*«, rief er laut ein übers andere Mal.

Ich bemerkte, wie die Bogen der Sarazenen sanken, einen Augenblick standen sich beide Parteien bewegungslos gegenüber.

»Bleibt hier!« rief mir der Rab über seine Schulter zu und ging allein auf die vorderste Reihe der Sarazenen zu.

Das grüne Tuch achtlos über sich geworfen, traf er bei den Männern ein. Ich sah ihn reden, auf uns zeigen, wieder reden, diesmal mit einem einzelnen schwarzhäutigen Mann in prunkvollem Waffenkleid, dann winkte er uns herbei.

»Der Rab ruft, komm, Sahnun«, sagte ich. »Faß an meine Schulter, noch zwanzig Schritt, und du bist bei deinen Leuten!«

Wie lang mußte ihm der Weg vorkommen. Und wie endlos schien er mir. Du hast es gewußt, sagte ich mir mit aller Stärke, die ich aufbringen konnte. Niemals hättest du zulassen dürfen, was du für diesen Mann empfindest. Nun ist es zu spät. Halt wenigstens deinen Kopf zusammen, daß du die Sache halbwegs überstehst. Du hast schon Schlimmeres hinter dich gebracht. Das stimmte so aber nicht. Dieser Weg mit seinen zwanzig Schritten war der längste und schwerste, den ich jemals gegangen bin.

Dann standen wir beide vor dem schwarzen Mann, Sahnun noch immer mit der Hand auf meiner Schulter. Ich nahm seine Hand, hob sie von mir, trat beiseite. Wie viele Male hatte ich in den letzten Wochen diese Bewegung gemacht. Sie war mir in Fleisch und Blut übergegangen. Jetzt bedeutete sie den endgültigen Abschied.

Ich hörte die Männer Grüße wechseln.

»*Salamun laka*«, sagte der Offizier.

Und Sahnun antwortete: »*Wa-alaikum al-salam.*« Dann nannte er seinen Namen: »*Sahnun ad-din Asra ibn Abi Jusuf asch-schatibi al-Haschim.*« O ja, er sagte es mit gerecktem Hals, erhobenem Kinn und mit fester Stimme. Sein ganzes

Elend schien von ihm abzufallen. Ein Prinz stand da, der *scharif* unter seinen Glaubensbrüdern.

Der schwarze Offizier bückte sich, küßte Sahnuns Gewandsaum, küßte seine Hände und rief laut: »Allahu la ilaha illa huwa, es gibt keinen Gott außer Gott!«

Und alle seine Leute riefen's mit ihm, fielen vor Sahnun zu Boden und rieben die Stirn im Staub.

Und Sahnun antwortete: »*Wa-annahu huwa amata wa-ahja*, er ist es, der sterben und wieder auferstehen läßt!«

In diesem Moment löste sich der Krampf in meiner Brust, kehrte ich aus meinen schmerzlichen Träumen zurück, sah den Tatsachen ins Gesicht: dort der Prinz, hier ich, das Mädchen vom Hühnerhof. Nicht, daß das meinen Schmerz zum Verschwinden gebracht hätte. Aber die Wirklichkeit hatte mich eingeholt. *Ce n'est plus le temps*, sagte ich mir. Hör auf, Träumen nachzuhängen. Du kannst keinen Sonnenuntergang festhalten; wenn du Mohn pflückst, fallen die Blütenblätter, und Sahnun bringt dir nichts im Leben wieder. Du bist unterwegs nach Bigorra.

Ich hätte gleich loslaufen wollen, so elend war mir. Inzwischen waren wir aber schon in der bunten Zeltstadt eingetroffen.

Die Ankunft des *scharif* hatte sich dort schon herumgesprochen. Jubel, Hochrufe, Segensrufe begleiteten uns durch die Zeltstraßen. In einem übergroßen Zelt, eher einem fliegenden Palast gleich, überweht von Fahnen, die im Morgenwind knatterten, hielt der schwarze Offizier inne, und aus dem Zelteingang eilte in seidenen Gewändern ein neuer Würdenträger, vielleicht ihr Oberbefehlshaber, auf Sahnun zu, warf sich ihm vor die Füße und geleitete ihn und uns ins Zelt. Ich verzog mich hinter den Rab. Der Mann in den Seidenkleidern, das war vielleicht der neue Anführer der Sarazenen, von dem Gedeon in der Villa des Sidonius gesprochen hatte.

Worte flogen hin und her, die Offiziere redeten, Sahnun sprach.

Zwischendurch flüsterte der Rab mir zu: »Er befiehlt, von Tolosa abzuziehen. Sie wollen nicht recht. Aber Sahnun setzt sich durch. Schau, wie er auftritt, unser junger Mann!«

Mir wurde's leicht ums Herz: kein neuer Krieg, kein neues Gemetzel! Ja, und ich sah auch, wie selbstbewußt Sahnun unter all den Leuten dastand und redete. Wir konnten ihn jetzt getrost seinen Stammesbrüdern überlassen.

Sahnun jedoch war nicht in Eile, uns zu verabschieden. Ein Schreiber wurde herbeigerufen, Sahnun diktierte, der Mann schrieb, ließ die Tinte trocknen und streckte das Dokument, sich verbeugend, Sahnun entgegen. Der faßte mit der Hand in die Luft. Der Schreiber zuckte zusammen, dann legte er das Schriftstück Sahnun zwischen die Finger.

Der rief den Rab zu sich. Wechselte Worte mit ihm, umarmte den Alten, küßte ihm Hände und Schultern. Der Rab verbeugte sich, trat zurück.

»Wo ist Kulaiba?« forschte Sahnun.

»Hier bin ich, *scharif*«, sagte ich und berührte seinen Arm.

Sahnun drehte seinen Kopf in die Runde, fragte etwas, ich sah, wie die Männer auf ihre Hände schauten. Dann trat der Oberbefehlshaber vor, zog einen Ring vom kleinen Finger und legte ihn in Sahnuns ausgestreckte Hand.

»*Kulaiba li chas*«, sagte Sahnun zärtlich zu mir. Griff nach meiner Hand und steckte mir den Ring an. »*Mamnun*, danke«, sagte er, tastete nach meinem Gesicht und küßte mir die Stirn. »*Mamnun*.« Dann entließ er uns mit einer Handbewegung. Ich mußte meine Hand auf den Arm des Rab legen, sonst hätte ich den Ausgang nicht gefunden. Die dreifache Schnur war zerrissen.

Hinter uns vernahm ich Befehle, sah durch einen Tränenschleier, wie die Sarazenen ihre Zelte abrissen, grüßte an der Stadtgrenze den schwarzen Offizier, der uns beide zurückgeleitet hatte, und ging mit dem Rab auf das Stadttor von Tolosa zu. Neina, ich wollte nichts mehr sehen, nichts mehr hören, nicht angehalten werden, wollte keine Fragen beantworten, und ich war froh, daß es dem Rab nicht anders ging. Geduldig schob er sich durch die Menge, die auf ihn einstürmte, uns hochleben ließ, ja, den Rab sogar auf den Schultern durch Tolosa tragen wollte. Umsonst, der Rab wehrte alle Zudringlichkeiten beharrlich ab.

Erst als wir hinter dem Hoftor waren, konnten wir wieder miteinander reden.

»Das haben wir geschafft, kleine Nokrit«, sagte er lächelnd.

»Jetzt gibt's nur noch uns zwei. Wie am Anfang. Ich sehe dich noch, wie du aus dem Wasser gestiegen kamst. Du sahst so verwundbar und verletzlich aus. Damals mitten in der Wildnis.«

»Und ich hatte große Angst vor dem Mann an der Hauswand«, gestand ich.

»Und wie geht es dir jetzt?« fragte der Rab.

Ich schluckte und schwieg.

»Sahnun hat mir und meiner Familie ein großes Geschenk gemacht«, überbrückte der Rab mein Schweigen. »Einen Schutzbrief für alle Lande der Söhne Jischmaels. Mir wird er nicht mehr nützen. Aber Simon kann damit unter dem Schutz von Sahnuns Namen bis ans Ende der Erde reisen. Und dir hat unser junger Mann einen Ring geschenkt. Darf ich sehen?«

Ich nickte. Der Ring war mir sowieso viel zu groß.

»Ein Rubin ist das, dieser große rote Stein«, erklärte der Rab. »Das Stück ist Hunderte und Aberhunderte von Solidis wert.«

»Behalt ihn«, bat ich den Rab. »Ich wollte ihn nicht annehmen, mochte Sahnun aber nicht kränken. Ich kann keine Freude daran finden.«

»Ich hebe dir den Ring auf«, versprach der Rab und steckte den Rubin behutsam in seine Gürteltasche. »Vielleicht überlegst du's dir ja noch.«

»Wer weiß«, antwortete ich, kehrte dem Rab meinen Rücken zu und ging zum Wagen, um mein Bündel zu holen.

Ich merkte, wie mich die Blicke des alten Jakob begleiteten. Er sah mir zu, wie ich mit den Maultieren sprach, er sah mir zu, wie ich mich zu Colon bückte und ihm zärtlich ins Ohr flüsterte, ihm, seiner Majestät, wenigstens einmal! Dann ging ich stumm an dem Rab vorbei zum Hoftor hinaus.

Neina, ich konnte mich nicht mehr von ihm verabschieden. Es wäre mir endgültig über alle Kraft gegangen. Ich hätte ihm meine Arme um den Hals geschlungen, ja, und ich hätte ihn angefleht: Laß mich nicht gehen! Das alles aber wollte ich nicht. Die dreifache Schnur war zerrissen. Von nun an würde ich mir selbst die Daumen halten müssen und sagen: Ihr beiden, ihr und ich sind drei.


»Immer dem Sonnenuntergang entgegen. Da geht's nach Bigorra«, hatte der Rab mir gesagt. »In ein paar Tagen müßtest du's geschafft haben. Aber die Tage sind kurz, die Sonne geht um diese Zeit schon im Südwesten unter. Schnee kann dir dazwischenkommen. Dann bist du in der Vasconia verloren. Oder du schlüpfst bei den Wölfen unter.«

Mit Wölfen hatte ich nichts im Sinn. Also eilte ich mich. Das Wetter war beständig, da kam ich gut voran.

Aus der Ebene um Tolosa ging es allmählich, aber stetig aufwärts, dem Wind entgegen. Ich durchwatete kleine Flußläufe, an denen die Biber Dämme bauten, Teiche anlegten, folgte Wegen durch Heide- und Ödland, rastete inmitten immergrüner Eichenwälder und gewann langsam an Höhe, sah Adler,

Geier kreisen, und mir ging's gut. Auch Nahrung fand ich genug, wenngleich nicht mehr so reichlich wie zuvor. Aber es gab immer noch eingetrocknete Beeren zu finden, Nüsse aufzuklauben, und ich lernte aus Pinienzapfen die leckeren Kerne herauszupulen. Gern hätte ich mir wieder ein Fischgericht zubereitet. Denn Fische gab's genug. Die Bachläufe und kleinen Flüsse waren übervoll davon. Doch eine Reuse zu flechten oder mich an einem Bibersee zum Angeln hinzusetzen, das hätte mich zu lange aufgehalten. Die Schneewarnung des Rab hatte ich noch gut im Ohr.

Ja, die Sonnenstunden waren inzwischen kurz geworden, und ich brauchte Tageslicht, um mich in dem unbekannten Gelände zu orientieren.

Menschen sah ich nur wenige. Da und dort Bauern auf ihren Eseln, Frauen mit Brennholz auf dem Rücken, eine Gruppe von Mönchen, die mir psalmodierend entgegenkam. Ich wich allen aus. Ich wollte, ich mußte mit mir, mit meinen Gedanken allein sein, wollte, mußte mir immerfort meine Geschichte erzählen, die von der dreifachen Schnur, um keinen Tag davon aus der Erinnerung zu verlieren.

Das einzige Problem waren die überlangen Nächte, die mich am Schlafplatz festhielten, auch wenn ich, in Mutters Decke gewickelt, längst ausgeschlafen war.

Viel Schlaf hatte ich nie gebraucht. Schon als Kind war ich oft vor den Erwachsenen auf, badete, schwamm mit dem ersten Sommertageslicht in einem Flußarm des Liger, oder wenn's Herbst, Winter wurde, lief ich in die Ställe und sprach mit den neugeborenen Kälbchen, die noch so wackelig auf den Beinen waren. Oder ich holte mir ein Tranlicht, zupfte Wolle, arbeitete an Mutters Leinenwebstuhl. Das war zwar keine Arbeit, zu der ich mich drängte, doch die Hände zu regen war immer noch besser, als wach zu liegen und zu warten, bis sich endlich Leben im Haus regte.

Das zeitige Aufstehen hatte ich mir wahrscheinlich von Vater abgeguckt. »Wenn die Augen warm werden, ist es Zeit, daß man vom Schlaf aufbreche«, pflegte er zu sagen, und daran hielt er sich auch. Er saß dann meistens mit einem seiner drei Bücher beim Kerzenlicht, las halblaut vor sich hin, obwohl er die Bücher sicher längst auswendig wußte. Man ließ ihn dabei besser in Ruhe. Also suchte ich mir selbst Beschäftigungen.

In Brittany freilich hätte ich gern auch mal länger gelegen, bevor wieder ein endloser Tag mit Flüchen, Schlägen und Fußtritten begann. Da wurden wir fast zur Nachtzeit aus dem Stroh getrieben, die Mühle zu drehen, Flachs zu schwingen und zu hecheln. Weil die Bretonen so faul sind, halten sie ihre Sklaven um so härter zum Frondienst an. Davon wußte ich ein Lied zu singen nach diesen zwei Jahren.

Aber hier war nicht Brittany, war nicht Glanfeuil, sondern der Spätherbst in den Hügeln der Vasconia: Ich wachte in der Morgenfinsternis auf, und der Schlaf stellte sich nicht mehr ein, aufbrechen konnte ich noch nicht, und bis sich der Morgenwind erhob, vergingen Stunden über Stunden. So lag ich eng in meine Decke gewickelt und schickte meine Gedanken voraus nach Bigorra zu Tante Momas.

Vierzig Solidis waren nicht gerade viel für einen Anfang. Doch wenn die Leute in der Vasconia sahen, daß auch ich hart für meinen Lebensunterhalt arbeiten mußte, waren sie vielleicht eher bereit, mir zu helfen. Und Hilfe würde ich brauchen, ganz gleich, was ich begann. Von Wein beispielsweise verstand ich gar nichts.

Und wenn in den Bergen der Vasconia kein Wein gedieh? fragte ich mich zwischen Nacht und Morgengrauen. Möglicherweise waren die Winter viel zu eisig. In einem Land, wo Frauen so warme Ziegenhaardecken webten wie meine, war das gar nicht so unwahrscheinlich. Vermutlich besaß dort jeder

Schaf- und Ziegenhirt so einen wärmenden, wasserfesten Umhang. Solche Decken könnte ich ja auch herstellen, sagte ich mir. Bestimmt gab es in dem Dorf Frauen, die gegen Bezahlung für mich ihre Webstühle bespannten. Und wenn ich einen ordentlichen Packen Gewebtes beisammen hatte, konnte ich damit zum Rab nach Narbo. Der würde die Decken auf seinen Karren laden und weiterverkaufen, zum Beispiel an Reisende. Jedenfalls würde ich mir weiterzuhelfen wissen. Ich war sehr zuversichtlich, was meine Zukunft in Bigorra betraf.

So liefen meine Gedanken mir voraus. Und wenn mit der Morgenwende das erste Tageslicht durchbrach, war ich unterwegs.

Beim Wandern dagegen gingen meine Gedanken meist rückwärts. Ich holte aus meinem Gedächtnis die Gesichter und Namen der Leute hervor, die mir in den zurückliegenden Wochen begegnet waren. Ja, ich malte mir aus, wie Sichelmus mit dem nach Rosenöl stinkenden Gozlin zu Boggis zurückgekehrt war, womöglich sogar zu Fuß, weil die Pferde vor den Hornissen geflüchtet waren. Ich stellte mir das zerstochene, aufgeschwollene Gesicht Gozlins vor, den Boggis mir als Ersatzehemann zugedacht hatte. Recht war den beiden Kerlen geschehen, dachte ich zufrieden und lobte mich selbst, daß ich so schnell gehandelt hatte. Ach ja, und Cul, dem Nadelöhr, wünschte ich, daß der Stadtgraf von Limoric ihn aufgeknüpft hatte, ja, ich wünschte es ihm von Herzen, schon wegen der Zwillinge! So passierten viele Gesichter mein inneres Auge, der Bischofsvertreter in Cadurc, Matilde mit ihrer Tochter Dida, deren Aussehen ich mir vorstellte wie meins, schlank, sehnig und hellhäutig, ich dachte an die *bagaudes*, die das flüssige Feuer des Rab in die Flucht geschlagen hatte. Nur den Rab wollte ich mir nicht vor Augen rufen, auch nicht den armen Lupo, und erst recht nicht Sahnun. Obwohl ich mich ständig dabei ertappte, daß ich mich insgeheim fragte, wie

Sahnun ohne meine Schulter zurechtkam. Aber darüber wollte ich nicht nachdenken. Das alles tat immer noch viel zu weh, wenn ich bloß daran dachte.

Am dritten Tag führte mich die Straße an immer neuen Wasserläufen vorbei. Vereinzelt blühten noch Borstgras und Seggen, Krötenbinsen und die Mäusegerste. Sogar Rosmarin, Thymian konnte ich pflücken. Ich zerrieb die Blüten zwischen meinen Handflächen und strich mir das duftende Öl übers Gesicht, das von den ständigen Winden rauh und aufgesprungen war. Überall entdeckte ich die verlassenen Sommernistplätze der Reiher, besonders in jenen Bäumen, die ihre Blätter verloren hatten. Äste und Stämme waren weiß, blendend weiß bekotet und bildeten einen eigenartigen Gegensatz zu der herbstdunklen Landschaft.

Ja, dies war eine wasser- und fischreiche Gegend, darum wunderte ich mich, auf so wenige menschliche Ansiedlungen zu treffen. Vielleicht eigneten sich aber die Böden nicht für den Anbau von Getreide, Korn und Hülsenfrüchten, und auch an den undurchdringlichen Eichenwäldern, in die wir im Norden unsere Schweine trieben, mangelte es hier. Mir war die menschenleere Landschaft natürlich willkommen.

Nachmittags erschienen hinter mir auf einem Hügelkamm die Umrisse zweier Reiter, die ein Packpferd und einen Hund bei sich führten. Ich begutachtete die Männer mißtrauisch. Sie konnten mich noch nicht gesehen haben, weil die tiefstehende Sonne ihnen geradewegs ins Gesicht stand. Und weil der Wind vom Hügel ins Tal fiel, konnte ihr verdammter Hund auch noch keine Witterung von mir aufgenommen haben. Schleunigst verzog ich mich ins Gebüsch am Wasserrand, ohne die Gruppe aus den Augen zu lassen. Ja, und weil die Sonne den Männern entgegenstand, entdeckte ich gerade noch rechtzeitig, wen ich da im Rücken hatte. Mit dem einen Mann konnte ich nichts anfangen. Der andere war Boggis.

Boggis in seiner unverwechselbaren Reithaltung, niemand anders konnte das sein als Sunhars Mann, unser beider Ehemann. Meine Gedanken rasten im Kreis, wie auch meine ganze Geschichte im Kreis verlief. Ich war wieder genau da, wo sie begonnen hatte, wovor ich weggelaufen war, *conchie!*

Gerade eben fand ich noch Zeit, meine Kleidung loszuwerden, das Bündel fest in Mutters Decke zu schnüren und in den kleinen See abzutauchen. Alles, alles wiederholte sich. Nur daß jetzt kein Hornissennest in der Nähe war. Dafür aber ein Biberdamm und am gegenüberliegenden Ufer mehrere Biberburgen.

Ich tauchte mit meinem Bündel weg, kam nur noch einmal hinter einem Gehölz kurz an die Oberfläche, um mein Ziel auszumachen, dann hatte ich eine Burg erreicht, die, soweit ich erkennen konnte, unbewohnt war.

Mit dem letzten Rest Luft fand ich den unter Wasser liegenden Eingang, zwängte mein Bündel, zwängte mich durch die aufsteigende Röhre und landete im unteren Stockwerk. Danke, heiliger Martin, die Biberburg war tatsächlich unbewohnt! Der geringe Regen der letzten Wochen hatte sogar die untere Wohnhöhle trockenfallen lassen. Ich kroch aber weiter in den Oberbau hinauf, um das jenseitige Ufer auszuspähen.

Und da waren sie auch schon. Allen voran der etwas lahmende Hund, eine Dogge – Lupo! Ich biß mir in die Finger, um nicht vor Glück, vor Entsetzen aufzuschreien. Was machte Lupo hier? Lupo, den ich als Welpe mit dem Milchhorn aufgepäppelt hatte, Lupo, für den ich Mutter war, der darum meine Fährte, meine Witterung kannte wie kein anderer Hund. Ja, er verfolgte meine Spur bis an die Büsche, wo ich ins Wasser getaucht war, lief schnüffelnd am Ufersaum entlang, preschte durchs Gebüsch, immer die Nase am Boden, ach ja, und er lahmte. So deutlich am linken Vorderlauf, wo ihn der Knüppel des Schlägers getroffen hatte – Lupo, mein Lupo.

Lauf weiter, flehte ich innerlich und gleichzeitig: Bleib hier! Jetzt hatten Boggis und sein Begleiter mit ihrem Packpferd den Wasserlauf erreicht. Ich konnte sie miteinander reden hören, verstand aber kein Wort. Zu meiner Erleichterung schenkten die beiden Lupos aufgeregtem Schnüffeln keine Beachtung, ritten einfach weiter, ohne sich nach der Dogge auch nur umzusehen.

Ah, Boggis kennt Lupo nicht, dachte ich. Er hat keine Ahnung, was Lupo sucht. Er denkt vielleicht, Lupo hat's mit einem Igel oder hat eine Wildkatzenfährte aufgetan. Jedenfalls verschwanden die beiden Männer rasch aus meiner Sicht. Lupo fiepte noch einmal erbärmlich, schaute übers Wasser, ja, genau in meine Augen, dann zog er den Schwanz ein und lief lahmend Boggis hinterdrein.

Ich weinte. Weinte, bis mir der Hals weh tat vor lauter Tränen. Und ballte gleichzeitig die Fäuste vor Wut über Boggis, daß meine Knöchel weiß hervortraten. Boggis war unterwegs zu Tante Momas. Wohin denn sonst? Klar, Bigorra war sein Ziel, meine Dos, die vierzig Solidis. Oder es trieb ihn einfach, sein Mütchen an mir zu kühlen. Und Sunhar war am Ende des siebten Monats, hochschwanger. Ihr Kindchen konnte jederzeit schon zur Welt kommen, wovor der Heilige sie bewahre, und diesen Mann trieb's nach Bigorra! Ach, ich kam gar nicht zu Ende mit meinen Tränen.

Und dann fröstelte es mich. Eine Gänsehaut von oben bis unten, ich mußte in meine Kleider. Aber das war gar nicht so einfach. Biber sind stattliche Tiere, und wenn sie werfen, findet die ganze Familie Platz in der Burg. Für einen Menschen dagegen ist es eng darin. Ich mußte, noch immer vor mich hin schluchzend, alle möglichen Verrenkungen ausführen, bis ich in meine Kleider geschlüpft war. Mutters Decke aber hatte meine Sachen trockengehalten, und das Ziegenhaargewebe war gerade nur feucht geworden.

Ich ließ die Decke in dem unteren Kessel. Die brauchte ich nicht, die konnte die Nacht über trocknen. Der Bau schützte mich genug vor scharfer Luft und Feuchtigkeit. Hunger meldete sich. Doch dagegen konnte ich nichts unternehmen. Solange ich nicht wußte, wie es weiterging, würde ich die Burg nicht verlassen.

Der Rab hatte mich mit meiner Eß- und Sammelwut manchmal aufgezogen. Doch die Welt ging für mich noch lange nicht unter, wenn mir mal der Magen knurrte. Und so schlecht, wie ich mich jetzt fühlte, hätte ich sowieso nur ein paar Happen heruntergebracht. Ich wollte einfach alles um mich vergessen, mich in den Schlaf flüchten. Meine Gedanken würden dabei nicht wie sonst nach Bigorra vorauseilen. Denn Bigorra hieß jetzt für mich Boggis. Das war mein letzter Gedanke, bevor mich wirklich der Schlaf mitnahm.

Ein durchdringendes Fiepen weckte mich. Ein unaufhörliches, nicht enden wollendes Fiepen. Langsam kam ich zu mir. Wo war ich? Und warum tat mir alles weh? Der rechte Arm, das rechte Bein waren eingeschlafen. Mühsam veränderte ich meine Lage. Dann riß ich die Augen auf, wußte wieder, wo ich war, wußte auch, wer da draußen so herzzerreißend fiepte. Ich spähte durch meinen Ausguck hinaus auf den See. Die Sterne glitzerten auf der Wasseroberfläche. Es fiepte immer noch. Und da sah ich ihn auch, den Schatten am Uferrand. Lupo war zurück. Ein heißes Glücksgefühl schoß in mir hoch.

Und im selben Moment hatte ich mich entschieden.

Ungeduldig fuhr ich aus meinen Kleidern, stieg in den unteren Kessel, packte mein Bündel, holte Luft und tauchte in den See. Das Wasser war weniger kalt, als ich's mir vorgestellt hatte. Oder war das, weil mein Körper vor Erwartung glühte, vor lauter verrückter Wiedersehensfreude?

»Lupo«, rief ich, als ich mit dem Kopf durch die Wasseroberfläche brach, »Lupo, da bin ich!«

Ich hörte es winseln und platschen, und Lupo kam schnurstracks auf mich zugekrault. Wir schwammen um die Wette, jeder wollte zuerst bei dem anderen sein, und wir schafften es beide zugleich.

Mitten im Wasser feierten wir Wiedersehen, mein Bündel trieb davon, es scherte mich nicht, wir balgten uns, schnaubten, keuchten, bis uns beiden die Luft ausging.

»Mein Bündel, meine Sachen«, japste ich, schwamm dem Ziegenhaarpaket nach, hielt damit aufs Ufer zu.

Einmal draußen, konnte ich noch lange nicht daran denken, in meine Kleider zu kommen. Lupo veranstaltete Freudentänze, sprang mich an, leckte mir durchs Gesicht, daß es mich am ganzen Körper kribbelte vor Wonne und Wohlbehagen. Lupo war Boggis davongelaufen, er war zu mir zurückgekehrt!

Schließlich gestattete mir Lupo, mich zu bekleiden. Diesmal hatte die Decke die Nässe nicht völlig abhalten können.

»Macht nichts«, sagte ich Lupo. »Das Zeug wird beim Laufen trocken. Denn jetzt müssen wir uns eilen, verstehst du?«

Und so brachen wir auf. Beim ersten Tageslicht untersuchte ich Lupos lahmendes Bein. Ja, die Bruchstellen waren ein wenig verkantet verheilt.

»Nichts Ernstes, wirklich nicht«, sagte ich ihm. »Wir beide, du und ich, wir schaffen das schon.«

Dann erschien der Sonnenrand über dem nächsten Hügel, und ich sah, daß wir richtig gelaufen waren. Immer der Sonne entgegen, diesmal aber nach Osten. Tante Momas mußte warten. Wieder einmal war ich nicht angekommen. Ob ich überhaupt jemals irgendwo ankommen würde? Das fragte ich mich, während ich mit Lupo auf Tolosa zuhielt.

Die Gedanken des Herzens sind schwerer zu zählen als die Haare auf dem Kopf, hatte der Rab mal gesagt. Für mich aber stimmte das heute nicht, ich hatte nur einen einzigen Gedanken. In Reichweite von Boggis mochte ich nicht leben, auch nicht in Bigorra. Und wer weiß, vielleicht wäre auch Bigorra nur ein neuer Hühnerhof gewesen?

Wenn ich die Tage richtig gezählt hatte, war morgen der Dies Sabbati. Den Schabbat würde der Rab sicher bei seinen Freunden in der Stadt verbringen. Wenn ich mich sputete, konnte ich ihn mit seinem Karren übermorgen noch in der Nähe von Tolosa erreichen.

# Nachwort

Die spannende Geschichte des Frankenmädchens Itta, das sich auf der Flucht vor ihrem einstigen Ehemann Boggis dem jüdischen Fernhändler Jakob anschließt, Augenzeugin der blutigen Schlacht zwischen Franken und Arabern bei Poitiers wird und sich dann gemeinsam mit Jakob des in dieser Schlacht erblindeten Arabers Sahnun annimmt, führt uns an einen Schnittpunkt der Geschichte, der für die Entwicklung Europas große Bedeutung haben sollte. Der byzantinische Kaiser Leon III., der für damalige Vorstellungen unendlich weit entfernt die Reste des oströmischen Reiches regierte, hatte 717/718 seine Hauptstadt gegen die arabischen Truppen verteidigen können. Nur wenige Jahre später, 732, gebot der oberste Würdenträger des fränkischen Königs, der Hausmeier Karl, in der Schlacht von Poitiers dem arabischen Vormarsch in Südfrankreich Einhalt.

Die Araber, in den alten, lateinischen Quellen meist »saraceni« (Orientalen), gelegentlich aber auch nach ihrer biblischen Stammmutter Hagar »hagareni« genannt, hatten seit dem Tod ihres Propheten Mohammed (632) in nur wenigen Jahrzehnten ganz Nordafrika, den Nahen und Mittleren Osten bis in das heutige Pakistan hinein und die westlichen Teile Kleinasiens unter ihre Kontrolle gebracht; 711 überwanden sie Gibraltar, eroberten das spanische Westgotenreich und nahmen damit (bis auf das christliche Königreich Galicien und Asturien an der nördlichen Atlantikküste) nahezu die gesamte iberische Halbinsel unter ihre Herrschaft. Wenige Jahre später waren auch die Pyrenäen überwunden, die Araber besetzten wesentliche Teile Südfrankreichs und unternahmen von dort aus Vorstöße bis tief in das Frankenreich hinein – 725 kamen sie bis Sens und Langres, und 732 scheint ihr Ziel die reiche Abtei St. Martin in Tours gewesen zu sein, die als fränkisches Nationalheiligtum über dem Grab des heiligen Martin große, auch symbolische Bedeutung besaß. Der verlustreiche Sieg des fränkischen Heeres an einem Samstag im

Oktober 732 nördlich von Poitiers hielt den weiteren Vorstoß der Araber auf, die sich seit ihrer Niederlage nie mehr so weit nach Norden wagten. Ihr Rückzug über die Pyrenäen ließ aber noch lange auf sich warten – erst 759 gab der letzte arabische Gouverneur die Stadt Narbonne auf, und erst unter Karl dem Großen (gestorben 814) reichte der fränkische Einflußbereich über die Pyrenäen nach Spanien hinein.

Das aus europäischer Sicht so zentrale Ereignis der Schlacht von Poitiers war aus arabischer Perspektive wohl eine eher unbedeutende Schlappe am äußersten nördlichen Rand des eigenen Machtbereiches. Die arabische Welt hatte längst die Größe einer Weltmacht erreicht, gegen die sich die Reste des byzantinischen Imperiums und das fränkische Reich fast wie unwesentliche Randerscheinungen ausnehmen mußten. Arabischer Handel, der den Fernen Osten mit Europa verband, die Ausweitung des Islam (der sich als von Gott allein seinem Propheten Muhammad geoffenbarte Vervollkommnung und Läuterung der jüdischen wie der christlichen Religion versteht), arabische Gelehrsamkeit, Verwaltungsgeschick, Toleranz und kulturelle Anpassungsfähigkeit an die so verschiedenen Lebensformen der unterworfenen Völker – das alles sind nur einige wenige Kennzeichen dieser Kultur und Zivilisation, deren erste Hochblüte sich in eben der Zeit herauszubilden begann, in der der vorliegende Roman spielt.

Sahnun, der vornehme junge Araber, der bei dem Gemetzel vor Poitiers sein Augenlicht verloren hat, steht für das Selbstbewußtsein der neuen weltgeschichtlichen Kraft, in deren Abwehr sich das nachantike Europa beweisen mußte.

Jakob, der fahrende Händler, ist Jude und gehört damit zu einer »Traditions- und Schicksalsgemeinschaft« (Friedrich Battenberg), die seit der Zerstörung ihres zentralen Heiligtums in Jerusalem durch die Römer keine politische Größe mehr darstellte und ihre Identität allein aus der Religion bezog. Wenn der Rab Jakob den Sabbat feiert oder zu seinem Gott betet, wenn er die vielen strengen Gebote einhält und aus der Tora ebenso wie aus dem Talmud in der hebräischen Kultursprache zitiert, dann weiß er sich eins mit seinen Glaubensgenossen, die über die ganze damals bekannte Welt verstreut lebten und sich von den Lebensformen Andersgläubiger abgrenzten, ohne ihnen deshalb feindlich gegenüberzustehen. Das theologische Wissen und die Vielzahl konkreter Lebensvorschriften, wie sie der im 6. Jahrhundert verfestigte babylonische Talmud (hebräisch: Lehre) vermittelte, waren jüdischer Gemeinbesitz und zugleich Grundlage der Belesenheit und Bildung der meisten Juden. Zentrale religiöse Autoritäten waren die Geonim der babylonischen Religionsschulen von Sura am Euphrat und Pumbedita. Politische Impulse sind von ihnen aber nicht ausgegangen, so daß die Juden weiter in der Situation der »Zerstreuung«, der Diaspora, oder, wie sie es selbst nannten, der »Galuth« (hebräisch: Verbannung) lebten. Da die Juden ihre jeweiligen Wohnorte nicht als ihre eigentliche Heimat ansahen, waren sie räumlich mobil. Und Mobilität wie auch der über weite geographische Entfernungen hin gegebene innere Zusammenhang sicherten den Juden nicht nur das Überleben über die Jahrhunderte hinweg, sondern auch den Fernhandel als wichtigste Erwerbsquelle.

Obwohl sie in den jeweiligen »Gastländern« immer Minderheiten darstellten, wird man ihre Gesamtzahl nicht unterschätzen dürfen. Dort, wo sie zahlenmäßig größere Gruppen bildeten, konnten sie durchaus ein Faktor der Politik werden – in Spanien etwa sollen die Juden, denen es unter den christlichen Königen der Westgoten nicht eben gutgegangen war, die arabische Invasion unterstützt haben, und in den folgenden Jahrzehnten stellten sie gerade in den Städten einen in vielerlei Hinsicht bedeutsamen Bevölkerungsanteil dar. Aus der Sicht des Islam waren auch die Juden »Leute des Buches«; das Judentum war als Grundlage des Islam zumindest in dieser Frühzeit durchaus noch bewußt und deshalb zeitweise sogar privilegiert. In Spanien kann man wegen der engen Verbindungen zwischen Muslimen und Juden geradezu von einer islamisch-jüdisch geprägten Kultur sprechen.

Anders sah es im christlichen Bereich aus – schon in der Spätantike hatten christliche Autoritäten, wie zum Beispiel der Kirchenlehrer Augustinus, die jüdische Diaspora als göttliche Strafe für die Ermordung des Gottessohnes gedeutet und den Juden innerhalb der christlichen Gesellschaft nur eine dienende Rolle zugestanden. Während in Italien und auch im südlichen Frankreich jüdisches Leben seit der Spätantike sich kontinuierlich gehalten hatte, ergab sich weiter nördlich, wahrscheinlich mit dem Abzug der Römer, eine Unterbrechung der bis dahin bestehenden Kontinuität. Erst im 6. Jahrhundert, unter merowingischer Herrschaft, nehmen die Zeugnisse für jüdisches Leben im Frankenreich wieder zu. Insgesamt ergibt sich sogar der Eindruck, daß es den Juden in diesen Jahrhunderten, in denen sich das Frankenreich zur einer mitteleuropäischen Großmacht ausdehnte, relativ gutgegangen ist. Gelegentlich ist es freilich zu gewaltsamen Übergriffen gekommen, zu Zwangstaufen und Vertreibungen etwa, und auch die Gesetzgebung der Zeit enthielt durchaus diskriminierende Bestandteile und Minderungen des jüdischen Rechtsstatus. Aber es gibt auch Hinweise darauf, daß sich das Zusammenleben jüdischer Gemeinden mit der sie umgebenden christlichen Gesellschaft durchaus problemlos gestalten konnte. So bediente sich Karl der Große der Dienste des Juden Isaak für eine Gesandtschaft an den Kalifen Harun ar-Raschid an Bagdad, der Araber Ibn Cordadbeh (gestorben 949) berichtet von Juden aus dem Frankenreich, die Handelsreisen bis nach Indien durchführten und neben dem Fränkischen auch das Slavische, Griechische, Spanische, Arabische und sogar das Persische beherrschten! Aus der Zeit der ersten karolingischen Herrscher wissen wir auch von Schutzprivilegien für jüdische Händler.

Jakob, der Rab, steht in dem Roman für das heimatlose europäische Judentum. Als Händler, der weit herumgekommen ist, aber auch als genauer Beobachter der unterschiedlichsten Kulturen, die ihm begegnet sind, verfügt er über einen weiten geistigen und religiösen Erfahrungsschatz, neben dem kein Platz für Vorurteile oder für religiösen Fanatismus ist. Und so bezichtigen ihn seine Gegner – bezeichnenderweise aus ganz anderen als religiösen Gründen –, ein Anhänger des Serenus zu sein. Dieser Serenus war ein zum Judentum konvertierter Christ, der sich als Vorläufer des Messias fühlte und, wie viele Menschen damals, an das nahe Ende der Zeiten glaubte. Er löste in Syrien eine Aufstandsbewegung unter Juden, Christen und Muslimen aus; und vielleicht glaubte er sogar, das angesichts des nahen Endes die drei Religionen wieder zueinander finden könnten – wovon deren maßgebliche Repräsentanten jedoch ganz und gar nichts wissen wollten. So wurde Serenus verfolgt, gefoltert und schließlich getötet. Mit dem religiösen Fanatiker Serenus hat der Rab Jakob nichts zu tun. Immerhin aber unterscheidet ihn von seinen ihm feindlich gesinnten Glaubensbrüdern die Überzeugung, daß die drei Religionen, die ja an ein und denselben Gott glauben, nicht feindlich, sondern geschwisterlich einander begegnen sollten.

Das Frankenmädchen Itta hat von all diesen Dingen kaum eine Ahnung. Jakob ist der erste Jude, den sie je gesehen hat – entsprechend vorsichtig und neugierig bemüht sie sich, den fremden Mann mit seinem so andersartigen Gebaren kennenzulernen. Ob sie das auch getan hätte, wenn sie nicht selbst in Bedrängnis geraten und auf Schutz angewiesen gewesen wäre?

Ittas Welt ist eine andere als die des Arabers Sahnun oder die des Juden Jakob. In ihr zählte vor allem der Krieger hoch zu Roß, mit Schwert und Lanze. Für einen solchen Krieger, wie Boggis, war das Waffentragen mehr ehrendes Recht denn drückende Pflicht. Als Gefolgsmann seines Herrn mit diesem Seite an Seite in den Krieg zu ziehen, war Teil seines Ansehens und ihm von Kindesbeinen an als erstrebenswertes Ziel anerzogen worden. Das richtige Verhalten unter Seinesgleichen, die Regeln und Normen seines Standes waren ihm förmlich eingeimpft worden – nicht zuletzt durch die uralten Heldenlieder, die jeder in- und auswendig konnte und die mit den Wertvorstellungen des Christentums kaum etwas zu tun hatten. Jede siegreiche Schlacht war mit der Aussicht auf Beute verbunden, schöne Kleider, wertvollen Schmuck, vielleicht sogar Land, das der Krieger vom Herrscher zu Lehen erhalten konnte, und natürlich auf Vieh, Sklaven und unfreie Knechte, ohne die dieses Land wertlos gewesen wäre.

Im frühen Mittelalter war der typische Grundbesitz meist über große geographische Räume verstreut. Zum Wohnsitz des Grundherrn, der häufig, so wie Boggis, in einem für damalige Verhältnisse recht komfortablen Steinhaus wohnte, gehörte meist ein bestimmtes Areal, das direkt vom Herrenhof aus bewirtschaftet wurde und den Grundherren samt seiner Familie und seinem Hausstand mit dem Notwendigen versorgte. Für die weiter entfernten Besitzungen hatte der Grundherr Verwalter eingesetzt, die diese Aufgabe auch als Pächter ausüben konnten und sich deshalb Mühe gaben, auch für die eigene Tasche Gewinne herauszuholen. Sie sorgten dafür, daß die kleinen Dienst- und Zinspflichtigen, die von ihrem Herrn abhängig waren und – wenn sie Unfreie waren – ihm sogar gehörten, die ihnen aufgebürdeten Arbeiten so taten, wie das von ihnen erwartet wurde.

Die kleinste, aber zugleich auch wichtigste Einheit wirtschaftlichen Lebens war die kleine, aus Holz errichtete und oft nur aus einem einzigen, dunklen und stickigen Raum bestehende Hütte, mit aus Zweigen geflochtenen und dann mit Lehm verstrichenen Wänden, in der sich fast das ganze Leben abspielte. Nahe dabei befanden sich vielleicht noch ein paar kleine Grubenhäuschen – Löcher im Boden mit darüber gestellten Abdeckungen – ein kleines Backhäuschen vielleicht, und Gebäude, die als Lager, Scheune und Ställe dienen konnten. Ein paar Schweine, die im Herbst zur Eichelmast in die riesigen, urwaldähnlichen Laubwälder getrieben wurden, waren die einzige Gewähr dafür, daß zu Beginn des Winters die geforderte Fleischabgabe geleistet und der eigene Bedarf an frischem und eingelagertem Fleisch gedeckt werden konnte. Auch Hühner und Gänse wird man sich auf einem solchen kleinen Hof vorstellen können, ebenso ein Paar Rinder, deren Milch man brauchte und die den Pflug oder den Holzkarren zogen, also Last-, Zug- und Arbeitstiere für den Bauern des Frühmittelalters waren. Angebaut und geerntet wurden verschiedene Getreidesorten, die sowohl zur Brot- wie auch zur Bierherstellung dienten. Die Ernteerträge waren im Vergleich zu heute äußerst gering – wenn das Zwei- bis Dreifache des Gesäten geerntet werden konnte, war das schon ein großer Erfolg. Hauptnahrungsmittel der einfachen Menschen waren sehr wahrscheinlich einfache Breie aus gemahlenem Getreide. Gemahlen wurde selten in Wassermühlen, die es hier und da gab und die als kostbares Zubehör einer jeden größeren Grundherrschaft galten, sondern meist mit einfachen Handmühlen, die aus zwei übereinanderliegenden Steinscheiben bestanden. Das Mahlen war eine typische Frauenarbeit, die Handmühle gehörte zu jedem Haushalt. Auch das mühsame Flachsbrechen und Weben, das Bierbrauen und Töpfern und viele andere Tätigkeiten wurden von Frauen ausgeübt, während der Mann die schwere Acker-, Wald- und Erntearbeit übernahm. Natürlich mußten auch die Kinder, so früh es ging, bei der Arbeit mithelfen. Den meisten von ihnen war es vorbestimmt, einmal genauso zu leben wie ihre Eltern. Für weit über 90 % der damaligen Bevölkerung war die Hauptsorge die Sicherstellung der täglichen Ernährung. Nur die Bessergestellten, wie Ittas Familie, hatten immer genug zu essen. Was auf dem eigenen Feld geerntet wurde, mußte für den eigenen Bedarf und für die Abgaben reichen. War einmal ein schlechtes Jahr, dann herrschte oft über weite Landstriche entsetzlicher Hunger. Die Menschen starben an den Entbehrungen und an Krankheiten, sie litten unter der Mangelernährung und versuchten daher manchmal, aus ihrer Welt auszubrechen, sich in die Wälder zu flüchten, um als Räuber die Straßen unsicher zu machen. Viele Arme zogen in Scharen durch das Land, um vor Kirchen zu betteln und an Klosterpforten das Lebensnotwendigste zu erhalten. Gerade die Hungersnöte und die Krankheiten dezimierten die damalige Bevölkerung erheblich.

In besseren Jahren konnte der Hof vielleicht sogar einen kleinen Gewinn abwerfen, den man einlagern oder gegen die wenigen Dinge eintauschen konnte, die man selbst nicht herstellen konnte – ein Messer, eine neue Axt, vielleicht sogar ein einfaches Schmuckstück oder gar eine Münze aus Silber, für die man sich wieder etwas kaufen konnte.

Geld spielte im frühen Mittelalter noch eine eher untergeordnete Rolle – sowohl unter den Merowingern als auch unter den Karolingern gab es zwar Münzen, aber die Grundlage der damaligen Wirtschaft war noch der Tausch von landwirtschaftlichen Produkten. Aber im Fernhandel und bei der Bezahlung von sehr teuren Gegenständen war der Einsatz von Münzen viel bequemer; und da Münzen als abgewogenes, geprägtes Metall galten, war es für den Händler unerheblich, woher die Münze stammte und wie alt sie war. So ist es nicht ungewöhnlich, daß Itta neben den einheimischen Denaren und den wohl aus dem friesischen Raum stammenden Sceattas auch zwei arabische Silbermünzen in ihrem Beutel findet, die gemäß dem islamischen Bilderverbot nur Kreise und Schriftzeichen trugen, eben jene »wurmartigen Zeichen«, über die sich Itta so wundert. Auch Goldmünzen gab es natürlich – alte Solidi, aber auch noch spätrömische Prägungen, byzantinische und italienische Münzen, und auch die arabischen Golddinare. Über den Wert solcher Münzen kann man heute nur mehr sehr wenig sagen. So wie heute gab es auch damals keine festen Preise – so kosteten Nahrungsmittel in Notzeiten sehr viel, und entsprechend weniger, wenn ein Überangebot herrschte. Aber die Mitgift Ittas in Höhe von 40 Solidi können wir schon als ein kleines Vermögen betrachten, das durchaus für eine eigene Existenzgründung ausreichte.

Das Leben der einfachen Menschen, von deren Arbeit die Grundherren und die Klöster, der Herrscher und alle, die »Geschichte machten«, abhingen, bewegte sich in immer gleichen und unter den gleichen Umständen wie Jahrhunderte vorher und nachher. Weder die Werkzeuge noch die Hausformen hatten sich seit der Antike wesentlich verändert. Es gab auch kaum Möglichkeiten, aus dem harten Leben, das die meisten Menschen führten, auszubrechen; wenn es überhaupt eine Aussicht darauf gab, dann eigentlich nur über eine kirchliche Karriere. Als Kleriker lernte man auch die Grundregeln und wichtigsten Vokabeln der Kultsprache Latein, und man lernte Lesen und Schreiben. Mit Ausnahme der Geistlichen und einiger weniger Laien waren die meisten Menschen damals Analphabeten – auch hochstehende Persönlichkeiten bis hinauf zum Herrscher konnten oft nicht lesen und schreiben. Sie brauchten dazu Geistliche, die darum überall dort anzutreffen waren, wo Verwaltungs- und Schreibarbeiten anfielen – in jeder größeren Grundherrschaft ebenso wie am Hofe des Herrschers.

Regelrechte Schulen gab es nur sehr wenige, und die meisten Kinder und Jugendlichen haben nie im Leben eine Schule auch nur von außen gesehen. Kathedral- und Klosterschulen gab es durchaus – aber gerade für einfachere Menschen öffneten sie nur ihre Tore, wenn der Schüler auch Kleriker oder Mönch werden wollte. Für Kinder aus bessergestellten Familien gab es gelegentlich die Möglichkeit, Unterricht zu bekommen, ohne das Versprechen geben zu müssen, Geistliche zu werden. Sie wurden dann in einer sogenannten »äußeren Schule« zusammengefaßt und genossen im Vergleich zu den anderen wohl auch eine Vorzugsbehandlung. Dafür wurden von den Eltern Schenkungen an das Kloster oder das Domstift erwartet, die auch häufig deshalb gegeben wurden, um sich damit des Gebets der Mönche oder Geistlichen zu versichern und für das persönliche Seelenheil vorzusorgen. Diese Schenkungen, die genau aufgezeichnet wurden, waren der Grund für den Reichtum vor allem der Klöster, die das Grab eines bedeutenden Heiligen besaßen, zu dem die Menschen oft von sehr weit her kamen, um ihn um Fürsprache bei Gott zu bitten und ihm Geschenke zu machen. So schenkten sie Ländereien, ganze Dörfer, Kapellen, Unfreie und manchmal sogar alles, was sie besaßen. Oft hören wir sogar von armen Menschen, die sich selbst dem Heiligen, also dem Kloster, zum Geschenk machten. Beschenkt wurde nicht etwa das Kloster an sich oder ein Abt oder ein Bischof, sondern die Heiligen, deren Gräber oder Reliquien in der Kirche verehrt wurden.

Eine große Rolle spielte der Heiligenkult. Die Heiligen waren so etwas wie Verbindungsglieder zwischen der Wirklichkeit des harten Lebens auf Erden und der jenseitigen, paradiesischen Welt, auf die jeder hoffte. Von den Heiligen erwartete man sich Hilfe in allen Lebenslagen – bei Krankheit und Armut, bei Behinderung und Schuld. Viele Menschen, die das Grab eines Heiligen besuchten, taten dies auch in der Absicht, von dort Erinnerungsstücke mitzunehmen. Natürlich gelang es nur wenigen hochstehenden Persönlichkeiten, an eine echte Reliquie zu kommen. In der Regel bediente man sich also sogenannter Sekundärreliquien: Gegenstände, die man mit den Reliquien oder dem Grab des Heiligen in Verbindung gebracht hatte – ein Stückchen Tuch, Wachs, Holz zumeist, aber auch Staub von der Grabesstelle oder Öl aus der Lampe, die darüber hing. Diese Erinnerungsstücke waren außerordentlich kostbar. Man verwendete sie als Amulette, verehrte sie wie echte Reliquien, schrieb ihnen auch eine heilende Wirkung zu und stellte sie in persönlichen Notlagen auf die Probe.

Der Umgang vieler Menschen mit Reliquien und die zahlreichen Erscheinungsformen der Volksfrömmigkeit in dieser Zeit zeigen, wie fließend die Grenzen zwischen magischen Vorstellungen aus heidnischer Zeit, Aberglauben und christlicher Religion sein konnten.

Während das Christentum in der Heimat Ittas, also dem heutigen Frankreich, schon eine in die Antike zurückgehende Tradition hatte, war östlich und nördlich des Rheins – im Bereich der heutigen Benelux-Staaten und dem heutigen Deutschland – der Glaube an den Christengott noch nicht sehr tief verwurzelt und der Glaube an die Naturgewalten, die vielen Geister und Götter noch lebendig. Heidnische Rituale mußten immer wieder verboten werden, alte Kultstätten wurden zerstört und durch Kirchen ersetzt. Vor allem östlich des Rheins gab es zu Ittas Zeit noch viele Missionare, die oft unter Lebensgefahr unter den Heiden predigten.

In demselben Jahr, in dem Itta Augenzeugin der Schlacht von Poitiers wurde, erhielt der aus England stammende Missionar Bonifatius vom Papst die Würde eines Erzbischofs und das Recht, östlich des Rheins Bistümer zu organisieren und den noch jungen christlichen Glauben zu festigen. Bonifatius wurde 754 von heidnischen Friesen erschlagen, die sich dem Christentum nicht beugen wollten – denn auch damals war die Kehrseite und Folge der Mission häufig die Ausübung politischer Macht über die christianisierten Gebiete. Nur wenige Jahrzehnte später, unter Karl dem Großen, wurden die heidnischen Sachsen sogar unter Androhung von bewaffneter Gewalt zur Annahme des Christenglaubens gezwungen.

Überhaupt erlebte man in Ittas Tagen die Kirche wahrscheinlich in erster Linie als eher weltliche Macht, und zwar im Kleinen wie im Großen. So ist der Priester Sichelmus aus der Sicht Ittas niemand anderes als der, der auf der Seite einer von Männern für Männern gemachten Ehegesetzgebung steht und sie in das Konkubinat oder in die Ehe mit dem schmierigen Verwalter zwingen will. Und im Großen erlebt Itta die weitreichende Macht des Bischofs von Cadurc.

In Ittas Heimat waren die Bischöfe seit Jahrhunderten die Herren der seit der Römerzeit bestehenden Städte mit zum Teil ziemlich großer, politischer Macht. Sie hatten die örtliche Gerichtsbarkeit inne, sorgten für die Armen und in früherer Zeit auch für den militärischen Schutz ihrer befestigten Stadt. Später – und das war schon in der Zeit Ittas so – konkurrierten die Bischöfe mit den Stadtgrafen, also den weltlichen Machthabern, die den Herrscher in der Stadt vertraten. Insgesamt ging aber die Entwicklung dahin, daß die Kirche und der

Herrscher sich zu verständigen suchten, eine Einbindung der Kirche in das Herrschaftssystem des Königs angestrebt wurde.

Merkmal der Macht sowohl der Bischöfe als auch der Grafen war die Befugnis der Rechtsprechung. Anders als heute waren damals Gesetzgebung (Legislative), Rechtsprechung (Judikative) und Rechtsdurchsetzung (Exekutive) keine getrennten Bereiche. Auch gab es kein einheitliches Recht; allein im Frankenreich herrschten zu Ittas Zeit viele, zum Teil sehr alte Stammesrechte, in die mehr oder weniger kirchliches Recht und alte römische Rechtstraditionen eingegangen waren. So gab es beispielsweise ein westgotisches Recht, ein burgundisches Recht, es gab zwei fränkische Rechtssysteme, das salische und das ripuarische Recht, das langobardische Recht in Italien, im Süden des östfränkischen Herrschaftsgebietes eigene Rechte der Alamannen und Baiern. Ein einheitliches, reichsweit gültiges Recht zu schaffen ist auch Jahrzehnte später nicht einmal Karl dem Großen gelungen, von dem entsprechende Reformversuche bekannt sind. Wo der vorhandene gesetzliche Rahmen nicht ausreichte, wurden vom Herrscher besondere Verordnungen erlassen, sogenannte Kapitularien.

Eligius, der Vertreter des Bischofs von Cahors, das im Roman Cadurc heißt, kennt sich ebenso wie der Rab sehr gut in der Fülle der Gesetze aus. In Aquitanien, wo Cahors liegt, galten noch die westgotischen, stark römisch beeinflußten »Leges Visigothorum«. Wie in allen damals gängigen Rechtssystemen erkennt man auch hier, daß es eine Gleichheit aller Menschen vor dem Gesetz, wie sie erst seit gut zwei Jahrhunderten als Rechtsgrundsatz in manchen Ländern existiert, damals noch nicht gegeben hat.

So war beispielsweise die Frau alles andere als gleichberechtigt. Sie galt nur etwas in Verbindung mit einem Mann, der eine Art Vormundschaft, eine Schutz- und Fürsorgegewalt, über sie ausübte. Das unverheiratete Mädchen stand unter der Vormundschaft des Vaters oder eines männlichen Verwandten; die in der Regel schon sehr früh verheiratete Frau stand unter der Gewalt des Ehemanns. Ohne Vormund aber war die Frau nicht rechtsfähig, was allerdings nicht bedeutet, daß sie ohne Rechte gewesen wäre – grundlose Mißhandlung, Verstoßung, Entführung, Tötung und ähnliches wurden durchaus bestraft. Auch hatte die Frau das Recht, über Vermögen zu verfügen. Im großen und ganzen war aber die Frau der damaligen Zeit gegenüber dem Mann benachteiligt.

Ob sie sich dessen auch bewußt gewesen ist, ob sie sich – wie Itta – Gedanken darüber gemacht und nicht ihre Lage einfach als gegeben hingenommen hat? Diese Frage können wir heute nicht mehr beantworten. Ittas Betrachtungen der eigenen Lage mögen damit zusammenhängen, daß ihre Mutter aus den Pyrenäen stammt und Baskin ist, denn Ittas Sehnsucht nach »Bigorra, einem Ort in den südlichen Bergen« ist zugleich die Sehnsucht nach der Lebensweise eines uralten Hirtenvolkes, in dem die Frau, insbesondere die Mutter, eine führende Stellung in der Gesellschaft gehabt haben soll. Insgesamt wird man aber wohl sagen dürfen, daß die Menschen damals keine Vorstellung von den Wertbegriffen hatten, die heute unser politisches und soziales Leben bestimmen, Werte wie Gleichheit vor dem Gesetz, Freiheit oder gar Gleichberechtigung von Mann und Frau.

Auch der persönliche Horizont der meisten Menschen war sehr eng; die wenigsten waren jemals über ihre unmittelbare Umgebung herausgekommen. Die Begegnung mit Fremden war wohl nicht eben häufig – äußerst selten war sicherlich die Begegnung mit Menschen aus einem ganz anderen Kulturkreis.

Die Angehörigen der bessergestellten Schichten, zu denen ja auch Itta gehört, haben freilich mehr von der »Welt« gesehen. In der Oberschicht dieser Zeit waren auch Ehen über Sprachgrenzen hinaus nicht selten, und viele Aristokraten sprachen zumindest die wichtigsten Volkssprachen, die es im Frankenreich gab. Weite Reisen waren gelegentlich notwendig, um den Grundbesitz zusammenzuhalten, die Pächter zu kontrollieren, vor Ort für organisatorische Verbesserungen zu sorgen, aber auch, um sich mit der Familie, mit Gleichgestellten zu treffen, sich zu Heeresversammlungen einzufinden. Auch der Kriegszug war ein Grund, die gewohnten Lebensbereiche zu verlassen. Aber aus Interesse an fremden Länder und Menschen oder aus Abenteuerlust dürfte in Ittas Tagen kaum einer sein Maultier beladen haben, um in die Ferne zu ziehen. Reisen war sehr unbequem, führte oftmals durch ganz unwegsame, urwaldähnliche Gegenden, in denen es wilde Tiere und gefährliche Räuberbanden gab. Der Reisende mußte versuchen, sich anderen anzuschließen, denen er auch in gefährlichen Lagen vertrauen konnte; er mußte jederzeit auf die Behebung von Pannen vorbereitet und auf Krankheiten gefaßt sein, die ihn unterwegs treffen konnten, unter Umständen weit weg von jemandem, der ihm helfen konnte.

Die meisten Menschen, denen man damals auf den Straßen begegnete, waren wohl mittellose Bettler, Kranke, Behinderte, aus der Gesellschaft Ausgestoßene, die auf die Mildtätigkeit der ihnen begegnenden Reisenden und auf die Hilfsbereitschaft der Klöster und Kirchen angewiesen waren.

Das für damalige Begriffe riesige Frankenreich war alles andere als ein in sich fest gefügter Staat mit klaren Grenzen, einer alle Lebensbereiche durchdringenden Verwaltung oder mit einer Staatssprache. Vielmehr vereinigten sich unter der Herrschaft der Franken ganz unterschiedliche Kulturen auf sehr unterschiedlichen Entwicklungsstufen. Eine gewisse Trennlinie bildete noch immer die alte römische Grenze, die allerdings keine politische Bedeutung mehr hatte. Diesseits der Grenze, also auf dem Boden des alten Imperium Romanum, war im Lauf der Jahrhunderte eine blühende Zivilisation entstanden, deren über die Wirren der Völkerwanderungszeit gerettete Reste zu Ittas Zeit durchaus noch sichtbar waren. So ist der Herrenhof ihres Gemahls Boggis aus einem römischen Gutshof, einer sogenannten villa rustica, entstanden. Überall gab es noch benutzbare Reste des römischen Straßennetzes, auch die Städte und wichtigeren Befestigungen wird man vielerorts noch in imponierender Größe gesehen haben, wenngleich man damals noch keinen Blick für Altertümer hatte, dem Alten oft alles andere als bewundernd gegenüberstand. Der Weinbau, die kirchliche Organisation und nicht zuletzt die Sprache, die auch Ittas Muttersprache ist, waren ebenfalls Hinterlassenschaften der Römer. Im Süden des heutigen Frankreich gab es noch Oberschichten, die sich auf römische Senatorenfamilien zurückführten. Ein solcher Aristokrat ist im Roman der Senator Sidonius – staunend sieht Itta auf seinem Gutshof Errungenschaften der römischen Zivilisation vor sich, von deren Existenz sie bis dahin keine Ahnung hatte.

Jenseits der ehemaligen römischen Grenze herrschten weitestgehend noch dieselben Zustände wie Jahrhunderte vorher. Das Leben glich dort in vielem noch dem Leben heutiger Naturvölker, und die wenigen kulturellen Zentren waren ausschließlich die Klöster. Während auf dem Boden des ehemaligen römischen Imperiums das Christentum zum Teil schon seit Jahrhunderten tief verwurzelt war, hatte es im Osten und im Norden, also im Bereich der heutigen Benelux-Staaten und im heutigen Deutschland, noch keine sehr lange Tradition.

Nicht nur die kulturellen, auch die sprachlichen Unterschiede waren erheblich; östlich des Rheins und im Norden unterhielt man sich in Mundarten, aus denen das Deutsche und das Flämische hervorgegangen sind. Auch wenn sich diese Sprachen sehr ähnlich waren, so betrachteten sich die Menschen damals nicht als »Deutsche«. Sie identifizierten sich allenfalls mit den Stämmen, zu denen sie gehörten, betrachteten sich beispielsweise als Franken, Alamannen, Friesen, Baiern, Sachsen. Von »Nationen« im heutigen Sinn kann man also in der Zeit, in der dieser Roman spielt, noch nicht sprechen. Schon ein Jahrhundert danach begann das Frankenreich auseinanderzufallen. Unter den Enkeln Karls des Großen bildeten sich – als Ergebnis schwerer Krisen und Kämpfe – die Grundlagen der Staatenordnung Europas, wie sie uns heute geläufig ist.

*Hermann Schefers*

*Literaturhinweise*

Friedrich Battenberg, Das europäische Zeitalter der Juden. Zur Entwicklung einer Minderheit in der nichtjüdischen Umwelt Europas, 2 Bände. Wissenschaftliche Buchgesellschaft (Darmstadt) 1990

Hartmut Boockmann, Das Mittelalter. Ein Lesebuch aus Texten und Zeugnissen des 6. bis 16. Jahrhunderts. Beck (München) 1989

Michel Clévenot, Das Auftauchen des Islam. Ed. Exodus (Fribourg/Brig) 1990

John M. Hull, Im Dunkeln sehen. Erfahrungen eines Blinden. Beck (München) 1992

# Inhalt

# Abenteuer-Romane von Arnulf Zitelmann
## Auswahl

### Hypatia
Roman. Gebunden, 280 Seiten (80195)
Gulliver Taschenbuch (78750) *ab 12*
*Auswahlliste Deutscher Jugendliteraturpreis*

### Jenseits von Aran
Abenteuer-Roman aus Altirland
Gulliver Taschenbuch, 200 Seiten (78042) *ab 12*

### »Kleiner-Weg«
Abenteuer-Roman aus der Frühzeit
Mit Bildtafeln von Willi Glasauer
Gebunden, 200 Seiten (79510), Gulliver Taschenbuch (78039) *ab 12*
*Auswahlliste Deutscher Jugendliteraturpreis*

### Mose, der Mann aus der Wüste
Roman. Gebunden, 296 Seiten (80083) *ab 14*

### Nach dem Großen Glitch
Abenteuer-Roman aus der Zukunft
Gulliver Taschenbuch, 208 Seiten (78024) *ab 12*

### Paule Pizolka
### oder Eine Flucht durch Deutschland
Roman. Gebunden, 384 Seiten (80068) *ab 12*
*Gustav-Heinemann-Friedenspreis*

### Der Turmbau zu Kullab
Abenteuer-Roman aus biblischer Zeit
Mit Bildern von Arno Görlach
Gulliver Taschenbuch, 240 Seiten (78040) *ab 12*

### Unter Gauklern
Abenteuer-Roman aus dem Mittelalter
Gebunden, 188 Seiten (80564), Gulliver Taschenbuch (78021) *ab 12*

*Alle Romane mit einem Nachwort*

# Beltz & Gelberg
Beltz Verlag, Postfach 100154, 69441 Weinheim